Schiller nannte sie »ein unvergleichliches Geschöpf«, für Goethe war sie die bedeutendste Frau ihrer Zeit: Caroline von Humboldt (1766-1829). Sie war nicht nur klug, gebildet und abenteuerlustig, sondern vor allem leidenschaftlich interessiert an der Kunst und neugierig auf Menschen. Caroline von Humboldt bereiste ganz Europa, ihr Haus in Rom wurde zum gesellschaftlichen Mittelpunkt. Sie förderte die dort lebenden deutschen Künstler und sammelte mit großem Kunstverstand. Trotzdem sah die Nachwelt in ihr lange vor allem nur die mustergültige Gattin Wilhelm von Humboldts. Dagmar von Gersdorff entwirft in dieser Biographie ein neues Bild dieser außergewöhnlichen und selbstbewussten Frau.

Dagmar von Gersdorff wurde in Trier geboren. Die promovierte Germanistin lebt heute als Literaturwissenschaftlerin und freie Schriftstellerin in Berlin. Sie ist Mitglied des Internationalen PEN.
 Im insel taschenbuch liegen außerdem von ihr vor: *Marianne von Willemer und Goethe. Geschichte einer Liebe* (it 4059), *Mein Herz ist mir Heimat nicht geworden. Das Leben der Karoline von Günderrode* (it 4023), *Goethes Enkel. Walther, Wolfgang und Alma* (it 3350), *Dich zu lieben kann ich nicht verlernen. Das Leben der Sophie Brentano-Mereau* (it 3235) und *Goethes Mutter. Eine Biographie* (it 2925).

insel taschenbuch 4158
Dagmar von Gersdorff
Caroline von Humboldt

Dagmar von Gersdorff
Caroline von Humboldt

Eine Biographie

Mit zahlreichen Abbildungen

Insel Verlag

Umschlagabbildung: Bildarchiv Preußischer Kulturbesitz

Erste Auflage 2012
insel taschenbuch 4158
© Insel Verlag Berlin 2011
Alle Rechte vorbehalten, insbesondere das der Übersetzung,
des öffentlichen Vortrags sowie der Übertragung
durch Rundfunk und Fernsehen, auch einzelner Teile.
Kein Teil des Werkes darf in irgendeiner Form
(durch Fotografie, Mikrofilm oder andere Verfahren)
ohne schriftliche Genehmigung des Verlages
reproduziert oder unter Verwendung elektronischer Systeme
verarbeitet, vervielfältigt oder verbreitet werden.
Vertrieb durch den Suhrkamp Taschenbuch Verlag
Satz: Hümmer GmbH, Waldbüttelbrunn
Druck: CPI – Ebner & Spiegel, Ulm
Printed in Germany
ISBN 978-3-458-35858-9

Inhalt

Lebensentwürfe 9
Freiheit und Liebe. Die Hochzeit 27
Eine unwahrscheinliche Freundschaft. Goethe,
  Schiller, Humboldts 40
Ungeordnete Gefühle. Wilhelm von Burgsdorff 51
Dieses gegenseitige Electrisieren. Paris 65
Man muß das Land gesehen haben. Spanien um
  1800 76
Die glücklichste Zeit. Acht Jahre Rom 90
Kindersterben. Der Tod von Wilhelm, Luise und
  Gustav von Humboldt 102
Trennungen. Wilhelm in Königsberg – Caroline in
  Rom 120
Weltumgang oder Privatleben? Vier Jahre Wien 143
Freiheitskriege und Freundschaften. Leben in Berlin . 165
Noch einmal im Paradies 185
Schloss Tegel und das klassische Berlin 206
*Caroline, Theodor, Adelheid, Gabriele und Hermann
  von Humboldt*. Die Kinder 223
Setze den Fuß nur leicht auf. Krankheit und
  Abschied 235

Dank 261
Literatur 265
Anmerkungen 277
Personenregister 289
Bildnachweis 299

Für meine Enkelin Caroline

Was kann der Mensch mehr wünschen,
als daß es ihm erlaubt sei,
das Ende an den Anfang anzuschließen,
und wodurch kann das geschehen,
als durch die Dauer der Zuneigung,
des Vertrauens, der Liebe, der Freundschaft.

(Goethe, 1814)

Lebensentwürfe

> *Mein Herz ist unbändig in seinen Wünschen und unersättlich in dem Genuß der Liebe und Freundschaft.*
> (Caroline von Dacheröden, 1788)

Was für andere galt, galt nicht für sie. Überraschender konnte der Lebensweg eines mutterlosen, von wechselnden Hauslehrern erzogenen Mädchens zur Vertrauten von Königen und Diplomaten, zur Freundin von Schiller und Goethe, zur Kunstexpertin, Sammlerin und Mäzenin kaum sein als der Caroline von Dacherödens. Ursprünglich war ihr ein Schicksal zugedacht wie anderen adligen Töchtern auch: eine weibliche Existenz, die in Ehe und Mutterschaft Erfüllung finden sollte. Sie aber plante einen eigenen Weg. Schon als junges Mädchen begann sie, Übersetzungen und Rezensionen zu verfassen, die zur Veröffentlichung bestimmt waren. Bei der gefürchteten Gouvernante Madame Dessault lernte sie Französisch, außerdem hatte sie Unterricht in Englisch, Griechisch und Latein, schrieb Gedichte, spielte Schach, nahm Klavier- und Zeichenunterricht. Von Natur anfällig und zart, überwand sie Migräneanfälle und erstickenden Bluthusten und scheute keine Anstrengung, wenn es um Reisen und Entdeckungen ging. Ihre Kunstnachrichten und Bildbeschreibungen aus Paris und Spanien beeindruckten Goethe so, dass er sie drucken ließ. Ihr Ruf, zeitgenössische Künstler zu fördern und zu unterstützen, war legendär, ihre Begeisterung für die antike Kunst verschaffte ihr den Ruhm, eine der kenntnisreichsten und – trotz ihrer gesellschaftlich hervorgehobenen Stellung – unkonventionellsten Frauen ihrer Zeit zu sein. Das Interesse für den Diplomatenberuf ihres Mannes ließ sie zu seiner Partnerin und Ratgeberin werden. Lei-

Caroline von Humboldt, Ölgemälde von Gottlieb Schick aus dem Jahr 1804.

denschaftlich und zielstrebig suchte sie die Freunde, die ihr wichtig waren, und nahm sich die Freiheiten, die sie brauchte. Ihrer Lebensfreundin Charlotte von Lengefeld schrieb die Zweiundzwanzigjährige: *Mein Herz ist unbändig in seinen Wünschen und unersättlich in dem Genuß der Liebe und Freundschaft.*[1]

Zweifellos trat die entscheidende Wende ihres Lebens ein, als sie Wilhelm von Humboldt kennen lernte. Es war der 1. August 1788. Sie saß im Garten von Burgörner, dem thüringischen Landgut ihres Vaters, als der ihr noch Unbekannte vom Ende der Pappelallee auf sie zukam. Ausgerechnet Carl von La Roche, der um sie warb, hatte ihr diesen Freund ans Herz gelegt. Derart gut gemeinte Absichten können mit herber Enttäuschung enden. Wilhelm erschien, und

Wilhelm von Humboldt, Gipsmodell von Bertel Thorvaldsen, 1808.

Carls Schicksal war besiegelt. Sie blieben Freunde, doch nie fand er jemanden, der so gewesen wäre wie sie.

Damit der Besucher überhaupt vorgelassen wurde, musste die Tochter dem Vater listig erklären, der Unbekannte wolle nur die neue Dampfmaschine zur Kupfergewinnung besichtigen, die als Erste in Deutschland im nahen Bergbaustädtchen Hettstedt stand. Merkwürdig, dass es dieses Vorwands bedurfte, denn Carolines Vater hatte Wilhelms Vater Alexander Georg von Humboldt so gut gekannt, dass er ihn als Paten seiner Tochter wählte – was aber noch kein Freibrief zum unangemeldeten Eintritt des Sohnes war. Die List gelang. Die Dampfmaschine, die sie zusammenführte, stand noch nach Jahren in hohem Ansehen. *Meine Einsicht in die Feuermaschine verdanke ich noch immer Dir, teures Herz,* schrieb Wilhelm. *Die Burgörnersche mit dem Mechanikus war immer die hübscheste, die es je gegeben hat.*[2]

Freund Carl hatte nicht zu viel versprochen. Die junge Dame mit dem schmalen Gesicht und dem braungelockten Haar sah recht einnehmend aus. Ihr Erfurter Jugendfreund Constantin Beyer notierte: *An der Seite eines solchen herrlichen Mädchens zu sitzen, muß für jeden, der einiges Gefühl fürs Schöne hat, die Fülle der Seligkeit sein.*[3] Dagegen fand ein – allerdings abgewiesener – Hauslehrer namens Rehfues, sie sei eigentlich hässlich. Die Schriftstellerin Friederike Brun beschrieb sie genauer. *Sie hat einen feinen, hübschen Kopf, weiches, kastanienbraunes Haar, einen frischen Teint und hübsche Zähne. Die Augen sind dunkelblau und ausdrucksvoll. In ihrem Gesichtsausdruck spiegelt sich vor allem ihr Verstand wider, aber wenn es gilt, eine gute Tat zu vollbringen, zeigt sich darin eine reiche Güte. Der Mund ist unendlich fein und bedeutungsvoll, ein wenig verzerrt, aber das sieht man nur in einer bestimmten Stellung.*[4]

Caroline fixierte den Reiter, der in der Allee auf sie zukam, aus neugierigen Augen. Über diese Augen ist viel gerätselt worden. *Es waren die schönsten, die ich je sah*, bemerkte Line von Wolzogen. Rahel Levin nannte Caroline *die Wunderäugige*, und der Arzt David Veit erklärte: *ihre Augen sind von einer seltenen Schönheit ... sie sind wirklich außerordentlich.*[5] Wilhelm von Burgsdorff, der sich in sie verliebte, sprach von ihrem strahlenden Glanz. Nach der Geburt ihrer Tochter Luise teilte Caroline selbst ihrem Mann mit, das Kind habe *große, dunkelblaue Augen, die vielleicht wie meine werden.*

Der einundzwanzigjährige Humboldt, der zum ersten Mal nach Burgörner kam, hatte durchaus schon für andere Frauen geglüht, wie er überhaupt für weibliche Schönheit sehr empfänglich war. Therese Forster hatte ihm durch geistvoll-erotischen Charme imponiert, die bildschöne Henriette Herz war *das so lange, so heftig, so innig geliebte, nie vergeßne Weib – die Ursache monatelangen Kummers.*[6] Doch auch Caroline hatte schon eine aufwühlende Leidenschaft hinter sich. *Ich habe die augenblicklichen Freuden der Liebe und ihre namenlosen, jahrelang währenden Leiden gefühlt, und sie haben mich an den Rand des Grabes gebracht,* hatte die Zwanzigjährige ihrem Lehrer Zacharias Becker gebeichtet.[7]

Was Wilhelm auffiel, waren nicht nur die schönen Augen, nicht nur die bemerkenswerte Leichtigkeit, mit der Caroline auf seine Bemerkungen einging, sondern vor allem ihr liebenswürdiges Wesen. Das hatte er, von einer kühlen Mutter erzogen, mit einer intellektuellen Frau befreundet, noch nicht erlebt. Bis zum Ende einer vierzigjährigen Gemeinsamkeit würde er nicht aufhören, ihre Güte zu preisen, ihre *Zartheit und Grazie* und jene Heiterkeit, mit der sie sein Leben verschöne. *Es ist nun einmal nicht anders, ich bin unendlich verliebt in Dich. Was ich schon in unserm ersten Zusammenleben fühlte, ist durch die Jahre gereift und hat nichts in mir von seiner Frische und seinem Reiz verloren, mitten unter aller Tätigkeit bist Du es doch, die mich besitzt.*[8] Er fand sie klug und trotzdem unvernünftig, hingebend und dennoch eigenständig, freimütig und dennoch unergründlich – Gegensätze, die ihn faszinierten.

Caroline Friederike von Dacheröden, 1766 im westfälischen Minden geboren, war bei der ersten Begegnung zweiundzwanzig Jahre alt. Ihren Geburtstag, den 23. Februar, feierte Wilhelm jedes Mal so, als sei es auch sein eigener. *Es ist so hübsch zu denken, daß das Glück dem Menschen aus einem Tag, einem Augenblick sich entspinnt, mir hat es an dem geleuchtet, an dem Du geboren wurdest.*[9] Ihr Vater, Carl Friedrich von Dacheröden, hatte als Jurist in Minden in preußischen Diensten gestanden und es bis zum Präsidenten der Kriegs- und Domänenkammer gebracht, als er sich aus unbekannten Gründen unbeliebt machte und den Abschied nahm. Die Dacherödens, deren Geschlecht sich bis ins 16. Jahrhundert zurückverfolgen lässt, besaßen im Thüringer und Mansfelder Gebiet die Landgüter Burgörner, Auleben und Thalebra, die nach dem Tod des einzigen Bruders später an Caroline fielen. Um ihren Gütern näher zu sein, zogen die Eltern mit dem zehnjährigen Ernst und der achtjährigen Caroline nach Erfurt. Noch im gleichen Jahr ereignete sich ein weiterer Schicksalsschlag: Mutter Ernestine, geborene Gräfin Hopfgarten, siebenunddreißig Jahre alt, starb. Der Witwer zog mit den Kindern in ein vornehmes Erfurter Renaissance-Haus, das neben dem Barockpalais des Reichsfreiherrn von Dalberg lag; es existiert noch heute so, wie Caroline es kannte. Durch das mit Arabesken verzierte Doppelportal betrat man ein mit venezianischen Sandsteinsäulen geschmücktes Entree, das beim Empfang hoher Gäste einen wahrhaft respektablen Eindruck machte. Im weißen Saal und im blauen Salon mit der Kassettendecke fanden Feste und Assembleen und die von Vater Dacheröden geleiteten Akademiesitzungen statt. Wieland, Goethe, Herder und Schiller waren hier zu Gast, und im Beisein von Alexander von Humboldt und Carl Theodor von Dalberg wurde in diesem Haus Carolines Hochzeit begangen.

Dalberg war in Erfurt der wichtigste Mann, wichtig auch in Carolines Leben. Goethe sagte von ihm: *Er hat eine treffliche Gewandtheit in bürgerlichen und politischen Dingen und eine beneidenswerte Leichtigkeit.*[10] Andere beurteilten ihn weniger günstig, vor allem nach seinem zwielichtigen

*Haus Dacheröden, das Elternhaus von Caroline
von Humboldt in Erfurt, in dem auch ihre Hochzeit stattfand.*

Taktieren mit Napoleon, der ihn zum Fürstprimas des Rheinbundes machte. Dalberg, Jurist und Verwaltungsfachmann, war der Statthalter des Erzbischofs von Mainz. Gebildet und aufgeklärt, gründete er die Erfurter Akademie der nützlichen Wissenschaften und führte in seinem Palais »Assembleen« ein, bei denen Adlige wie Bürgerliche über Humanität, Weltbürgertum und die Gleichheit aller Menschen vor Gott diskutierten und Vater Dacheröden wissenschaftliche Vorträge hielt. In dieser Umgebung wuchs Caroline heran, von diesen Ideen war auch sie beseelt. Zwischen ihr und Dalberg entstand *eine Freundschaft gleicher Rechte und gleicher Rücksichten*, wie Humboldt es ausdrückte. Dalberg förderte ihre musischen Talente und wurde mit Verehrung belohnt. *Es ist eine Fülle, ein Reichtum des Geistes und der Gedanken, eine Größe und Grazie in diesem Mann, die man nur selten findet*, schrieb Caroline. *Ich werde ihn sehr vermissen.*

Für seine einzige Tochter, die beim Tod der Mutter noch nicht acht Jahre alt war, nahm der Vater eine französische Erzieherin ins Haus, die dem Kind Etikette und Anstand beibrachte, aber Zuwendung und Zärtlichkeit vermissen ließ. Unter der Fuchtel des »Drachen« Madame Dessault litt Caroline sehr: *mich schauderte eigentlich, wie ich von dem Zimmer mit dem ewig blutenden Hirsch hörte. Die alte Madame saß in dem Moment wieder auf ihrem Thron, und meine unterdrückte, freudlose Jugend ging blitzschnell vor meinen Gedanken vorüber*, schrieb sie später. Der Vater traf eine bessere Wahl, als er für die Zwölfjährige den jungen Hauslehrer Zacharias Becker einstellte, dem Caroline ihre überdurchschnittliche Bildung verdankte. Zu ihrem Bruder Ernst, den sie langweilig fand wie ein Bild – »Sternbild« war sein Spitzname –, hatte sie kein enges Verhältnis. Seine Ehe mit Luise von Carlsburg blieb kinderlos. Nur zweimal hat der Bruder seine Schwester besucht, einmal in Jena, einmal in Paris.

Die Briefe nach jenen drei Augusttagen, an denen Caroline von Dacheröden und Wilhelm von Humboldt sich kennen lernten, sind erfüllt von romanhaftem Überschwang. *Als du fort warst, mein Wilhelm, war eine fürchterliche Leere in meinem Herzen* – so beginnt Carolines erster Brief vom 24. August 1788. *Ich blieb an einem Baum gelehnt stehen, und mein volles, volles Herz erleichterte sich durch Tränen.* Seine Antwort schien ebenfalls wie einem Liebesroman entnommen. *Ach! Lina, heute sind's 8 Tage, seit ich Dich nicht sah! Warum konnt' ich sie nicht zu der Länge eines Lebens ausdehnen, die Augenblicke, da ich in wonnevoller Entzückung in Deinen Armen lag! ... Was ich empfand, als ich beim Wegreiten wieder durch Burgörner ritt, als ich an der Laube vorbeikam, wo ich jene namenlosen Freuden genossen hatte* – Dieser Gefühlsausbruch war der Auftakt zu einer Flut weiterer Bekenntnisse, mit denen er die noch fast Unbekannte überschüttete; er lässt noch ganz den überfließenden Stil empfindsamer Briefromane erkennen. Zwar war Wilhelm in seinen Briefen an Frauen fast immer gefühlvoll-emphatisch, doch bei seiner Werbung um Caroline übertreffen seine Bekenntnisse noch die damals üblichen Liebes- und Freundschaftsbeteuerungen. *Lebe nun wohl, Freundin meiner Seele, Geliebte, Schwester!*, rief er ihr am 1. September zu. *O! Lina, Du wirst geliebt, und wer geliebt wird, ist nie ganz unglücklich. Lebe wohl, und liebe ewig Deinen Wilhelm.*

Wer war sie, die er bereits nach drei Tagen mit einer Kaskade süßer Worte bestürmte, der er Sehnsüchte und Lebenswünsche vorbehaltlos anvertraute? Eine Entdeckung sind die Notizen ihres Jugendfreundes Constantin Beyer, Sohn einer Erfurter Honoratiorenfamilie, später Buchhändler und Stadtrat. Der junge Mann war stolz, *die Fräulein von Dacheröden* über die Stadtmauer *auf den Wall* begleiten zu dürfen. Glücklich jubelte er: *... ich, an der Seite eines der herrlichsten Mädchen Deutschlands, stand und sog die ganze Wonne der Szene mit trunkenen Blicken auf.* Das Fräulein liebe Amüsement und Scherz, bemerkte er, nachdem er die Achtzehnjährige mit einer Zipfelmütze auf dem Kopf und im Harlekin-Umhang am Arm eines alten Bedienten auf der Straße getroffen hatte, wo sie sich vor Lachen ausschütten wollte. Ein anderes Mal beobachtete er, dass sie in der Kirche ein *Guckgläschen* hervorholte, um die Gläubigen eingehender zu fixieren, weshalb der Prediger *blitzende Blicke* *von der Kanzel herab* auf sie geschleudert habe. Über ein Tanzfest notierte er: *Die Fräulein von Dacheröden war heute außerordentlich aufgeräumt, und ich belauschte sie in manchen Augenblicken einer Schäferstunde mit Freund L., den Wein und Liebe erhitzt hatten.*[11] Machte sie dem armen Carl von La Roche immer noch Hoffnungen? Constantin Beyer, oft Gast im Hause Dacheröden, erteilt darüber keine Auskunft. Doch er war hingerissen. *Nicht lange, so trat auch die Fräulein mit dem Anstande einer Grazie herein,* notierte er. *Das göttliche Mädchen! Sie war ganz nachlässig gekleidet, ganz wie eine von Angelicas lieblichen Figuren, in einer Stunde* con amore *hingehaucht.* Mit »Angelica« war die Malerin Angelika Kauffmann gemeint, deren nur halb verhüllte Frauengestalten großes Aufsehen erregten. Ein anderes Mal fand er Caroline strickend am Bett des kranken Bruders: *so schwand unter Scherz und Laune ein schöner Abend des Lebens dahin – ein Abend voller Glück, weil ich vis à vis einem Mädchen saß, die ein Engel ihres Geschlechts ist.*[12] Im gleichen Jahr beobachtete er sie auf einer Redoute, diesmal an der Seite eines gewissen *Humbold,* der einen weißen Mantel trug: *die Fräulein unterhielt sich beständig mit ihm.* Das Fräulein lache gern und viel, bemerkte Beyer, man höre sie überall heraus: *sie hat ein so charakteristisches Lachen.* Man kann vermuten, dass diese Heiterkeit auch ein verbindendes Element zwischen ihr und Wilhelm war, der ihr versicherte, er und sein Bruder Alexander würden nie den Humor verlieren. Aufschlussreich sind Beyers Notizen auch über Carolines frühe schriftstellerische Arbeiten. Sie übersetzte englische Balladen wie »Der entwaffnete Amor« von Prior und betätigte sich als Publizistin, indem sie die Romane der Emilie von Berlepsch für die »Erfurtische Gelehrte Zeitung« rezensierte.[13]

Die heranwachsende Tochter war der Stolz ihres Vaters. Vor seinen Augen entwickelte sie sich zu einer Schönheit, der junge Männer den Hof machten: *aus denen, die um meine Hand geworben haben, wollt ich ziemlich das Alphabet komplett machen,* behauptete sie dreist und zählte sie Wilhelm auf: Herr von Berger, Herr von Hagke, Herr von Leuchsenring... Zugleich bewunderte sie ihren Vater, der mit der gebildeten Welt verkehrte; sein Vorbild und Beckers Unterricht waren wohl der Antrieb, auch aus sich etwas Besonderes zu machen. Sie las die neue Literatur, Bürgers »Musenalmanach«, »Werthers Leiden«, »Adolphs Briefe«, Rousseaus »Bekenntnisse« und von Goethe alles, was sie bekommen konnte. *Der Tasso ist gar herrlich... weil er die Frauen so darin lobt, er ist mir fast noch lieber wie die Iphigenia.* Sie spielte gern Klavier und zeichnete recht gut; ihr Zeichenlehrer Johann Blasius Siegling wurde später Kunstprofessor an der Erfurter Universität. Mit dem Vater spielte sie Schach, Griechisch lernte sie bei Schulmeister Gedike. *Es ist jetzt hier ein Sohn von Gedike,* meldete sie. *Wenn ich ihn ansehe, fällt mir das Lesebuch ein und unsere Stunden in Burgörner und Auleben, und wie ich dabei weinte, wenn es gar zu schwer war.* Dafür war sie dann imstande, Plutarch und Petrarca zu lesen und mit ihren Kindern griechische Texte zu übersetzen.

Bevor Wilhelm erschien, hatte Caroline zwei Schwestern kennen gelernt, die ihre besten Freundinnen wurden: Caroline und Charlotte von Lengefeld aus Rudolstadt. Sie war überglücklich, in ihrer Einsamkeit zwei verwandte Seelen gefunden zu haben, und zwar durch eigene Initiative: In der von Sophie von La Roche gegründeten Zeitschrift »Pomona« hatte sie einen interessanten Beitrag entdeckt: »Schreiben einer jungen Dame, auf ihrer Reise durch die Schweiz« – und die unbekannte Verfasserin gelobt, die ihr daraufhin versicherte: *In völligem Zutrauen in Ihre discrétion bin ich auch überzeugt, daß mein Nahme in Ihrem Herzen bleiben wird.*[14] Der Brief trug die Unterschrift: Caroline von Beulwitz, denn sie, die Ältere der Schwestern, war siebzehnjährig einem Hofrat von Beulwitz angetraut worden.

So begann eine Lebensfreundschaft.

Was Caroline von Anfang an zu den Lengefeld-Schwestern hinzog, ahnt man, wenn man Schillers Bericht liest. *In Rudolstadt habe ich eine recht liebenswürdige Familie kennen lernen*, meldete er seinem Freund Körner. *Eine Frau von Lengenfeld lebt da mit einer verheirateten und einer noch ledigen Tochter. Beide Geschöpfe sind (ohne schön zu sein) anziehend und gefallen mir sehr. Man findet hier viel Bekanntschaft mit der neuen Literatur, Feinheit, Empfindung und Geist.* Das war es, was Caroline gesucht hatte: Empfindung und Geist, Gefühl und Verstand. Sie beteuerte der gleichaltrigen Lotte: *Liebe! Es ist mir sehr süß zu denken, daß ich dir etwas sein werde.* Zwischen den drei jungen Frauen, von denen die eine ohne Mutter, die anderen ohne Vater aufgewachsen waren, entwickelte sich ein stürmischer Gedankenaustausch. Man erörterte bald sogar den tollkühnen Plan, Frau von Lengefeld mit Freiherrn von Dacheröden zu verkuppeln. Zwar wies die Hofrätin das Ansinnen energisch zurück, dennoch wurde die Idee nicht gleich aufgegeben, zumal sie Heimlichkeiten und gegenseitige Einladungen zur Folge hatte – und Caroline besuchte das Lengefeld-Haus in der Neuen Gasse mit der gleichen Begeisterung wie Schiller. Man wanderte *auf verschlungenen Wegen* zum »Grünen Pavillon«, von dem sich die Wiesen und Felder bis zur Saale erstreckten, und erörterte weitreichende Lebenspläne. In ihren Briefen sprach Caroline von der komplizierten Welt der Gefühle, von Gewissensbissen gegenüber Carl von La Roche, von Dalberg und der unglücklichen, weil von Goethe verlassenen Frau von Stein[15] – am meisten aber sprach sie von sich selbst. Es fällt auf, wie sehr sie im Dialog mit den Freundinnen ihr eigenes Wesen zu ergründen suchte. Ihr war bisher nicht zuteilgeworden, wonach sie sich am meisten sehnte: Zugewandtheit und Zärtlichkeit. *Mein Herz ist unbändig in seinen Wünschen und unersättlich in dem Genuß der Liebe und Freundschaft*, schrieb sie. Endlich hatte das mutterlose Mädchen jemanden gefunden, dem es sich anvertrauen konnte.

Ob Caroline eine der Schwestern bevorzugte, ist fraglich. Es ging ihr wie Schiller, der beide gleichermaßen liebte, so dass man bereits von einer Dreierbeziehung sprach. Die Ältere hatte siebzehnjährig den begüterten Hofrat Friedrich von Beulwitz geheiratet, war aber in dieser Ehe todunglücklich. Die Ungewissheit, ob Schiller nun um die jüngere Lotte anhalten und ob Mutter Hofrätin einwilligen würde, hielt alle in Atem. In den Augen der *chère mère* war der weder wohlhabende noch adlige Dichter keineswegs ein attraktiver Bewerber. Die Dreieckskonstellation im Hause Lengefeld – zwei Frauen um einen Mann – wirkt wie ein Spiegelbild der Situation Carolines, die sich zwischen dem aussichtsreichen Bergeleven Carl, Sohn der berühmtesten deutschen Schriftstellerin, Sophie von La Roche, und dem Jurastudenten entscheiden sollte. Mit Carl habe es gerade erbitterte Auseinandersetzungen gegeben, gestand Caroline dem neuen Freund Wilhelm. *Nur noch einige solcher Szenen wie die letzte mit Carl*, und sie gehe zugrunde.

Während sie ihre Skrupel zu Papier brachte, kündigte Humboldt zum zweiten Mal sein Erscheinen an. Freund Carl hatte ihn gebeten, die kluge Dacheröden für den Berliner »Tugendbund« zu gewinnen, einen Zusammenschluss junger Leute, die sich in Berlin ohne Einmischung der Eltern über ihre politischen und moralischen Vorstellungen austauschen wollten, wobei sie den freien und gleichen Umgang der Geschlechter propagierten und ihre Gefühle – nicht ohne erotische Untertöne – brieflich erörterten.

Die Jugendfreundin Caroline von Lengefeld, geschiedene von Beulwitz, verheiratete von Wolzogen, Schillers Schwägerin. Ölgemälde von Hetsch, um 1800.

Diesmal war sie es, Caroline von Dacheröden, die eine ähnliche Unvorsichtigkeit beging wie zuvor Freund Carl. Sie riet Wilhelm, zuerst die überaus gescheite Line von Beulwitz in Rudolstadt als Tugendbund-Mitglied zu gewinnen. Humboldt fand sich im Haus in der Neuen Gasse ein,[16] und es kam, wie es kommen musste. Die unglücklich verheiratete Fünfundzwanzigjährige verliebte sich auf der Stelle in ihn, der davon nicht unberührt blieb. Immer hat Wilhelm die intelligente, vom Schicksal gebeutelte Freundin hoch geschätzt. Doch nicht mit ihr, sondern mit dem anziehenden Fräulein von Dacheröden besuchte er bald darauf in Erfurt ein Fest, wo man offenbar Gelegenheit zur Aussprache fand. ... *heut vor 14 Tagen war ich mit Dir auf dem Ball*, schrieb ihm Caroline, *ich werde die Nacht nicht vergessen... Es ist erstaunlich, wie sich unsere Vorstellungsarten oft begegnen und wie ähnlich wir über viele Dinge denken, dieser Einklang unserer Wesen ist dem meinen ein süßer Genuß.* Ihr überraschender Gleichklang war auch ihm »ein süßer Genuß«. *Sie hat für mich in ihrem Wesen etwas Unbeschreibliches, etwas Namenloses*, schrieb er fassungslos zwei Tage später an die Beulwitz. *Bald reißt es sie über mich weg, bald zieht es mich mit so unendlicher Liebe an sie an, daß es ist, als wäre ich Eins mit ihr.*[17] Alles an Caroline hatte ihn fasziniert, ihre Schönheit ebenso wie ihre wohltuende Verständigkeit. *Oh, süße, teure Li*, bat er später. *Habe mich lieb auch in der Ferne und denke, daß daran mein ganzes inneres Glück hängt... Ein Gedanke, eine Empfindung, und wenn die abgeschnitten würde, nichts überall als eine bloße Leere und Öde.*

Er hatte ihr von seiner Kindheit in Berlin erzählt, seinen Eltern, dem königlich preußischen Kammerherrn und Obristwachtmeister der Kavallerie Alexander Georg von Humboldt und der zwanzig Jahre jüngeren Marie Elisabeth Colomb, verwitwete von Holwede, die den Sohn Ferdinand, Gut Falkenberg und das hübsche Schlösschen in Tegel bei Berlin in die Ehe eingebracht hatte. Geboren wurde er in Potsdam am 22. Juni 1767. Zwei Jahre später kam noch ein Bruder namens Alexander zur Welt. Der Vater starb, als er zwölf war; dieser Verlust, erklärte er, habe seine *öde und freudlos dahinwelkende Kindheit* traurig überschattet. Die Mutter, die nun die Erziehung von drei Söhnen allein in die Hand nehmen musste, stellte für den Ältesten den Pädagogen Joachim Heinrich Campe ein, der auch Wilhelm Lesen, Schreiben und die sieben Weltwunder beibrachte. Dann übernahm für zwölf Jahre Gottlob Johann Christian Kunth, Sohn eines protestantischen Pfarrers, die Ausbildung der Jungen. Er habe zwar nie drakonische Strafen, dafür aber Maßnahmen angewandt, die sie psychisch verängstigt hätten, berichtete Wilhelm und fügte etwas rätselhaft hinzu: *Solange ich mit Kunth lebte, führte ich das Leben einer Frau.*[18] Die wenig zärtliche Mutter sei im Wesen so nüchtern wie Kunth, der als Vermögensverwalter noch immer im Hause wohne. Während Alexander Trost in der freien Natur fand, habe er sich in sein Inneres zurückgezogen. *Stimmt der Gang der Welt außer uns nicht mit unseren Wünschen überein,* sagte er, *so bleibt uns noch die Welt in uns.* Humboldt, der später maßgeblich für das preußische Schul- und Bildungswesen zuständig war, hat nie eine öffentliche Schule besucht. Für Mathematik und alte Sprachen wurden zusätzliche Hauslehrer hinzugezogen. Er studierte Jura in Frankfurt an der Oder, beschäftigte sich in Göttingen mit Kants Philosophie, hörte bei Lichtenberg experimentelle Physik, bei Schlözer Universalgeschichte und bei Professor Heyne alte Sprachen. Bei dieser Gelegenheit berichtete er temperamentvoll von seinem Freund Georg Forster, dem berühmten Weltumsegler, verheiratet mit Therese, der attraktiven Tochter des Professors Heyne, zitierte sogar einige charmante Stellen aus ihren Briefen, die er stets bei sich trug, so dass klar wurde: Wilhelm verehrte Therese nicht nur ihrer Intelligenz, sondern auch anderer Talente wegen.

Noch war alles unentschieden. Caroline klagte Lotte, das Verhältnis zwischen zwei Bewerbern reibe sie auf, es ist *grade dasselbe wie das von Schiller gegen dich und Linen*. Wilhelm erschien zum dritten Mal im Gutshaus Burgörner, das er zeitlebens liebte. *Burgörner bleibt mir immer wie ein Mittelpunkt der Erde. Alle die lieben Gegenden sind ewig vor meinen Augen, das Küsterholz und die Laube, der Pappelgang, die Wiesen nach der Kupferhütte zu, der lustige Baum, den wir so liebten.*[19] Diesmal war Caroline im Begriff, mit den Freundinnen zur Kur nach Lauchstädt zu fahren. Es war der 18. Juli 1789, und sie diskutierten erregt den Sturm auf die Bastille, der sich vier Tage zuvor ereignet hatte. War es *ein Vorbote des Sieges der Freiheit über die Tyrannei*, wie Line von Beulwitz meinte, oder *eine Ungeheuerlichkeit?*[20] Auch Schiller fuhr überraschend ins idyllische Lauchstädt. Sein Erscheinen galt freilich weniger der Diskussion politischer Vorgänge als dem Entschluss, Charlotte von Lengefeld einen Heiratsantrag zu machen. Schon am nächsten Abend konnte er jubeln. *Ist es wahr theure Lotte? ... Ich gebe alle Freuden meines Lebens in Ihre Hand.* Ihre Freundin Caroline bedauerte die gebildetere und begabtere, nur leider schon verheiratete Schwester, die ihr in einem vertraulichen Brief bekannt hatte, dass sie Schiller liebe: *sein mir lebendiger Geist, seine schöne Vorstellungsart in vielen Dingen, sein blühender Ausdruck und oft seine Laune und sein Witz* seien ihr Lebensinhalt.[21] Vorerst blieb die Verlobung geheim, obgleich alle drei Frauen in einem Zimmer schliefen. Caroline war allerdings abgelenkt. Sie hatte sich in den Arzt Friedrich Theodor Meckel verliebt und ihn in Halle besucht, was eine hochgradig empörte Lotte sofort verriet: die Freundin benehme sich unmöglich. Schiller stimmte zu: Caroline pflege mit scheinbar *unschuldigsten Empfindungen* Männern zu schmeicheln und schade damit ihrem Ruf. *Man kann sich in ihr irren*, sagte er sogar. Die Beklagte musste indessen eilig nach Burgörner zurückgebracht werden, weil sie durch die Kur nicht gesünder, sondern lebensbedrohlich krank geworden war. Sie spuckte *große Stücke geronnenes Blut,* so dass Schiller seinem Freund, dem Leipziger Schriftsteller Ludwig Ferdinand Huber, meldete, sie sei reizend, werde aber nicht mehr lange leben.

Währenddessen war Humboldt mit Campe zu Studienzwecken nach Paris aufgebrochen, wo er den Aufstand des dritten Standes, *das Leichenbegängnis des Despotismus*, mit eigenen Augen sah. *Wann werden doch andere Nationen einmal anfangen, solchem Beispiel zu folgen?*, fragte er Georg Forster. Campe machte ihn mit Persönlichkeiten wie dem Grafen Schlabrendorf bekannt, der später in Carolines Leben eine große Rolle spielen sollte, führte ihn ins Hospital und ins Waisenhaus, wo man über Elend und Schmutz entsetzt war. *Alle Laster entspringen beinah aus dem Mißverhältnis der Armut gegen den Reichtum*, notierte Wilhelm. *In einem Lande, worin durchaus ein allgemeiner Wohlstand herrschte, würde es wenig oder gar kein Verbrechen geben.*

Auf dem Rückweg besuchte er Caroline von Dacheröden zum vierten Mal, diesmal nicht allein, sondern mit dem eigens aus Gotha angereisten Alexander, der die Angebetete seines Bruders persönlich in Augenschein nehmen wollte. Sie fand seine ungeteilte Zustimmung. *Das Mädchen ist seiner wert, ein so guter Mensch muß ein glücklicher Gatte, ein glücklicher Vater sein*, meldete er Fritz Jacobi.[22] Constantin Beyer hat seinem Tagebuch auch diese Neuigkeit anvertraut. *Es waren verschiedene Fremde heute hier, unter anderen auch die beiden Barons von Humboldt aus Berlin und die Frau v. Beulwitz mit ihrer Schwester, der Fräulein v. Lengefeld.* Die »Barons«, die im Hause Dacheröden zum Mittagessen erwartet wurden, steckten noch in Reisekleidern, als Wilhelm schon berichten musste, wie er in der Pariser Nationalversammlung Mirabeau persönlich hatte sprechen hören. Beim Kaffee präsentierte der Kammerpräsident den jungen Leuten seine Kupferstichsammlung; abends führten Vater und Tochter die Gäste zu einem Ball bei Regierungsdirektor von Belmont. Auf diesem Fest verlobte sich die dreiundzwanzigjährige Caroline von Dacheröden mit dem ein Jahr jüngeren Juristen Wilhelm von Humboldt.

Freiheit und Liebe
Die Hochzeit

*Er hat Ursache, sich zu einer solchen Frau
Glück zu wünschen.*
(Friedrich Schiller, 1790)

Humboldt ist hier, in diesem Moment mit Carolinen in meinem Zimmer. Es hat sich schnell unter ihnen entschieden – sie werden zusammen leben. Line von Beulwitz beeilte sich, die Neuigkeit Schiller mitzuteilen. Für Wilhelm war Freund Georg Forster der Erste, dem er seinen Entschluss gestand. Warum ausgerechnet das Fräulein von Dacheröden? Weil er ihren Charakter kenne und ihr Wesen liebe, lautete die Antwort. Er brauche die Nähe *großer und schöner Seelen. In dieser Hinsicht wählte ich Lina.* Mit Blick auf Therese, deren Scheidungsabsichten er kannte, erläuterte er seine spezielle Auffassung von der Ehe. *Sollte einer von uns nicht mehr in dem anderen, sondern in einem Dritten das finden, worin er seine ganze Seele versenken möchte; nun so werden wir beide genug wünschen einander glücklich zu sehen, und genug Ehrfurcht für ein so schönes, großes, wohltätiges Gefühl, als das der Liebe ist, besitzen.* Das hieß: Würde seine Frau je einen anderen lieben, werde er nicht der Mann sein, ihr Glück zu stören. Vorrang habe immer die Liebe. Die Einhaltung dieses Versprechens sollte später oft genug von ihm erwartet werden.

Am letzten Tag des Verlobungsjahres 1789 traf man sich in Weimar, um mit Wilhelm und Schiller, den Schwestern und Carl von La Roche, der sich wie ein fünftes Rad am Wagen vorkommen musste, das neue Jahr zu feiern. Soeben lief die Nachricht um, dass Goethes Freundin Christiane Vulpius ausgerechnet am Geburtstag der Frau von Stein ein uneheliches Kind von Goethe geboren habe.

Am Neujahrstag 1790 lernte Humboldt erstmals Schiller persönlich kennen. Er sah vor sich einen Mann *von gerader, langer Statur* mit sommersprossigem Gesicht, breiter Stirn, einer *auf Papageienart* gebogenen Nase und energischem Mund. War die Begegnung eine Enttäuschung? Der acht Jahre ältere Dichter fand sein Gegenüber leer und oberflächlich. Caroline vermittelte. Dass schließlich doch eine Beziehung, eine Freundschaft entstand, die für Wilhelm bedeutsamer und mitreißender wurde als jede andere in seinem Leben, lag auch an ihr.

Weder Carolines Vater noch Wilhelms Mutter waren in das nächtliche Verlöbnis eingeweiht worden – und beide waren entsetzt. Marie Elisabeth von Humboldt fand ihren Sohn viel zu jung. Konnte er überhaupt einen Hausstand gründen? Carolines Vater klagte, sein Schwiegersohn besitze weder Amt noch Titel, außerdem fürchtete er das Alleinsein. Erst als Caroline ihm zugestand, ins nahe Burgörner zu ziehen, versprach er einen Haushaltszuschuss von 500 Talern. An Reichtum, versicherte Caroline ihrem Zukünftigen, sei ihr ohnehin nicht gelegen: *an Rang und vornehmen Verhältnissen werde ich auch mein Leblang keine Freude haben.* Wilhelm bemühte sich währenddessen, seiner Mutter die unbekannte Braut in vorteilhaftem Licht darzustellen, und sie ging, wenn auch nicht eben herzlich, auf seine Wünsche ein. Für finanzielle Unabhängigkeit müsse er jedoch selber sorgen, betonte sie kühl, woraufhin er sich bei Friedrich Wilhelm II. um eine Anstellung im Justizdepartement bewarb. Nach Absolvierung der nötigen Prüfungen trat er im Juli 1790 als Kammergerichtsreferendar in den preußischen Staatsdienst ein.

Die Liebesbriefe, die bis zur Hochzeit eine Trennung von fast zwei Jahren überbrücken mussten, sind Abglanz einer überwältigenden Zuneigung. Caroline wusste, warum sie Wilhelm allen Bewerbern vorgezogen hatte. Was für andere galt, galt nicht für sie. Sie verlangte Freiheit. *Sie in einem so engen Verhältnis wie die Ehe respektiert zu sehen, war das einzige, was ich bei dem Mann suchte, dem ich meine Hand geben wollte*, erklärte sie kühn. *Unsere Seelen waren füreinander geschaffen*, bestätigte er. *Darum werden wir auch beide gerade in dem engsten Verhältnis die höchste Freiheit behalten. So werden wir jeder unsern eignen Pfad wandeln und werden uns immer gleich nah bleiben.* Er ging bereitwillig auf ihre Bedingung ein. *Immer gewisser fühl ich es, daß Du allein der Freiheit und der Liebe bedarfst, um alles zu werden, was Menschen zu werden vergönnt ist. Und warum sag ich Freiheit und Liebe? Es gibt keine Freiheit ohne die Liebe.*[1] Ihr konnte er so schreiben. Ihr ganzes Leben würde davon geprägt sein.

Der schwärmerische Ton der Brautbriefe spiegelt die Melancholie der damals beliebten, gefühlvollen Liebesromane und entspricht ganz der Epoche der Empfindsamkeit, obgleich Caroline, wohl um der Sentimentalität zu entgehen, *einen eigenen, unbetretenen Weg* suchte und Goethes »Eislied« zitierte: *Sorglos über die Fläche weg … / Mache dir selber Bahn!* Ihm gefiel ihre positive Lebenseinstellung. Furcht vor dem Wagnis der Ehe ist bei keinem von beiden zu spüren. Das Streben nach gegenseitiger Vervollkommnung, der Wunsch, in der Ergänzung durch den anderen die eigenen Anlagen entwickeln zu können, haben ihre Wurzeln in der Ethik der Aufklärung. So wie Goethe zu Charlotte von Stein sagte: »mache mich recht gut«, so Wilhelm zu Caroline: *Wie ich mich seitdem höher und größer fühle, seitdem Du mich liebst.* Bei ihr habe er gefunden, was er brauche: »Weiblichkeit«. Das versicherte er ihr noch nach Jahren: *Das Schönste und Beste, dessen der Mensch fähig ist, ist ewig in Dir wirksam und rege, in die Anmut der Weiblichkeit verschmolzen, ergießt es sich von Dir aus auf alles, was Dich umgibt.* Seine Briefe waren gefühlvoller als ihre, obgleich sie mit glühenden Beteuerungen ebenfalls nicht sparte: *Nein, teurer Geliebter, nie hätte ich einen Mann gefunden, dessen Geist und Herz mir mehr gegeben, dessen Wesen mich mit höhern Gefühlen erfüllt hätte.*[2] *Ein Leben, so der Liebe geweiht wie das meine, kann nicht leer an schönen bescheidenen Blüten sein... Nun, bald brauch ich ja nicht mehr Worte, meine Seele vor Dir zu enthüllen, mehr wie sie wird Dir mein Blick, meine Küsse, ach, selbst mein Schweigen sagen.*[3] Sie sei jetzt hübscher, sehe nicht mehr so blass aus wie früher, teilte sie mit, erfreut, dass auch sein Diener Johann sie schöner als andere fand. Dann wünschte sie etwas Unerwartetes. *Ich bitte Dich, lern doch Schach, wenn Du es nicht kannst, Du wirst gewiß eine große Freude dran haben.* An seinem dreiundzwanzigsten Geburtstag fasste sie den Entschluss, in genau einem Jahr zu heiraten. *Ich müßte ja nicht so klug sein, als ich bin, wenn ich das nicht durchsetzen wollte,* beteuerte sie selbstbewusst. Der Titel eines Legationsrats würde den väterlichen Widerstand beseitigen. *Deine Kenntnisse, Feinheit im Umgang, die Fülle Deiner Ideen, die Neuheit Deiner Ansichten, selbst die Eigenheit Deiner Sprache,* alles sei außergewöhnlich an ihm. Sein Wesen werde *vielleicht nie ganz von einem Manne empfunden.* Das war eine hellsichtige Beobachtung. Wilhelm war bei Frauen beliebt. Von seinem Bruder Alexander hingegen vermutete sie, dass er sich nur für Männer interessiere: *ich glaube, die Zeit wird es bestätigen.*[4] Auch dieses Urteil sollte sich als richtig erweisen.

Im August nahm Wilhelm Urlaub und kam nach Burgörner. Es wurde ihnen schwer, auf Zärtlichkeiten zu verzichten. Sie stiegen nachts auf den Kirchberg, um die Sterne zu betrachten, sangen den »König von Thule« und verewigten ihre Namen in Baumrinden. Sechs volle Wochen brachte er bei ihr zu. Ihr sinnliches Verlangen erwachte: *Manchmal erschreck ich vor der Wildheit in mir.* Kein Zweifel, Caroline wollte ihn *umfangen*, küssen und liebkosen. Sie werde *eine vernünftige, eine solide Person, eine sorgsame Hausfrau*, meinte sie, aber nur am Tag! Am Abend, da wolle sie *wie ein Kind sein dürfen, springen, klettern, tanzen, küssen, denn das Küssen schickt sich für jede Rolle*. Das Liebesvermögen sei der eigentliche Maßstab, an dem jeder Mensch zu messen sei, erklärte ihr Wilhelm und war nur allzu bereit, auch über körperliche Liebe mit ihr zu sprechen. Schon als Student hatte er in einer Seminararbeit seine Vorstellung von der Ehe ohne Prüderie dargelegt. *Die Personen, die in diese Verbindung treten, genießen mit und durch einander alle die Freuden, alle die Vorteile, die ihnen die Einrichtung ihrer Natur und ihre spezielle Lage zu genießen erlaubt.* Sein Professor hatte sich damals die humorvolle Randnotiz gestattet: *Sie haben über die Ehe mit einer Wärme und einem Edelmut gesprochen, wozu ich Ihrer künftigen Gemahlin im voraus Glück wünsche.*[5] Mit seiner »künftigen Gemahlin« sprach er jetzt vom Genuss, den er von der Ehe erwarte. *Und immer ist der Genuß in diesen Momenten zweifach*, der Grund, *warum die Liebe immer von der Sinnlichkeit unabtrennbar, immer der Gegenwart bedürfend ist. Der ganze Körper, vor allem aber das Auge, ist ihr Abdruck..., und nur diese glühende Sehnsucht, uns in dieser ursprünglichen Gestalt miteinander zu vereinen, ist es, was unser Glück über das anderer Menschen emporhebt. Von Dir kommt ja die Stimmung der Seele, die den Genuß erst zum Genuß macht!* Damit wollte er ihr den Unterschied zwischen beseelter Liebe und »grober Sinnlichkeit« verdeutlichen. Erst durch sie habe er wahre Liebe kennen gelernt.

Was sie vermutlich nicht wusste: Wilhelm lebte seine »grobe Sinnlichkeit«, seine Sexualität, bei Prostituierten aus. Die Kosten dieser Besuche trug er sachlich wie ein Buchhalter in sein Ausgabenheft ein: *27. Juli in Spa einer Hure 1 Krone; 30. Juli in Brüssel einer Hure 7 Sous; 10. August »Fleischeslust« 1 Karolin; 14. August »Sinnenlust« 2 Kronen 24 Sous.*[6] In Berlin suchte er gewisse Freudenmädchen auf, die er ihres Entgegenkommens wegen als »die Edlen« bezeichnete, *da ihr Bemühen, der groben Sinnlichkeit eine reizende Gestalt zu leihen, mehr unsren Dank als unsren Vorwurf verdienen sollte.*[7] Er pflegte ihre Dienste auch später in Anspruch zu nehmen, wenn Caroline ihm fehlte. Damit unterschied er sich keineswegs von seinen Freunden, ohne jedoch, wie viele von ihnen, ein uneheliches Kind in die Welt zu setzen. Mit dem vier Jahre älteren Friedrich Gentz, *der jedem Weibe den Hof macht,*[8] unternahm der Bräutigam *nächtliche Expeditionen zur Schuwitzen und Madam Müller,* zwei Puffmüttern, von denen die Schuwitz *einen so guten Punsch* bereite, dass man danach zu *animalischen Dingen* keine Lust mehr habe. *Sehr oft haben wir gemeinschaftliche Partien gemacht ... und ich habe närrische Nächte mit Genz, oft in Einem Bette, verlebt,* berichtete er in naivem Stolz seinem Freund Brinckmann.[9] Was erfuhr seine Braut davon? Hat er ihr seine jugendliche Erregung gestanden, die ihn beim Anblick arbeitender Frauen *vorzüglich niederen Standes* überfiel? Im Tagebuch hielt er fest, dass auf einer Rheinfähre ein *häßliches, wie eine Sklavin schuftendes Weib* seine *wollüstige Begier* erregte.[10]

Doch die Berliner Bordellbesuche fanden ein jähes Ende. Gentz bekam eine der gefürchteten Geschlechtskrankheiten und Wilhelm, wie er Brinckmann beschämt gestand, Filzläuse.[11] Das wird er Caroline kaum berichtet haben. Verheimlicht aber hat er seine sexuellen Bedürfnisse weder in seinen Tagebüchern noch in den anthropologischen Aufsätzen. Immer vertrat er die Ansicht, dass sinnenhafte Lebenslust ein unverzichtbarer Energiequell sei.

Im Berliner Justizministerium brütete Wilhelm über Kriminalfällen, die ihm nicht lagen. Er habe weit bessere Fähigkeiten, versicherte er, und wolle sich so bald wie möglich aus dem Staatsdienst zurückziehen – Caroline möge ihm raten. *O! tue das, Li, tu's, ich beschwöre Dich, weil es so süß ist, zu tun, was die Liebe will!* Sie ermutigte ihn zu einem höchst gewagten Schritt: den Dienst zu quittieren. Wilhelms Mutter warnte: von ihr sei kein Geld zu erwarten. Caroline sandte ihm ihr Bild, er schenkte ihr *ein paar schöne Armbänder, sieben goldene Kettchen*. Beide litten unter der Trennung eines langen Winters, schrieben sich Briefe und wieder Briefe. Caroline erzählte, dass Goethe sie besucht habe. *Mit Goethe möchte ich viel leben,* erklärte sie, sein Wesen sei *eine Geistes- und Herzensverschwendung*. Eine solche »Herzensverschwendung«, das spürte sie, galt auch für sie.

Den ersten Tag des neuen Jahres 1791 verbrachte Caroline gemeinsam mit Schiller und Lotte, und die Zärtlichkeiten des jungen Paares lösten bei ihr heftige erotische Wünsche aus. Sie wurde kühner, beendete ihren Bericht an Wilhelm mit den Worten: *Dein Weib, Deine Geliebte – Deines schönen Herzens ununterbrochene Zeugin, ach, hat die Erde noch ein Glück, das an dieses reicht!* Er nahm Urlaub und kam Anfang April 1791 nach Erfurt, und diesmal erreichte er, was er wollte: *beim Kaffee in der Stube mit den schönen Jägerinnen auf der Tapete* genehmigte Herr von Dacheröden die Heirat. Postwendend bat Humboldt den preußischen König um seine Entlassung, die er mit *zwingenden Familienumständen* begründete, und begann, den zukünftigen Haushalt zu organisieren. Üppig würde es nicht werden. Zwei silberne Leuchter habe er besorgen können, meldete er, nun wolle er Besteck und Tassen kaufen. Nebenbuhler Carl von La Roche sei bereit, Teekanne und Spirituslampe günstig zu beschaffen. Für Carolines Zimmer wurden ein Birnbaumsofa und zwölf Rohrstühle angefertigt, dazu besaß man *zwei niedliche Kommoden mit Marmorplatten, einen kleinen Arbeitstisch für Li und einen Mahagonitisch zum Tee.* Für die Gardinen fehlten die Maße, sie sollten aus dem gleichen Stoff wie das Sofa sein. Für sein Arbeitszimmer erwarb Wilhelm einen Schreibtisch, die Bücher waren schon eingepackt. *Meine Betten bringe ich mit. Ich lasse mir hier einen Bettsack machen.* Stolz verkündete er, seine Mutter schenke ihr einen zierlichen Brillantring. Unumgänglich war die eigene Kutsche. Sie wurde grau lackiert und mit Rosengirlanden geschmückt. Auf Wunsch des Vaters musste Wilhelm einen gestickten Frack in Auftrag geben. Auch Caroline sprach neuerdings von praktischen Dingen. Ob Wilhelm etwa einen Schlafrock trage?

Seine Briefe kamen aus Tegel. Der Ort erscheine ihm lieblicher, seit er sich Caroline dort vorstellen könne. *In Tegel ist's sehr schön. Die Gegend hat in der Tat etwas Romantisches. Und ich, der ich nun von meiner ersten Kindheit an da war, von wie vielen Erinnerungen werde ich ergriffen bei jedem Anblick.* Früher sei er hier oft bedrückt gewesen. Und obwohl er bedeutendere Orte kenne, *wirkt diese kleine einfache Landschaft doch noch mit immer gleichem Zauber auf mich!* Auch diesmal erlebte er unter dem Sternenhimmel die Illusion eines endlosen gemeinsamen Glücks. ... *so wird unser Wesen immer schöner und höher, unsre Liebe immer inniger und beseligender werden.* Von Vorfreude erfüllt sind seine letzten Briefe vor dem Wiedersehen. *Nie, nie wird doch ein Mensch von einem Menschen empfangen, was Du mir gabst, Du mein holdes, mein süßes We-*

*Das Landgut Burgörner bei Mansfeld in Thüringen,
wo Caroline und Wilhelm von Humboldt ihre Ehe begannen.
Lithographie von 1837.*

Schloss Burgörner, heute Humboldt-Museum.

sen, nie wird aber auch eines Menschen Wesen so in den andern übergehen, als das Deine in mich.

Die Vermählung von Caroline von Dacheröden mit Wilhelm von Humboldt fand am 29. Juni 1791 in Erfurt statt. Seinen letzten Abend in Berlin hatte der Junggeselle mit den Freunden Gentz und Bernstorff verbracht, seinem späteren Konkurrenten um den Ministerposten. Zur Hochzeitsfeier kam auch Carl von La Roche, der Carolines Freund bleiben und später sogar ihren schwierigen Sohn Theodor aufnehmen würde. Es kamen Schwager Alexander, Dalberg, Schiller, Lotte und Line von Beulwitz. Schiller fand die junge Braut wieder überaus gewinnend. Humboldt habe Grund, *sich zu einer solchen Frau Glück zu wünschen,* ließ er seinen Leipziger Freund Ludwig Huber wissen.[12] Auch Brinckmann bemerkte neidisch, Wilhelm habe *unverschämtes Glück.* Nach der Trauung fuhr das Paar auf das mit geschwungener Rokokotreppe und elegant eingerichteten Räumen behagliche Gut Burgörner.

Sie zogen nicht nur um – sie zogen sich auch zurück. Es war ihre Art der Selbstfindung. Humboldt informierte Forster, dass er sich vorerst ganz auf seine Bildung konzentrieren wolle.[13] In der Einsamkeit des thüringischen Landguts verwirklichte sich, was bisher nur Vorsatz gewesen war: Bilde dich selbst, und wirke auf andre durch das, was du bist. Für Caroline galt: Eheschließung und Ehealltag sollten nicht das Resultat, sondern der Beginn einer gelebten Liebe sein. Wilhelm war immer neu gefangen von ihrer *zarten Weiblichkeit,* womit er ihr Wesen, aber auch ihre sinnliche Zugewandtheit meinte. . . . *und überall fühle ich, daß so viel Selbständigkeit und so viel Liebe, so viel tiefe Größe und so viel himmlische Weiblichkeit nirgends auf der Welt sind als in Dir.* Sie lebten ihrer Liebe zur Natur, zu Literatur und Musik; Caroline hatte sich auch ihr Klavier bringen lassen. Sie lasen griechische Schriftsteller, versanken nächtelang in die Betrachtung der Sternbilder. Caroline sagte, sie wolle *Nachtviole* heißen. Der *Große Wagen* war ihr Lieblingsgestirn, die Nacht ihre Zeit. Wilhelm dichtete später:

> *In meines Lebens glückbekränzten Tagen,*
> *Nach sonndurchglühter Stunden Sommerschwüle,*
> *In tauumquollner, nächtig heitrer Kühle*
> *Bei Sternenschein wir oft im Fenster lagen...*

Es war Caroline, die die Verbindung zu Schiller und Lotte nicht abreißen ließ. *Wilhelm ist sehr beschäftigt, und es ist so süß, eine Fülle der Ideen und Gefühle in dem Manne zu ahnen, den wir einzig und vor Allem lieben,* so an die Freundinnen. Beschäftigt war Wilhelm mit einem von Dalberg angeregten Thema: »Ideen zu einem Versuch, die Gränzen der Wirksamkeit des Staats zu bestimmen«, eine Arbeit, die seine eigene Wirksamkeit im Staat bereits anzukündigen schien und auszugsweise in Schillers »Neuer Thalia« veröffentlicht wurde. Doch selbst in dieser theoretischen Schrift konnte es der junge Ehemann nicht unterlassen, auf die stimulierende Kraft des Eros hinzuweisen, woraus wohl auch eigene Erfahrung sprach, denn Caroline war schwanger. Am 16. Mai 1792 brachte sie ihr erstes Kind zur Welt, die Tochter Marie Wilhelmine Caroline. Die Entbindung war so schwer, dass Wilhelm ihren Tod schon vor Augen hatte. Glücklich meldete er dann Georg Forster: *Das kleine Mädchen ist ein allerliebstes Geschöpf, so groß und stark, wie selten ein Kind von so wenigen Tagen, so voll Leben und Munterkeit und mit wundergroßen blauen Augen, die sie unaufhörlich im Kopf herumrollt. Meine Frau stillt das Kind selbst.*[14] Nie hätte man geglaubt, dass ausgerechnet diese muntere Tochter, vom glücklichen Vater »Meerfräulein« genannt, durch ständiges Kranksein Sorgen machen und als

Einzige der Töchter unverheiratet bleiben würde. *Meine Frau und mein Kind, das täglich hübscher wird, sind wohl, und wir leben ein einsames, aber unendlich glückliches Leben,* berichtete Wilhelm Schiller.[15] Wochen zuvor war Line von Beulwitz herbeigeeilt, vorgeblich, um der Freundin bei der Geburt beizustehen, in Wahrheit, um ihrer ehelichen Misere zu entfliehen. *Wir sind voller Finanzspekulationen,* meldete sie Lotte – sie berieten nämlich, wie man als Frau zu Geld kommen könne. *Die Li will auch übersetzen für's Geld, und ich schreibe einen Band Märchen...* Tatsächlich wagte sich Caroline an ein großes Projekt. Sie übertrug den »Orlando Furioso« aus dem Französischen ins Deutsche.[16] Mit dem Titel »Der rasende Roland von Ariost« erschien ihre Übersetzung in Schillers »Neuer Thalia«.[17] Während sich Wilhelm unter Anleitung des Altphilologen Friedrich August Wolf aus Halle dem Studium der Antike widmete, reiste Caroline in das schöne, hoch in Thüringen gelegene Rudolstadt, das sie kannte, seit sie als Siebenjährige mit ihren Eltern das Schloss der Rudolstädter Fürsten besucht hatte. Sie wollte Line von Beulwitz zur Seite stehen, die ihre Scheidung betrieb, und erlebte mit, wie die Freundin aus einer kläglich gescheiterten amourösen Beziehung zu Dalberg über Nacht mit Schillers Freund Wolzogen in die Schweiz floh, denn sie war schwanger. Wilhelm von Wolzogen half ihr aus der Not und heiratete sie. Caroline, die das Drama aus nächster Nähe miterlebte, konnte ihrem Mann noch eine andere Sensation melden: Ihre Übersetzung der Ode von Plutarch war im Druck erschienen. Er solle aber Wolf nichts davon sagen. *Die Ode ist gar schön gedruckt, ich habe aber eine Änderung drinnen gefunden, die mir gar nicht gefallen hat.*[18]

Dann erreichte sie die Nachricht, dass Wilhelms Mutter schwer erkrankt und dem Tod nahe sei. Sofort brachen sie mit dem Säugling nach Berlin auf. Zum ersten Mal erblickte Caroline das Schloss in Tegel, in dem die Brüder ihre Kindheit verbracht hatten, ein altes Gemäuer mit einem dicken, von geschweifter Haube bekrönten Turm, an den sich zwei Flügelbauten unter hohem Satteldach anschlossen. Im 16. Jahrhundert als Wein- und Jagdschloss der brandenburgischen Kurfürsten errichtet, lag es in der Tat so zauberhaft, wie Wilhelm behauptet hatte. *Wie so oft stand ich... und sah über das Feld und die Wiesen und den See und seine einzeln verstreuten Eilande hin!*, hatte er gerufen, als liege in Tegel sein Königreich. Erst nach einem langen, einsamen Sommer kehrte man nach Burgörner zurück. Dort unterbreitete ihnen Schiller überraschend das Angebot, in seine Nähe zu ziehen. Bereitwillig siedelten sie im neuen Jahr 1794 mit ihrem Kind nach Jena über.

Eine unwahrscheinliche Freundschaft
Goethe, Schiller, Humboldts

> *Schiller hat eine so herzliche und rührende Freude, mich täglich zu sehen. Goethe war heute hier und grüßt herzlich. Er ist sehr gut gestimmt, und ich bin wie immer ganz verliebt in seine schönen Augen.*
> (Caroline von Humboldt, Mai 1797)

Die Freundschaft mit Schiller war durch Caroline entstanden, und an ihr lag es auch, dass die Beziehung lebendig blieb. *Caroline ist gewiß alles wert, was Du für sie empfindest*, sagte Schiller zu seiner Schwägerin. *Eine unaussprechliche Zartheit liegt in ihrer Seele, und ihr Geist ist reich und durchdringend.* Das war im Januar 1790. Im Februar heiratete er Charlotte von Lengefeld. Beide waren die ersten Gäste in der neuen Wohnung, die Caroline in Jena einrichtete, und es begann eine Beziehung, die Wilhelm *den beglückendsten Lebensabschnitt* nannte. *Je länger ich mit Schiller umgehe, desto merkwürdiger und origineller erscheint mir seine intellektuelle Individualität, und ich weiß niemanden in alten und neuen Zeiten, der mit ihm verglichen werden könnte*, so an Körner. Schiller seinerseits an Körner: *Humboldt ist mir eine unendlich angenehme und zugleich nützliche Bekanntschaft, denn im Gespräch mit ihm entwickeln sich alle meine Ideen glücklicher und schneller.* Caroline genoss das Privileg, eine Freundschaft zu erleben, die aufrichtiger und herzlicher nicht gedacht werden konnte.

Die Universitätsstadt Jena, laut Goethe *eine Stapelstadt des Wissens und der Wissenschaft*, bot ein sprudelndes geistiges Leben. *Kein Ort in Deutschland würde mir das sein, was*

Eine enge Freundschaft verband Caroline von Humboldt zeitlebens mit Charlotte Schiller, geb. von Lengefeld. Ölgemälde von Ludovike Simanowiz, 1794.

Friedrich Schiller zur Zeit seiner engen Freundschaft mit Wilhelm und Caroline von Humboldt. Nach einem Gemälde von Anton Graff.

Jena u. seine Nachbarschaft mir ist, erklärte Schiller, nirgends finde man *so viele vorzügliche Menschen auf einem Raum*. Hier gab es eine bedeutende Bibliothek, tagte die »Naturforschende Gesellschaft«, diskutierte Anatomieprofessor Loder mit Goethe über den Zwischenkieferknochen, gab Christian Schütz die »Jenaische Allgemeine Literaturzeitung« heraus, in der Carolines Aufsatz über Kunst in Spanien erschien, hier hatten sie in den Ärzten Stark und Hufeland, den Professoren Paulus und Griesbach, in dessen Garten die Kinder spielten, kundige Gesprächspartner. Ihr bester Freund aber war Schiller. Seine Ideen, sein poetischer und philosophischer Gedankenreichtum waren faszinierend. Schiller seinerseits fand in Humboldt einen Berater, auf dessen analytische Gedankenschärfe er bauen konnte. *Er hat ein seltenes reines Interesse an der Sache, weckt jede schlummernde Idee, nötigt einen zur schärfsten Bestimmtheit*, schrieb er Körner, außerdem besitze er die Fähigkeit, *die Gedanken des andern aufzufassen und zu prüfen*. In der Tat war es Humboldt, der Schiller auf den Kopf zusagte, seine eigentliche Domäne sei die Tragödie. *Wenn Sie hier Ihren Gegenstand glücklich wählen, so wird Sie hier keiner erreichen*. Beide waren überzeugt, dass sie sich besser verstünden als irgendjemand auf der Welt. Wilhelm hat außer Caroline niemanden so geliebt wie Schiller. *Er bleibt der größte und schönste Mensch, den ich je gekannt*, schrieb er ihr. Sie fand sich in die Männerfreundschaft wie selbstverständlich einbezogen. Aufgewachsen in einer Atmosphäre der Aufklärung, entwickelte Caroline Selbstbewusstsein und Tätigkeitsdrang. Dass ihr Urteil bei Schiller etwas galt, machte sie glücklich. Als er Wilhelm sein Gedicht »Das Ideal und das Leben« sandte, fügte er hinzu: *...schließen Sie sich mit Ihrer Frau ein und lesen es ihr vor. Es tut mir leid, daß ich es nicht selbst kann*. Die Freundschaft mit Schiller und die Beschäftigung mit seinen

Werken wurden für sie zum Schlüsselerlebnis, einem Aufstieg in ungeahnte geistige Höhen. Schon damals wusste sie, dass die Impulse, die von ihm ausgingen, ihrem ganzen weiteren Leben Glanz geben würden.

Der dreißigjährige Philosoph Johann Gottlieb Fichte, von Goethe als *wunderlicher Kauz* bezeichnet, der sich in seinen Schriften »Berichtigung der Urteile über die französische Revolution« und »Zurückforderung der Denkfreiheit von den Fürsten Europas« konsequent für politische und soziale Veränderungen aussprach, führte erstmals private Vorlesungen ein, zu denen auch Frauen zugelassen waren. In der Epoche, die dem Aufbruchsgeist der Französischen Revolution folgte, konnten sich viele Frauen – Caroline Schlegel-Schelling, Dorothea Veit-Schlegel, Therese Forster-Huber – zu emanzipierten Persönlichkeiten entfalten. So sah man, als Schiller und Humboldt Seite an Seite die erste Vorlesung besuchten, unter den Hörern auch Sophie Mereau, deren Roman »Das Blüthenalter der Empfindung« sie im gleichen Jahr 1794 bekannt machen sollte. Es gibt zwar keinen Hinweis darauf, dass die vierundzwanzigjährige Dichterin, die bei Schiller ihre Verse vortrug, auch Caroline begegnet wäre. Sie werden sich aber gekannt haben, denn Humboldt redigierte ihre Gedichte und traf sich mit ihrem Ehemann, dem Juraprofessor Friedrich Mereau. Für Caroline könnten Frauen wie Sophie Mereau und Amalie von Imhoff, die das kulturelle Leben mitbestimmten, den Impuls gegeben haben, auch selber kreativ zu werden – wie es dann bei ihrer Reise nach Spanien tatsächlich geschah.

Schillers Präsenz in Jena hatte eine regelrechte Sogwirkung. Im November kam der junge Hölderlin, logierte für ein halbes Jahr in der Humboldt-Wohnung im Voigt'schen Gartenhaus und überreichte Schiller sein »Hyperion-Fragment«.

Alexander von Humboldt im Jahre 1796, im Alter von 27 Jahren. Nach einem zeitgenössischen Stich.

Zufällig war an diesem Tag auch Goethe anwesend, doch Hölderlin erkannte ihn nicht. Gelegentlich kam der junge Dichter Friedrich von Hardenberg, der sich Novalis nannte, aus seiner Heimatstadt Weißenfels herüber. Ende des Jahres besuchte Alexander von Humboldt seinen Bruder und lernte Goethe kennen, dessen Farbentheorie und Pflanzenstudien ihm ebenso bekannt waren wie die Entdeckung des Zwischenkieferknochens, weshalb sich beide, ungeachtet des Altersabstands, sofort glänzend verstanden. Beide schritten Seite an Seite durch tiefen Schnee in das fast leere Auditorium des Anatomen Loder, um naturwissenschaftliche Fragen zu diskutieren. Goethe bemerkte später, die Brüder Humboldt hätten ihm *als Dioskuren* auf seinem Lebensweg geleuchtet.[1] Aus den Begegnungen, die Schiller als *electrisierende Geistesreibungen* empfand, erwuchs im Bund mit Goethe eine Gemeinschaft, die für die deutsche Klassik von epochemachender Bedeutung war.

Im Herbst 1794 zogen Wilhelm und Caroline in das Hellfeld'sche Haus am Untern Markt Nr. 4, wohnten nun Schiller gegenüber und sahen ihn *täglich zweimal, vorzüglich aber des Abends allein und meistenteils bis tief in die Nacht hinein,* wie Humboldt im Tagebuch notierte. Der Umgang zwischen beiden Familien war buchstäblich einer von Haus zu Haus. Am 5. Mai 1794 hatte Caroline ihr zweites Kind zur Welt gebracht, den Sohn Wilhelm, den sie über alles liebte. *Ich werde nichts, nimmer nichts mehr haben, was in diesem Sinne mir mehr so gehören wird wie dieser Junge. Es ist mein bestes Kind, ich bin dessen so sicher,* schrieb sie ihrem Mann. Ihre enge Bindung an die Kinder äußerte sich in auffallend langen Phasen des Stillens: Gebären und Nähren war eine Domäne, die nur ihr gehörte.

Auch Lotte Schiller bekam ihre beiden Kinder Ernst und Carl in dieser Zeit. Als ihr Säugling erkrankte, weil er *inokuliert* und trotzdem von den Blattern befallen wurde, war es Caroline, die sich um ihn sorgte. Auch sie musste ihre Kinder auf Rat von Dr. Stark gegen Pocken impfen lassen. Gemeinsam wuchsen die Freundinnen in ihre Rolle als Ehefrau und Mutter hinein, gemeinsam unternahmen sie ihre Ausflüge ins Jenaer Paradies, nach Weimar und Weißenfels. Es war ein traumhaft schöner Sommer. Goethe notierte in den »Tag- und Jahresheften«: *Alle Feldfrüchte gediehen herrlich, alles reifte einen Monat früher, alles Obst gelangte zur Vollkommenheit, Apricosen und Pfirschen, Melonen und auch Castanien boten sich dem Liebhaber reif und schmackhaft dar, und selbst in der Reihe vortrefflicher Weinjahre finden wir 1794 mit aufgezählt.* Schiller meldete ihm im September, er sehe außer Humboldt selten jemanden. Goethe wünschte nun seinerseits Humboldts Besuch und lud ihn zu einer Lesung aus der »Ilias« ein, zusammen mit Herder, Hufeland, Wieland und dem Herzog Carl August. *Herr von Humboldt ist noch ganz voll von dem Eindruck, den Ihre Art, den Homer vorzutragen, auf ihn gemacht hat,* konnte Schiller dann berichten, Humboldt sei auch vom »Wilhelm Meister« sehr angetan.[2] Caroline scheint sein Interesse geteilt zu haben, denn der geschmeichelte Dichter bat sie um weitere Anmerkungen: *Da ich neben der Ihren auch Herrn v. Humboldts Stimme habe, werde ich desto fleißiger und unverdroßner fortarbeiten.*

Von Anfang an muss Caroline auf Goethe, der sie schon aus ihrer Erfurter Jugendzeit kannte, großen Eindruck gemacht haben, sonst wäre ihr freundschaftliches, geradezu herzliches Verhältnis kaum möglich gewesen. Er erkannte in ihr die eigenständige Persönlichkeit, die sie war. *Er ist Dir sehr gut,* versicherte Humboldt von Weimar aus, Goethe sei auf ihre Meinung erpicht. *Gestern Abend hat er viel von Dir gesprochen. Besonders ist ihm auch die Sicherheit und Feinheit Deines Takts und der reine und echte Sinn fürs Altertum aufgefallen. Er wünscht sehr, einmal etwas von Dir zu sehen. Ich habe ihn auf den Prometheus vertröstet.* Caroline hatte die Handschrift abgeschrieben und dadurch Erstaunen erregt, dass sie eine rätselhafte Textstelle zu entziffern vermochte. Ihre Arbeit wurde im Nachhinein doppelt wertvoll, da Goethe das Original, das er Schiller geben wollte, nicht mehr fand. Auch als das Ehepaar die Spanienreise plante, wandte sich Goethe in Fragen der Kunst an sie, die *vortreffliche Freundin.* »Die Wahlverwandtschaften« schickte er bis Rom, um ihre Meinung zu hören. *Er*

*Ihren Mentor und Mäzen Johann Wolfgang von Goethe
porträtierte die Malerin Luise Seidler
in Weimar zur Jahreswende 1810/1811.*

(Goethe) *grüßt Dich herzlich. Er hat Dir seinen neusten Roman »Die Wahlverwandtschaften« durch einen Reisenden geschickt,* meldete Wilhelm.³ *Man sah ihm an, daß ihm daran gelegen hat, Dir eine Freude zu machen und den Roman von Dir gelesen zu wissen.* Gegen diesen Roman erhob Caroline allerdings – trotz der Liebe zum Autor – erhebliche Einwände.

Schillers Idee war es, eine neue Monatsschrift zu gründen, die unter dem Titel »Die Horen« im Januar 1795 erstmals erschien. Humboldt war bereit, mit Fichte und dem Historiker Woltmann die Redaktion zu übernehmen, betätigte sich aber auch als Mitarbeiter; sein Aufsatz »Über den Geschlechtsunterschied« wurde in den »Horen« veröffentlicht. Darin wollte der Verfasser vor dem Hintergrund der damaligen Auffassung einer naturgegebenen *unaufhörlichen Wechselwirkung* beider Geschlechter wohl auch den eigenen Standpunkt ergründen. *Das Weibliche* war es, das ihn anzog, weil dessen *Neigung und holde Stetigkeit*, wie er schrieb, *allein auf Erhaltung und Daseyn* gerichtet sei. Ähnlich äußerte er sich in der ein Jahr später erschienenen Schrift »Über die männliche und weibliche Form«: *Durchaus ist die Gestalt des Weibes sprechender als die männliche, und, der Harmonie einer seelenvollen Musik ähnlich, sind alle ihre Bewegungen feiner und sanfter moduliert, da hingegen der Mann auch hier eine größere Heftigkeit und Schwere verrät* – das sind Gedanken, die seine junge Ehe-Erfahrung wiederzugeben scheinen. *Auf jener zarten Bildsamkeit der weiblichen Gestalt, durch die sie ein treuer und heller Spiegel des Innern wird, beruht der eigentümliche Genuß, welchen der Umgang mit dem anderen Geschlecht gewährt.* Die Sinnlichkeit, führte er weiter aus, dürfe niemals unterdrückt werden, auch die Sexualität sei etwas Positives. *… die Heftigkeit der sinnlichen Begierde ist schon an sich ein Zeichen der Kraft der Seele.*[4] Seine Aufsätze behandeln Themen, wie sie Schiller in den Gedichten »Die Würde der Frauen« und »Die Glocke« ähnlich aufgriff. Er lobte Humboldt entsprechend. *In der Tat haben Sie vielen vorgearbeitet und ein entscheidendes Beispiel gegeben.*

Mitten in das glückliche Zusammensein platzte die Nachricht, dass Humboldts Mutter wieder lebensbedrohlich erkrankt war. Pflichtschuldig reiste das Paar, das die Jenaer Wohnung vorsichtshalber beibehielt, am 1. Juli 1795 zu ihr. Berlin mit seinen von König Friedrich II. geprägten Prachtbauten, dem Palais des Prinzen Heinrich und dem barocken Zeughaus Unter den Linden, dem Komödienhaus auf dem Gendarmenmarkt, in dessen Nähe in der Jägerstraße 22 Humboldts während der Wintermonate ihr Stadthaus bewohnten, muss sehr beeindruckend gewesen sein. Wieder bezogen sie das Landgut Tegel, das in Carolines Geburtsjahr 1766 in den Besitz der Familie gekommen war. Dorf Tegel mit der alten Kirche in einem von Linden und Kastanien bestandenen Dorfanger, strohgedeckten Ställen und Scheunen lag wie von der Welt abgeschnitten, nur mühsam war das Gut durch einen einsamen Wald in der im tiefen Sand schwankenden Kutsche zu erreichen. Die Umgebung mit dem blauen Havelsee und den ansteigenden Hügeln war zauberhaft – doch nach dem Austausch mit Schiller, den Gesprächen mit Goethe fanden sie sich hier allzu einsam. *Ich vermisse es unglaublich, nicht noch bei Ihnen zu sein*, klagte Humboldt Schiller. *Sie können mich den größten Teil des Tages über an meinem Schreibtisch denken.* Er tröstete sich damit, weiterhin als Redakteur für Schillers »Horen« und den »Musenalmanach für 1796« tätig zu sein. Pedantisch prüfte er jedes Gedicht, bevor er es zum Druck gab. Caroline beteiligte sich mit Verbesserungsvorschlägen. Ihrer Meinung nach sollte Schiller in »Die Macht des Gesanges« die Schicksalsgöttinnen nicht *Mören* nennen, sondern *Moiren*. Außerdem konnte sie, die Homer und Herodot gelesen hatte, ein griechisches Wort in »Das Reich der Schatten« nicht dulden. *Vorzüglich täten Sie meiner Frau einen Gefallen, wenn sie es ändern wollten*, mahnte Humboldt.[5] Schiller meldete ihnen vergnügt, dass er gerade mit Goethe seinen Geburtstag feiere. *Wir sitzen von abends um 5 Uhr bis nachts 12 auch 1 Uhr beisammen und schwatzen.* Das machte neidisch. Wo waren die herrlichen Zeiten, da Goethe an »Hermann und Dorothea«, Schiller am »Wallenstein«, Wilhelm am »Agamemnon« arbeitete? Wann würde man wieder so unbeschwert und produktiv diskutieren, phantasieren und lachen?

Carl Gustav von Brinckmann, Wilhelms Freund, schwedischer Diplomat und Schriftsteller – er hatte schon zwei Gedichtbände anonym herausgebracht –, machte ihnen den Vorschlag, Rahel Levin zu besuchen, die allwöchentlich einen Kreis interessanter Menschen aus Künstler- und Intellektuellenkreisen zu sich in die Jägerstraße einlud. Sie willigten ein, und schon am ersten Abend befreundete sich Caroline nicht nur mit der Gastgeberin, sondern auch mit einem der Gäste. Sie lernte Wilhelm von Burgsdorff kennen.

Ungeordnete Gefühle
Wilhelm von Burgsdorff

Wie sein Wiedersehn eine Fülle von Glück und Leben für mich aufschloß, wie ich ihn liebe.
(Caroline an Rahel, 1796)

Rahel Levin, eine kleine, nicht hübsche, aber sehr dynamische Person, versammelte ihre Gäste einmal wöchentlich in ihrer Wohnung, die sich nahe dem Gendarmenmarkt mit Blick auf Komödienhaus und säulengeschmückte Dome im Zentrum Berlins befand.[1] Die lebhafte Gastgeberin, als »Virtuosin des Gesprächs« bezeichnet, brillierte durch Schlagfertigkeit und Gedankenschärfe. Bei ihr trafen die Humboldts den Journalisten Friedrich Gentz, die schönen Schwestern Sara und Marianne Meyer, die Caroline als Frau von Grotthuis und Frau von Eybenberg wiedersehen, Dorothea Veit und Henriette Herz, die sie in Wien und Rom treffen würde. Es erschienen der berühmte Jean Paul, Amalie von Imhoff, Dichterin und Nichte der Frau von Stein, die Brüder Tieck, die zu Humboldts Freunden wurden, später auch Schleiermacher, der ihre Töchter einsegnen wird. In Rahels Salon entwickelten sich die unterschiedlichsten Beziehungen – wie die von Prinz Louis Ferdinand, Vetter des Königs, mit der leichtlebigen Pauline Wiesel oder die des Schauspielers Bethmann mit der geschiedenen Aktrice Friederike Unzelmann. Die vierundzwanzigjährige Gastgeberin bildete den eloquenten und temperamentvollen Mittelpunkt. Geselligkeit war ihr Lebenselixier, die Kunst der Unterhaltung ihre Begabung. Ihr enger Freund war Karl Graf Finck von Finckenstein, unsterblich in sie verliebt und offenbar bereit, die Vorurteile seiner aristokratischen Familie beiseitezufegen und sie zu heiraten. Unter den Gästen befand sich auch Wilhelm von Burgsdorff, mit Karl Finckenstein durch seine Mutter Charlotte Gräfin Finckenstein verwandt, was ihn für Rahel noch sympathischer gemacht haben dürfte.

Zum ersten Mal, seit sie verheiratet war, verliebte sich Caroline ernsthaft in einen anderen Mann. Es änderte sich der Inhalt ihrer Tage wie ihrer Briefe. Die Dreißigjährige war entzückt von einem Verehrer, der ein Höchstmaß an Kultiviertheit besaß, die richtigen Worte fand und sie spüren ließ, dass er in ihr ein Wunder weiblich-erotischer Zartheit erblickte. Ihre gefühlvolle Art, ihre Sensibilität und ihr außergewöhnliches Liebesbedürfnis haben, wie sich zeigen wird, eine Vielzahl von Männern angezogen. Was hier entstand, war keinesfalls eine kurze Affäre. Offenbar fand sich ihr empfindsames Wesen von Anfang an mit Burgsdorff im ersehnten Einklang. Schiller hat einmal Goethe gegenüber bemerkt, dass Brinckmann *mehr Gefühl* besitze als Humboldt. Durch Burgsdorff erkenne sie erst die Tiefe ihrer Natur, erklärte Caroline, durch ihn erlebe sie *eine Fülle von Glück und Leben*.

Friedrich Wilhelm Theodor Joachim von Burgsdorff, sechs Jahre jünger als sie, geboren 1772 auf dem elterlichen Gut Ziebingen bei Frankfurt an der Oder, hatte schon im Friedrich-Werder'schen Gymnasium zu Berlin unter seinen Mitschülern Freunde gefunden, die später als Dichter berühmt werden sollten: Wilhelm Wackenroder, dessen Roman »Herzensergießungen eines kunstliebenden Klosterbruders« die Frühromantik einleitete, Ludwig Tieck, August Bernhardi und Wilhelm Schütz, der geadelt wurde, um Finckensteins Schwester Barnime heiraten zu können. Dem wohlhabenden Burgsdorff war es ein Bedürfnis, weniger bemittelten Freunden unter die Arme zu greifen. Ihm waren schon als Schüler *glückliche Gaben* bescheinigt worden, und diese

Gaben, vor allem seine Hilfsbereitschaft, machten ihn zum großzügigen Förderer von Ludwig Tieck, der seiner Schwester Sophie schrieb: *Von ihm kann ich auch so viel Geld leihen, als ich will, wenn ich es sehr nötig brauchte*[2] – und Geld brauchte er immer. Dem stets verschuldeten Dichter bot Burgsdorff auf seinem Gut Ziebingen lebenslang ein gastliches Refugium, das der Sohn eines armen Berliner Seilermeisters auch benötigte, denn er lebte am Rand des Ruins – ohne des Freundes Hilfe wäre Tieck als Poet wohl untergegangen. An seinem eigenen beruflichen Fortkommen, an Aufgaben und Ämtern, war Burgsdorff weniger gelegen, was ihn später zu einem unzufriedenen Pessimisten werden ließ. Zwar hatte er – wie Humboldt – nach dem Jurastudium als Referendar am Berliner Kammergericht gearbeitet, fand aber die Beamtenlaufbahn wenig erstrebenswert. Sein Ziel war ein intellektuell herausforderndes Leben im Kreis gebildeter Menschen, wobei die Hoffnung, Schiller oder gar Goethe kennen zu lernen, zu seinen Träumen gehörte. Durch Caroline gelang ihm beides. Er war, was Schiller sofort spürte, ein Ästhet ersten Ranges, nicht schöpferisch begabt, aber von großer Aufnahmefähigkeit für die Schöpfungen anderer. Tieck erklärte: *er ist ein vortrefflicher Mensch, was seinen Kopf und sein Herz anlangt.*

Das fand auch Caroline. *Mit Burgsdorf bin ich die letzten Tage seines Hierseins noch viel zusammen gewesen,* schrieb sie glücklich an Rahel. Diesen Mann liebe sie. Ein Versteckspiel hatte sie nicht nötig. Die Natur habe sie so gemacht, dass sie aus dem vollen Genuss der Liebe Kraft für ihr ganzes Leben schöpfen könne. Das war ihre Erklärung – es klang fast wie eine Verteidigung.

Burgsdorff war von Caroline hingerissen. *Das warme liebe Leben. Wunderdinge, u. soviel Freude!,* jubelte er bei Rahel und schickte seine Begeisterung bis Rügen, wohin das Ehepaar Humboldt gereist war, um die Dichter und Schriftsteller im Norden Deutschlands zu besuchen: in Eutin den Homer-Übersetzer Voß und Goethes Schwager Schlosser, in Hamburg den berühmten Klopstock und den Verleger Perthes, in Wandsbek Matthias Claudius, der sich ihnen heiter als Vater von sechs Töchtern und zwei Söhnen präsentierte. In seinen Reisenotizen beschreibt Wilhelm die sanften Hügel, hellen Buchten und zauberhaften Lichtungen der schönen Insel. *Der Haupteindruck, den Rügen auf den Reisenden macht, ist daß es ein abgesondertes, noch in mancher Hinsicht eigentümliches Ländchen ist.*[3] Die Kutschenfenster waren beschlagen, sie wischten mit dem Handrücken einen Ausguck, zeigten sich die Alleen und Bauernhäuser, sprachen über Klopstocks »Messias« und Jacobis »Woldemar«.

Mitte September kehrten sie zurück, Caroline im fünften Monat schwanger. Im Zwiespalt ungeordneter Gefühle wurde ihr Rahel zu einer Vertrauten, die von Anfang an in die komplizierte Beziehung und dramatische Verwicklung eingeweiht war. Zwischen den ungleichen Frauen entstand in jenen Tagen eine Freundschaft, die über Jahre andauerte, obgleich Caroline die Unterschiede sehr wohl erkannte. *Liebe, ich weiß, glaube es nur, ich weiß, wie verschieden und wie ähnlich unsere Naturen sind,* schrieb sie ihr aus Paris, *und ich bin in mir überzeugt, daß nie zwei Frauen ein innigeres Verhältnis haben könnten als wir.*[4] Rahel Levin, deren außerordentlichen Verstand ihr späterer Ehemann Varnhagen anschaulich geschildert hat, rühmte Carolines Herzlichkeit, ihre Offenheit und ihre schönen Augen, ja, sie geriet in eine Art Leidenschaft. *Meine Wunderäugige sah ich gestern zur Probe,* so im Januar 1796 an Brinckmann. *Es ist schrecklich, ich bekomme wieder eine neue Passion für diese Frau. Das fehlt mir noch.* Glücklich war sie, dass auch ihr geliebter Karl Finckenstein sich positiv über die Freundin äußerte.

Du weißt, wie lieb ich sie habe, schrieb er sogar, nachdem Caroline seine Familie im Finckenstein-Schloss Madlitz besucht hatte.

Noch nie war es vorgekommen, dass eine Frau sich ihr, Rahel, so rückhaltlos anvertraute. Bisher war immer sie es gewesen, die sich für andere verausgabte. Ihr liebebedürftiges Gemüt blühte auf, angerührt von einer Warmherzigkeit, die endlich einmal ihr selber galt. *Ich fühle*, schrieb Caroline, *daß es Sie freuen muß, wenn ich Sie liebe, denn Sie müssen empfunden haben, daß ich v i e l zu lieben vermag.*[5] Rahel war die Erste, der Burgsdorff anvertraute, sich nicht mehr von Caroline trennen zu wollen. Zufällig blieben die Berichte beider über ihr Wiedersehen in Jena erhalten. Als er eintraf, war das Ehepaar gerade bei Schiller, doch Caroline lief ihm sofort entgegen. *Sie kam allein zu Hause, so lieblich, so hübsch als ich sie nur je gesehen habe, und noch hübscher; wahrhaftig, das Näschen und vieles ist noch hübscher… Ach, Sie kennen das liebe Gesicht: nun habe ich es schon wieder in allen seinen Mienen gesehen, von der mutwilligsten bis zur verklärtesten, auch die Kindermiene. Sie wissen, wie sich besonders des Abends bei Licht, etwa wenn sie Tee eingießt und nichts sagt und so mit nichts beschäftigt zu sein scheint, ihr Gesicht mit so wunderbar schönen Farben beleben kann; sie ist dann vorher so still gewesen, daß man sie gar nicht merkte, und mit einem Male sieht man sie an, und sie lächelt dann und wird noch röter darüber, die Augen werden dann wunderbar groß und glänzend.*[6]
Parallel dazu erhielt Rahel auch Carolines Brief. *Es war Abend, als ich ihn zuerst wiedersah*, hieß es bei ihr, *und ich war glücklich genug, ihn allein zu sehen, ich mußte ihn erst in meine Arme schließen, ehe ich aufzublicken wagte zu dem lieben Gesicht, aus dem mir Freude und Ruhe und Klarheit in die Seele strömt.* Sie baute auf Rahels Ver-

ständnis, als sie, von Gefühlen überwältigt, schrieb: *Sie allein verstehn und wissen, wie man ihn l i e b e n muß, und wie man wiedergeliebt wird von einem solchen reichen und hohen Geschöpf. Meine süße Kleine, bewahren Sie es tief in Ihrem Herzen, wie ich ihn liebe, wie ich ihn verbunden fühle mit dem Besten in mir, mit dem unendlichen, unbegrenzten Gefühl, das ein höheres Leben der Schönheit und Kraft um mich webt...* Leidenschaftlich schloss sie: *mein inneres und äußeres Dasein bildet sich zur schönsten Harmonie, zuweilen ergreift mich wohl die Ahnung, daß mein Leben still zu einem anderen hinüberströme, aber sie trübt keinen Gedanken, sie streift keinen Glanz von der seligen Gegenwart, die ich mit unbeschreiblicher Heiterkeit voll und ganz genieße.* An die bevorstehende Niederkunft denkend, fügte sie angstvoll hinzu: *es könnte doch eine Zeit kommen, wo ich es ihm nicht mehr sagen könnte, – und es ist mein Bedürfnis, das Geständnis meines Glücks, des Glücks, das er geschaffen und gegeben hat, in ein treues Herz zu legen.* Müsse sie sterben, dann solle Rahel ihm sagen, wie sehr sie ihn geliebt habe.

Burgsdorff zog bei Humboldts ein. *Sehr schönes silbernes Waschgeschirr, seidene Bettdecken,* berichtete er zufrieden. *Guter Kaffee und Tee machen hübsche Zeitabschnitte im Nachmittage.* Ein Besuch bei Goethe wurde vereinbart; Burgsdorff sah sich am Ziel seiner Wünsche. Stolz berichtete Caroline Rahel: *Bei Göthe waren wir einen ganzen Tag ... und Burgsdorf hat große Freude gehabt, ihn von Angesicht zu sehen.*[7] Auch Goethe war angetan. *Mit Hs (Humboldts) habe ich gestern einen vergnügten Tag zugebracht,* meldete er Schiller, *Burgsdorf hat mir in seinem Betragen und in dem wenigen, was er sprach, sehr gut gefallen.* Schiller antwortete, Burgsdorff gefalle ebenso *durch seine Bescheidenheit und Ruhe als durch den Gehalt, der in ihm zu liegen scheint.* Dem widersprach energisch Freund Körner: Der *weichliche* Burgsdorff sei im Gegensatz zu Schiller *untätig, unproduktiv und nur genießend.*

Caroline aber liebte ihn, liebte das Gesicht, in dem sie »Ruhe und Klarheit« fand. Er bestellte bei Friedrich Tieck eine (heute verschollene) Porträtbüste als Geschenk für sie und gab ihr sein Bildnismedaillon, das heute nur noch in einer Abbildung existiert. Man erkennt eine schöne hohe Stirn unter glattem, in der Mitte gescheiteltem Haar, große Augen, einen Mund mit vollen Lippen, ein weiches Kinn.[8] »Weich« war das Attribut, das Körner dem jungen Aristokraten beilegte.

In Burgsdorffs Nähe und im Zusammensein mit Schiller war Caroline in ihrem Element. Dem Dichter tat es gut, dass sie seine Gedichte nicht ironisch beurteilte oder gehässig interpretierte wie Caroline Schlegel, sondern aufmerksam und sachlich blieb. *Wir gehen regelmäßig zu Schiller bis gegen 11, wo viel Kluges geredet wird, aber auch viel gelacht,* berichtete Caroline Brinckmann, glücklich, an Gesprächen teilzunehmen, bei denen man über die Literatur der Griechen, die Schönheit der Sprache und die Vorzüge des Altertums debattierte. *Die Abende bringen wir meistens bei Schiller zu, dessen Unterhaltung wirklich einzig groß und schön durch den unglaublichen Reichtum seiner Ideen ist,* das erfuhr Rahel. Man treffe bei ihm die Brüder Schlegel, den Philosophen Fichte und den Historiker Woltmann, den Caroline besonders schätzte. Am 25. November 1799 schrieb sie aus Spanien an Lotte Schiller: *Von Woltmann haben wir nichts vernommen, du weißt, er ist meine heimliche Liebe, also säh' ich ihn gern in Spanien.*

Verliebt, wie er war, wollte Freund Burgsdorff unbedingt Carolines Heimat mit eigenen Augen sehen. Also erfand sie einen Grund zur Reise: Line von Wolzogen müsse nach Erfurt begleitet werden. Den Ausflug hat Burgsdorff Rahel in glühenden Farben geschildert. Er habe Carolines Haus gesehen, sei lange in *ihren Stuben* gewesen, habe ihren Vater, den Kammerpräsidenten von Dacheröden, und sogar die alte Gouvernante gesprochen, schrieb er, schließlich einen langen Spaziergang mit der Geliebten durch ihre Vaterstadt gemacht. *Sie kennt jede Straße, jedes Haus, wenn ich mit ihr gehe, wird von allen wie die wohlbekannte Fräulein Dachröden gegrüßt. Die ganze häusliche Welt des Mädchens habe ich gesehn. Den Zeichenmaitre, den Klaviermeister, ein braver und sehr origineller alter Organist, der ein Lieblingsschüler des **alten Bach** und einer der größten Orgelspieler ist.* Allerdings, fügte er kleinlaut hinzu, habe er sich in Humboldts Gegenwart doch *steif und gehemmt* gefühlt.[9]

Diese Äußerung bietet in den vier Jahren, die Caroline und Burgsdorff zusammen waren, den einzigen Hinweis auf eine Störung durch den Ehemann. Humboldts Haltung in dieser prekären Situation ist schwer zu ergründen. Er selber hatte einst das Postulat gegenseitiger Freiheit aufgestellt; nun musste er sich daran messen lassen. Vor der Hochzeit hatte er Georg Forster erklärt, *ein so großes, schönes Gefühl, als das der Liebe ist*, werde unter allen Umständen Vorrang haben. Diesen Grundsatz hat er später – auch bei Carolines Zuneigung zum Grafen Schlabrendorf – wiederholt. *Wenn Du also nicht recht frei wärst mit mir, und wenn Du entbehrtest, was Du gern hättest, so störtest Du mein ganzes inneres und äußeres Leben.* Caroline brauchte diese Freiheit, diese Selbständigkeit wie die Luft zum Atmen. Schon vor der Ehe hatte sie ihrem Verlobten erläutert, wie sie leben wolle: *in der Freiheit aller äußeren Verhältnisse...* Zu Rahel sagte sie, ihr Zusammensein mit Burgsdorff sei *trotz dem Zwang aller äußeren Verhältnisse* beglückend. Meinte sie mit »Zwang« die eheliche Bindung? Glanzvoll sollte sie das Ende dieser Liebeszwickmühle nicht bestehen.

Dass Wilhelm weder Ärger noch Eifersucht verriet, entsprach seiner Auffassung von der Größe und Bedeutung der Liebe für das Leben jedes Einzelnen. Er schwieg und brachte dadurch auch die Intriganten zum Verstummen. Denn die Dreierkonstellation im Hause Humboldt war nicht unbemerkt geblieben. Irritiert schrieb Freundin Lotte nach der Lektüre des Romans »Florentin« von Dorothea Schlegel, den sie »unschicklich« fand, an Schiller: *Bill und Li haben auch auf gewisse Art das Schickliche oft mit Füßen getreten.* Der Klatsch blühte, sogar auf dem Land war man informiert. Karl Graf Finckenstein wollte es genau wissen und fragte Rahel: *Es geht hier ein sonderbares Gerücht: H.* (Humboldt) *läßt sich, heißt es, von seiner Frau scheiden, und sie heurathet Burgsdorff; daß ich nicht an diese Sage glaube, brauche ich Dir nicht erst zu sagen.*[10] Man rätselte über Carolines ungebundene Haltung, ohne sie jedoch zu verurteilen, wie es später üblich wurde, als sexuelle Freizügigkeit männlicherseits geduldet, bei Frauen aber geächtet wurde.

Der *goldene Zauber* wirkte weiter, ohne an Leuchtkraft zu verlieren. Die Berliner Freundin Rahel konnte mit doppelten Nachrichten rechnen, die sich wie Mosaiksteine zu einer Liebesgeschichte ergänzten. Vielleicht musste sie lächeln, als beide unter großer Geheimnistuerei Weihnachtsgeschenke bei ihr bestellten. *Schicken Sie mir was für den Lieben,* bat Caroline am 9. Dezember 1796, und Burgsdorff drei Tage später: *Denken Sie doch etwas zum Weihnachten für die H.* (Humboldt) *aus, kaufen Sie es und schicken Sie es mir hierher. Es kann nur eine Kleinigkeit sein, denn meine Vermögensumstände sind sehr geschwächt,* fügte er vorsichtig hinzu. Nach dem Fest erfuhr Rahel, dass ihre Wahl gefallen hatte. Caroline bedankte sich mit den Worten: *Weihnachten für Burgsdorf war recht hübsch und hat ihm viel Freude gemacht, wie mir sein Ringelchen.* Burgsdorff erkärte: *Der kl. Ring war allerliebst, ich danke herzlich.* Die fünf Taler werde er ihr demnächst zukommen lassen.

Am Jahresende 1796 verließ Burgsdorff Jena. Ihn trieb die Pflicht, sich um seinen unehelichen Sohn zu kümmern, den siebenjährigen »Wilhelm vom Turm«. Er hatte das Kind, das einer Liebschaft des damals achtzehnjährigen Göttinger Studenten entstammte, bei der Tochter seiner ehemaligen Kinderfrau untergebracht, die ihre Wohnung im Turm des Französischen Domes hatte. Die Trennung von Caroline fiel ihm schwer. Schon am Abreiseabend klagte er Rahel von der Poststation aus: *Heute um 11 Uhr Vormittag habe ich die Liebliche, die Hohe, die Zärtliche verlassen, – ach, meine beste Freundin – Sie kennen den Wert dieser lieben Seele, – könnte ich Ihnen sagen, wie ich ihn fühle! Sie müßte belohnt, mit allem was die Erde Schönstes hat, beschenkt werden, ihr müßten die Menschen, die sie liebt, ein leichtes Leben bereiten, denn Sie kann nicht selbst für sich sorgen, sie kann nicht eigennützig sein, und welcher Mensch soll diese Seele belohnen! ... sie bleibt die Unerreichte, die Gebende, Aufopfernde!* Ohne Zweifel war herauszuhören, dass er den Ehemann nicht für geeignet hielt, die »Liebliche« so zu behandeln, wie sie es verdient hatte.

Caroline litt. Burgsdorffs Abreise tat ihr weh. *In 10-12 Tagen steht mir meine Niederkunft bevor. Burgsdorf ist auch fort, schon seit 10 Tagen, denken Sie. Ach der Gute hat viel um mich hier gelitten.*[11] Sieben Tage später, in Angst vor dem möglichen Tod, an Rahel: *Ach wie bitter ist diese Entfernung, ach, wenn ich ihm einmal nichts mehr sagen könnte, sagen Sie's ihm noch, wie ich ihn gekannt, geliebt habe.*

Burgsdorff selber war wie von Sinnen. *Meine beste, einzige Freundin*, beschwor er Caroline, *diesen Brief erhalten Sie doch sicher in der Wochenstube, vielleicht im Bett, wenn das kleine neue Wesen neben Ihnen liegt, schläft oder schreit*, schrieb er. *Hätte ich erst die erste Nachricht.*[12] Und aufgeregt an Rahel: *Heute ist der Tag, den der Arzt ihr als letzten Termin ihrer Niederkunft bestimmt hat, sie hat d i e Schmerzen ausgestanden, ach, in ihrem Gesicht bleibt sicher auch eine Spur davon. Hätte ich erst Nachricht von ihr!* Der Zustand mache ihn unglücklich, das Wissen um die Vergeblichkeit seiner Werbung unzufrieden. Er sei in Ziebingen einsam, *isoliert* und traurig.

Am 19. Januar 1797 kam Carolines zweiter Sohn zur Welt, Theodor, der seinen Eltern später große Sorgen machen würde. Als Burgsdorff von Carolines Krämpfen, Schmerzen und Schlaflosigkeit erfuhr, wollte er sofort zu ihr, *die Pferde nach Jena waren schon bestellt. Sie ist das höchste schönste menschliche Wesen, wahrhaftig, ich sehe ihre Seele g a n z vor meinen Augen wie ihr liebes Gesicht,* rief er Rahel zu.[13] Seine ängstlichen und überaus aufgeregten, fast schuldig wirkenden Briefe erwecken den Eindruck, als sei er selbst der Vater des Neugeborenen. Auffallend ist, dass das Kind ausgerechnet den Namen Theodor erhielt – Burgsdorff hieß Friedrich Wilhelm Theodor. Vermutungen über seine Vaterschaft müssen jedoch Spekulation bleiben, da schriftliche Zeugnisse fehlen. Von Caroline kamen beunruhigende Nachrichten. *Sie haben keinen Begriff davon, wie matt ich bin* – dann aber an Rahel: *Ich habe ein schönes und sehr starkes Kind. Es hat die dunkelblauesten Augen, die ich in meinem Leben sah.*[14] Immerhin war sie zwei Monate später schon imstande, abends auszugehen, das wird aus Goethes Tagebuch ersichtlich. *11. März (1797): Abends bei Schiller, wo auch Humboldts hinkamen. 12. März: Zu Humboldts über*

Kosegarten, dann zu Schiller. Erzählung früherer Geschichten. 25. März: Zu Hause gegessen, dann bei Humboldts die letzte Hälfte des Gedichts gelesen. 30. März: Nach Tische bei Humboldts. Abends bey Schiller gelesen.

Nach angemessener Frist kehrte Burgsdorff nach Jena zurück und blieb bei Caroline, während Wilhelm nach Erfurt und Weimar reiste. Unterwegs beteuerte er seiner Frau, dass er ohne sie nicht leben könne. *Unser Dasein ist so innig ineinander verschlungen ... teures, einziges Wesen, möchtest Du endlich nicht mehr duldend und leidend, möchtest Du ganz und vollkommen glücklich sein.*[15] Von Weimar aus fuhr er nach Tegel, um den Nachlass seiner Mutter zu regeln, die nach schwerer Erkrankung am 19. November 1796 gestorben war. Ihr Tod stellte ihn vor die entscheidende Frage, ob er das Landgut verkaufen oder vermieten sollte. Wäre nicht ein Verkauf für alle das Beste? Caroline reagierte sofort. *Es wird mir recht leid tun, wenn ich höre, daß Tegel verkauft ist.* Er besann sich und fasste einen Tag später den Entschluss: *Ich will es dann Dir schenken, damit Du es ganz nach Deinem Sinn einrichten kannst.*[16] In seiner Abwesenheit scheint Burgsdorff ihn ersetzt zu haben, denn unbekümmert berichtete Caroline von den drei Kindern: *Seit Deiner Abreise haben sie sich sehr an Burgsdorff gewöhnt, und er hat ihnen mehr ihre Manieren abgelernt. Sie tanzen, springen, reiten mit ihm und lassen sich wacker herumtragen.*[17]

In keinem Brief des Ehemannes ist Eifersucht zu spüren. Noch während Burgsdorff bei ihr war, versicherte er seiner Frau: *Ich habe gefunden, wonach ich mich sehnte; ich habe das Höchste genossen, was Menschen genießen können, und ich kenne kein Leiden der Welt, in dem dies Bewußtsein mir nicht immer ein schönes und stilles und genügen-*

des Glück geben würde. Schattenhaft wird Depression spürbar, wenn er ihr vier Tage später sagt: *Möchte es mir gelingen, auch Dich ganz glücklich zu machen, ganz und ununterbrochen; o! es ist nicht bloß darum mein glühender Wunsch, weil ich Dich so innig liebe, nein auch darum, weil's gegen die schöne Harmonie verstößt, daß so viel Großes und Gutes nicht auch mit dem reinsten Glück im Bunde stehen sollte.* Deutet seine Bitte darauf hin, dass ihr Bund so absolut glücklich nicht war? Dissonanzen kommen nicht zur Sprache, und auch wenn Gerüchte über eine mögliche Trennung kursierten, bezeugt der Briefwechsel das Gegenteil: Zu keiner Zeit war die Ehe gefährdet.

Caroline war vollauf beschäftigt: Vater und Bruder kamen zu Besuch, Schiller wünschte ihre Anwesenheit, so dass sie kaum Zeit fand, Wilhelm Bericht zu erstatten. *Schiller hat eine so herzliche und rührende Freude, mich täglich zu sehen, daß ich nicht gern einen Tag aussetze, ohne ihn zu besuchen. Goethe ist hier, den Mittag ißt immer noch jemand mit, und abends ist der große Zirkel*, schrieb sie am 22. Mai 1797. *So geht der Tag hin, daß ich nicht weiß, wo die Stunden bleiben... Goethe war heute hier und grüßt herzlich. Er ist sehr gut gestimmt, und ich bin wie immer ganz verliebt in seine schönen Augen.* Goethe las ihnen sein noch unvollendetes Gedicht »Hermann und Dorothea« vor, erfreut, in Caroline eine begeisterte Zuhörerin zu finden. *Goethe ist jetzt hier seit 14 Tagen, ich sehe ihn ziemlich oft, und es ist jedes Mal ein neuer Genuß*, berichtete sie Rahel.

Einziger Wermutstropfen in diesem hochgespannten Leben war die Tatsache, dass Caroline das nasskalte Klima nicht vertrug. Man fasste den Plan, eine Zeitlang im Süden zu leben. Zunächst sollte in Dresden Station gemacht werden, der Stadt der Künste, wo sich die bedeutendste Sammlung antiker Skulpturen befand, die es damals in Deutschland gab. Als Vorhut sah sich Burgsdorff schon nach einer Wohnung um. In gewohnter Großzügigkeit schrieb Wilhelm an Caroline: *Ich freue mich unendlich auf Deine Ankunft in Dresden. Die göttliche Natur und die Galerie werden Dir ein großer Genuß sein, und auch Burgsdorff wird sich sehr freuen, Dich nun dort zu haben... Überlege für Dich, mit Burgsdorff, mit wem Du sonst willst, wie alles Dir am liebsten ist, mit dem Dresdener, mit dem Wiener Aufenthalt...*[18] Die Fahrt unternahm sie in Begleitung von Wilhelms Bruder Alexander, den sie sehr mochte. *Man kann ihn nicht recht beschreiben,* bemerkte sie. *Es ist ein solches Composé von Liebenswürdigkeit, Eitelkeit, weichem Sinn und Wärme, wie mir noch nie ein zweites vorgekommen ist.*[19] Zwar gab es in Dresden keine genialen Männer wie Schiller und Goethe, doch andere Anziehungspunkte. In den vier Dresdener Monaten war Caroline fast täglich in der Gemäldegalerie, wo sie Raffaels »Sixtinische Madonna« schon bewunderte, bevor das Bild durch Schlegel und Novalis in hymnischen Gedichten gefeiert wurde. *Ach, wie geht mir die Seele wieder auf, umgeben von diesen Bildern und diesen hohen Gestalten...* Kunstwerke erhöhten ihre Daseinsfreude, waren Teil ihres Lebensglücks. Auch darum wollte sie nach Italien. Goethe, berichtete sie erfreut, habe ebenfalls vor, nach Rom zu kommen, das sei aber noch geheim. Tatsächlich reiste Goethe nach Frankfurt, um seiner Mutter Christiane Vulpius und den achtjährigen August vorzustellen und weiter nach Italien zu fahren. Caroline und Alexander von Humboldt aber kamen nur bis Wien. Dort erfuhren sie, dass französische Truppen Oberitalien besetzt hatten. Er stehe wie Herkules am Scheidewege, meldete Wilhelm Brinckmann, *nämlich zwischen Frankreich und Italien.* Man entschied sich, eine andere europäische Kultur-Hauptstadt aufzusuchen: Paris.

Dieses gegenseitige Electrisieren
Paris

> *Und sollte es das Leben kosten, ach, so gibt es ja kein andres Dasein, wenn einen einmal die Natur so gemacht hat.*
> (Caroline an Rahel, 1798)

Mit drei kleinen Kindern, ihrem Kindermädchen Emilie aus dem thüringischen Auleben, Erzieher und Diener bezogen Wilhelm und Caroline am 18. November 1797 eine Wohnung in Faubourg St. Germain des Prés im Zentrum von Paris. Nahezu unbekannt, ohne Auftrag, ohne offizielles Amt, nur der Kultur wegen waren sie gekommen, und doch entwickelte sich ihr Haus zu einem Treffpunkt der geistigen Welt. Humboldt hat Einladungen und Besucher notiert. Die zweiunddreißigjährige Caroline, die sich in Erfurt wie eine Landpomeranze *in der Wüste* vorkam, entpuppte sich in Paris als exzellente Gastgeberin. *Die Leute reißen sich um mich*, wird sie, kontaktfreudig und an Menschen immer interessiert, auch später noch feststellen. Dass sich das Pariser Haus der Humboldts schon bald mit deutsch-französischen Diplomaten, Literaten und Künstlern füllte, beweist ihren besonderen Status.

Unter ihren Gästen befanden sich zwei bedeutende Französinnen, die Schriftstellerin Angélique Vandeuil, eine Tochter von Diderot, und die berühmt-berüchtigte Germaine de Staël, die als erklärte Gegnerin Napoleons ein politisch engagiertes, dynamisches Leben führte. Bisher kannte man die streitbare Schriftstellerin, die in farbenfroher Aufmachung mit Turban und großen Schals wie eine Königin auftrat, hauptsächlich aus ihrem Buch über Jean-Jacques Rousseau, ihr geistiges Vorbild. Nun zeigte sich diese bemerkenswerte

Frau an allem interessiert, was deutsche Kultur und Lebensart betraf, und Humboldts waren diejenigen, die ihr die besten Informationen für ihr geplantes Werk »De l'Allemagne« liefern konnten. Von Jugend an unter Männern aufgewachsen, selbständig und freiheitlich denkend, verstand sie sich sofort mit der gleichaltrigen Caroline, die sich in Dalbergs Palais ebenfalls unter Männern hatte behaupten müssen. Wenn Humboldt an Brinckmann schrieb: *Die Staël gehört zu den wenigen Menschen, die einen sehr tiefen und ewig unauslöschlichen Eindruck auf mich gemacht haben*, so galt das auch für Caroline. Zwischen den Frauen begann ein herzlicher Kontakt, der in Rom, in Wien und in Schloss Coppet am Genfer See fortgesetzt wurde.

Regelmäßig trafen sich in Humboldts Pariser Wohnung der Legationssekretär Franz von Leuchsenring, der Diplomat Konrad von Oelsner, der gebildete Staatsrat August von Staegemann, Bankier Abraham Mendelssohn und der Arzt David Veit, der Carolines schöne Augen rühmte. Bedeutende französische Künstler wurden ins Haus gebeten, Peter Roux, François Gérard und der Komet unter den »Revolutionsmalern«, Jacques-Louis David. Caroline besuchte sein riesiges Atelier und äußerte sich zu seinen Werken auch schriftlich. Ihre Beschreibung des großformatigen Gemäldes »Raub der Sabinerinnen« wurde von Goethe anonym in den »Propyläen« veröffentlicht.[1] Sie trat darin nicht mit einer eigenen Kritik hervor, weil ihr die Dramatik und das übergroße Pathos des Malers nicht lagen. Dagegen gefielen ihr die Arbeiten von Davids jungem Mitarbeiter Gottlieb Schick – ihn hat sie, wie sich zeigen wird, als Erste weithin bekannt gemacht.

Von Mai bis November 1798 wohnte Alexander von Humboldt ebenfalls in Paris. Caroline machte ihn mit ihren Freunden bekannt. Sie war stolz *auf den kräftigen und gut ausse-*

henden Mann mit dem hellbraunen, noch immer wie früher wuscheligen Haar, der hohen Stirn, den lebhaften blauen Augen und dem großen Mund mit dem kräftigen Kinn.[2]
Sein Plan, immer in Paris zu leben, wurde missbilligt: er möge doch seine »Deutschheit« bedenken. Das neue Wort existiert auch in einem Brief Schillers an Goethe: *Unser Freund Humboldt bleibt mitten in dem neugeschaffenen Paris seiner alten Deutschheit treu.*[3] Die Brüder trafen sich mit französischen Wissenschaftlern, wobei Wilhelm verärgert bemerkte, sie seien nicht imstande, *das Beste an Alexander, den eigentlichen Naturforschenden Geist*, zu erkennen. Außerdem notierte er sich den Tag, an dem er Napoleon persönlich im »Institut National« traf. *Er ist klein und mager. Angezogen war er sehr einfach, blauer Rock und Überrock, bis beinah auf die Finger heruntergehende Ärmel, Stiefel und Sporen. Er trägt einen Zopf und ist gepudert.* Auch Caroline begegnete Napoleon, und zwar bei einem Spaziergang im Botanischen Garten, wo sich seine Frau Joséphine de Beauharnais angeregt mit ihr und den Kindern unterhielt.

Die Schrecken der Revolution, die Enthauptung des Königspaares, der gewaltsame Tod der Jakobiner Marat und Robespierre, die Abschaffung der Vorrechte von Adel und Klerus waren zwar heiße Diskussionsthemen, kamen aber in Carolines Briefen nicht vor. Erst durch die Bekanntschaft mit Graf Gustav von Schlabrendorf, der die Revolution am eigenen Leibe erlebte, wurde sie mit den Ereignissen von Robespierres Terrorregime und dem Schicksal der Ermordeten und Verfolgten unmittelbar konfrontiert. Graf Schlabrendorf war, als die zweiunddreißigjährige Caroline ihn kennen lernte, achtundvierzig Jahre alt. Groß und beherrschend, mit grauen Augen und einer gewaltigen Löwenmähne erschien er Wilhelm als *sonderbarer Mensch von bizarrem, wildem Außen* – Caroline aber fand ihn einzigartig. Dieser

Mann, dessen scharfen Verstand man ebenso bewundern musste wie seinen Weitblick, war in ihrem Kreis schon insofern eine Ausnahmeerscheinung, als er sich vehement für die Gleichberechtigung der Frau einsetzte, was ihn für sie doppelt interessant machte. Mit den politischen Zuständen lange vertraut, hasste er Napoleon und prophezeite seinen Sturz. Kompromisslos liberal, bildete er den Mittelpunkt eines vielseitigen Intellektuellenzirkels. Seine Zuhörer bestach er durch eigenwillige Ideen und eine unglaubliche Eloquenz. Er habe *vier, ja fünf Stunden lang ohne Unterbrechung die schönsten Gedanken im Zusammenhang entwickeln* und seine Zuhörer fesseln können, bemerkte Varnhagen, der sogar behauptete, man habe Humboldt im Gespräch mit Schlabrendorf abschiednehmend abends auf der Treppe erlebt – am nächsten Morgen standen sie immer noch da.[4] Sein Reichtum bedeutete Schlabrendorf nichts, er schickte Hilfsbedürftigen Geld und lebte selber spartanisch. Alexander von Rennenkampff, der ihn durch Caroline kennen lernte, schrieb über ihn: *So großartig, frei und offen war er als Gelehrter und Philosoph, als Freund und Bürger, und doch konnte ihm die Welt nicht verzeihen, daß er die Sonderbarkeit besaß, das Geld nicht als das höchste Gut zu achten.*[5] Für Caroline, die ebenso von Schlabrendorfs Intelligenz wie von seinem betont männlichen Auftreten beeindruckt war, wurde er der engste Freund.

Zu Beginn des Jahres 1798 traf auch Burgsdorff in Paris ein. Wie selbstverständlich schlug er sein Quartier bei den Humboldts auf. Er kam in Begleitung des Bildhauers Tieck, der als eine der ersten Arbeiten eine Büste von Caroline schuf.[6] *Tieck ist sehr fleißig und macht sehr gute Sachen. Er hat eine sehr gute Büste der Humboldt gemacht*, berichtete Burgsdorff Rahel. Jetzt arbeite er an einer keuschen Diana, *wobei ihm Pariser Mädchen als Modell dienen müssen, die alles eher als Dianen sind...* Man besuchte den Louvre, bestaunte die gesammelten oder vielmehr von Napoleon geraubten Schätze, deren Auspacken und Aufstellen mit Spannung beobachtet wurde, sah *den Apoll und alle Kunstwerke, die aus Rom kommen und deren Anzahl ungeheuer sein soll.*[7]

Die Besichtigungen erinnerten Caroline an Goethe, denn er hatte sie um neue Nachrichten gebeten: *Empfehlen Sie mich Ihrer Frau Gemahlin, der ich die beste Gesundheit zum Genuß so mancher herrlichen Gegenstände wünsche.* Man versicherte, sie werde ihm die gewünschte Aufstellung liefern. In Paris sei *überall Pracht und Fülle,* meldete Caroline ihrer Freundin Lotte. *Des Abends bin ich einige Mal die Woche im Schauspiel... Bin ich zu Hause, so fehlt es mir fast nie, einen kleinen Zirkel zu haben* – sie wünsche sich Schiller herbei. Offenbar wollte sie weiteren Gerüchten über ihren Umgang mit Burgsdorff einen Riegel vorschieben, denn sie behauptete im selben Brief: *Burgsdorf ist seit dem Anfang Januars hier. Wir sehen ihn wenig, weil er ungeheuer weit wohnt.* In Wirklichkeit sah man sich täglich. *Dieses gegenseitige Electrisieren ist ja das Schönste im Menschlichen Umgange,* schrieb Burgsdorff an die noch immer in Karl Finckenstein verliebte Rahel, *und nur einige Menschen sind electrisch genug.*[8]

Einmal, als Burgsdorff wieder bei Caroline weilte, trat unerwartet Brinckmann ins Haus, zum schwedischen Gesandten in Paris ernannt, elegant und unterhaltsam wie immer. *Ich war gestern vor Tisch bei der Humboldt, als er* (Wilhelm) *mit Brinckmann ins Zimmer trat,* berichtete Burgsdorff wahrheitsgemäß. Rahel als diskrete Vertraute war von jeher in das Verhältnis eingeweiht. Caroline floss das Herz über, sie musste von Burgsdorff sprechen, von den zauberschönen

Tagen mit ihm. *Mein Herz hat sich einen Reichtum und eine Fülle der Kraft gesammelt, die mein Leben ausreichen wird... und sollte es das Leben kosten, ach, so gibt es ja kein andres Dasein, wenn einen einmal die Natur so gemacht hat.* Burgsdorff gebe ihr das Gefühl, *alles zu verstehen. Ich bin in mir frei und ruhig, der Genuß des Lebens ist mir errungene Kraft, Sinn für alles Menschliche und für alles Göttliche im Menschen. Der Punkt des innern Zusammenhalts bleibt ewig die Liebe.*[9]

Das war im Frühjahr. Im Sommer wurde Caroline schwer krank. Fortwährende Fieberschübe und zäher Husten fesselten sie ans Haus. Burgsdorff bat, ja flehte, sie möge mit ihm Ferien auf dem Land machen – stattdessen *quälten wir uns mit einem Collegio über die Optik, bis ich sie beredete, (nur 3 Wochen) aufs Land zu ziehen.* Sein Vorschlag eines Kuraufenthalts erwies sich schließlich als richtig, denn ihr Zustand besserte sich rapide – *nicht 8 Tage waren wir zusammen in St. Cloud, ohne andere Menschen, ohne Kinderlärm und Zank, so war das Fieber ganz weg.*

Was war mit »Zank« gemeint? War es das übliche Kindergezänk? Oder ein Streit in der Ehe? Humboldt, der an einem Essay über »Hermann und Dorothea« arbeitete, scheint die Anwesenheit Burgsdorffs weiterhin toleriert zu haben. Rücksicht und Takt waren entscheidende Wesenszüge beider Ehepartner, und er kannte Carolines Freiheits- und Liebesbedürfnis. Beide waren der Auffassung, eine gute Ehe müsse von gegenseitigem Respekt getragen sein; wer sich des anderen über Gebühr bemächtige, setze die Beziehung aufs Spiel. Auch sie hat sich, wenn es gefordert wurde, bei seinen Affären einfühlsam und großzügig verhalten; er hat ihr für ihre Nachsicht gedankt und in den »Briefen an eine Freundin« bestätigt, Freiheit sei ihr Lebenselement gewesen. Trotz kühler Selbstbeherrschung wird es ihm jedoch nicht leichtgefallen sein, die Anwesenheit des »Hausfreundes« zu akzeptieren.

Strahlend vor Glück schrieb Burgsdorff an die in Berlin auf Nachricht wartende Rahel vom Aufenthalt im Naturparadies von St. Cloud, wo er vier volle Wochen mit Caroline verbrachte. *Alle morgen frühstückten wir im Park und gingen dann über drei Stunden auf die Berge in den herrlichen Wald, der Wiesen, Äcker, schöne Bassins hat. Wie wurde sie täglich heiterer, wohler, wie war sie wieder ganz wie sonst.* Voller Überschwang berichtete auch eine glückliche Caroline: *Ich habe fast 4 Wochen mit ihm auf dem Lande in einer sehr schönen Gegend zugebracht.* In Burgsdorffs Gegenwart sei sie gesund geworden – *und ich habe den Vorsatz, auch seine lange Abwesenheit still und mutig zu ertragen.*

Abwesenheit? Unbemerkt traten Veränderungen ein. Burgsdorff hatte erklärt, er wolle fort. Nicht Caroline, sondern die ferne Rahel erfuhr als Erste von seinen Fluchtplänen. Die Wahrheit war, dass das Dreierverhältnis allmählich Schattenseiten zeigte und für ihn *doch nur ein halbes Leben* war. Wie sollte es weitergehen mit einer verheirateten Frau und drei Kindern? Er müsse *Ruhe gewinnen*. Rahel möge über seine Gründe schweigen: *sagen Sie ihr nie, was ich hier geschrieben habe – ich weiß, wie grausam sie es mißverstehen könnte.*

Burgsdorff reiste im September ab – er floh, muss man sagen, in die Pyrenäen und weiter nach Madrid und Lissabon. Caroline scheint ihn durchschaut und die Reise als einen Vertrauensbruch gewertet zu haben. Bisher hatte sich der Freund ihren Wünschen gefügt, hatte sie angebetet, nun entzog er sich ihrem Einfluss. Sie war fassungslos und tief gekränkt. Als er dann nicht, wie versprochen, nach ein paar Wochen, sondern erst nach sechs Monaten zurückkehrte, war die Krise da. Der *goldene Zauber* sei vorüber, schrieb Caroline traurig an Rahel, *er war unter Umständen abgereist, die mir seinen Abschied unvergeßlich machen mußten, und er kam nicht wieder den Winter – ich hatte keine Tränen, aber ich konnte mich selbst nicht berühren. Er ist wieder da, schon seit 14 Tagen, aber sein Kommen hat wenig oder nichts in mir verändert. Ich liebe ihn nicht mehr. Ich habe z u v i e l gelitten. Ich freute mich, ihn wiederzusehen, das werde ich immer, ach aber ich freue mich wie an etwas Fremdem, er ist nicht mehr mein, und der goldne Zauber ist vorüber, der mich sein Wesen und das meine, sein und mein inneres Leben, trotz dem Zwang aller äußern Verhältnisse, als Eins empfinden machte.* Das Verhältnis sei nicht etwa aufgehoben, sondern »vernichtet«. *Er ist wiedergekommen und sein Anblick hat mich in meinem Gefühl bestätigt. Ich sehe ihn und f r e u e mich seiner Heiterkeit und kann wünschen, daß er g l ü c k l i c h s e i o h n e m i c h. Nun weißt du, wies mir ist. Ich habe dir aus meinem tiefsten Herzen geschrieben, und du, du verstehst mich. Er ist mir teuer über alles, und doch liebe ich ihn nicht mehr.*

In ruhigerer Stimmung meldete sie dann, sie habe sich endgültig von ihm gelöst. *Nein, diese Liebe hat nicht die Kräfte meiner Seele gelähmt; sie hat mich die Tiefe meiner Natur ermessen lassen.* Er trage an der Trennung keine Schuld, betonte sie mehrmals. Ohne diese Leidenschaft wäre ihr vieles unbekannt geblieben. Wilhelm habe beschlossen, im Sommer auf Burgsdorffs Spuren nach Spanien zu reisen. *Burgsdorfs Pläne gehen von nun ganz mit den unsrigen auseinander, und schwerlich finden wir uns vor unserer Rückkunft wieder.* Fröhlich klangen diese Briefe nicht. Immer wieder ist von der abgekühlten Beziehung die Rede.... *fürchte auch nicht, daß ich Burgsdorf Unrecht tue, ich weiß recht gut, wie es ist, wie es mit den Männern und Liebe überhaupt steht, und kenne ihn genug um seine Individualität zu er-*

kennen. Auch Burgsdorf – gewiß, e r leidet nicht bei meinem ganz umgeänderten Wesen, im Gegenteil, er gewinnt, denn ich mache ihm keine trübe Minute mehr – auch ahndet er nicht, daß ich ihn nicht mehr liebe, wir leben ein freundliches Alltagsleben, und nur ich weiß, daß es nicht das Leben der Liebe ist. Als sie im August aufbrachen, verließ auch Burgsdorff Paris; er nahm den Bildhauer Tieck auf seine Reise nach England mit.

Möglicherweise gab es für die Trennung noch andere Gründe. In Burgsdorffs Abwesenheit war ein neuer Hauslehrer eingestellt worden, der später bedeutende Altphilologe Johann Gottfried Schweighäuser. Ihn fand Burgsdorff nach seiner Rückkehr als geschätzten Erzieher im Hause vor. Denkbar wäre, dass das Wiedersehen auch aus diesem Grund weniger erfreulich verlief als gedacht.

Noch eine Person könnte störend in die Liebesbeziehung getreten sein: Graf Gustav Schlabrendorf. Wilhelms Tagebuch verzeichnet die Besuche und Gegenbesuche in der Rue de Richelieu, wo der sonderbare Mann inmitten seiner Bücher und Zeitungen lebte wie Hieronymus im Gehäuse. Der Graf, geboren in Stettin, berichtete ihnen von seiner Kindheit in Schlesien, von seinem Vater, der Vizepräsident der Kriegs- und Domänenkammer war wie Carolines Vater, und starb, als er neunzehn und wie Humboldt Jurastudent in Göttingen war. Als unabhängiger Erbe eines ansehnlichen Vermögens hatte Schlabrendorf den Freiherrn vom Stein nach England begleitet, hatte Schottland bereist und war mit neununddreißig Jahren zu einem Zeitpunkt nach Paris gekommen, als die Revolution ihren Höhepunkt erreichte. Während der Terrorherrschaft Robespierres wurde er verhaftet und in den berüchtigten Kerker geworfen, aus dem es kein Entrinnen mehr gab. Nach eineinhalb Jahren Haft stand

Gustav von Schlabrendorf im Alter von 48 Jahren, als Caroline ihn kennen lernte. Marmortondo von Friedrich Tieck, 1798.

auch sein Name auf der Liste der Todeskandidaten, die täglich zur Guillotine geschleppt wurden. Schlabrendorf zog sich an, fand aber im zerwühlten Strohlager seine Stiefel nicht. Daraufhin verschob der Kerkermeister, der ihn nicht in Strümpfen abtransportieren wollte, die Hinrichtung auf den nächsten Tag. Am anderen Morgen fand der Graf zwar seine Stiefel, stand aber nicht mehr auf der Liste – man hatte ihn buchstäblich vergessen. Nach Robespierres Hinrichtung kam er frei. Er selber behauptete, Geistesgegenwart und Gemütsruhe hätten das Wunder seiner Rettung bewirkt. Er mietete sich im Hôtel des Deux-Siciles ein, verließ aber nur ungern sein vollgestopftes Zimmer, ein Junggeselle, der täglich Besucher empfing, sich mit Geschichte und Sprachforschung beschäftigte und ein Buch gegen Napoleon schrieb. Mit der Zeit wurde er zu einer Art Sonderling, der in Verachtung aller gesellschaftlichen Konventionen bis zur Ärmlichkeit bescheiden lebte, so dass man ihn nach Jahren im gleichen Hemd am gleichen wurmstichigen Schreibtisch antraf: *der Überrock ist gewiß noch der, den wir im vorigen Jahrhundert kannten,* meinte Humboldt 1814. Gäbe es nicht das schöne, von Tieck gestaltete Reliefbildnis Schlabrendorfs aus der Zeit, da Caroline ihn liebte und das sich in ihrem Besitz befand, wäre ihre Leidenschaft kaum begreiflich.[10]

Von Schlabrendorf sind nur wenige Mitteilungen an Caroline erhalten. Aus ihren Briefen lässt sich aber unschwer herauslesen, dass beide sich während der Pariser Jahre, vor allem während Humboldts Abwesenheit, sehr nahe gekommen sind. Sie duzten sich, was bei Caroline so selten vorkam, dass sie es sogar Rahel untersagte. Ihn aber bat sie: *daß Du mich ja nicht anders als mit dem herzlichen Du nennen mögest. Ach Gott, eine andere Anrede wäre ja gar schrecklich!* Bei Friederike Brun hat sie von ihm geschwärmt, bei Rennenkampff um ihn getrauert. Sie bewunderte seine Wahrheitsliebe, seine Klarheit, sein großes Herz – *Du bist doch der menschlichste Mensch, den ich je kannte* – und jene rätselhafte Schwermut, die ihr selbst so gut vertraut war. Sie liebte ihn. Seine Anspruchslosigkeit störte sie ebenso wenig wie seine eigenartige Lebensart. Für sie galten andere Maßstäbe. Sie setzte ihren Willen durch und brachte es fertig, von Rom aus – allein und ohne ihren Mann – zu Schlabrendorf nach Paris zu reisen.

Man muß das Land gesehen haben
Spanien um 1800

> *Dann wünschte ich, Sie oder Ihre liebe Frau machten es sich zum Geschäft, alles was Sie in Spanien antreffen, recht genau zu bemerken, es seien nun alte oder moderne Arbeiten.*
>
> (Goethe, 1799)

Nachdem Wilhelm von Burgsdorff sehr lebendig seine Eindrücke aus dem unbekannten Hispanien geschildert hatte, wollte auch Humboldt, der eine große Arbeit über vergleichende Sprachwissenschaft plante, das weitgehend fremde Land erforschen. Sein Bruder Alexander war schon vor ihm nach Madrid gekommen, um seine Weltreise zu organisieren, wobei ihm der sächsische Gesandte Baron Philipp von Forell die Türen zu einer erfolgreichen Audienz beim spanischen König Karl IV. und Maria Louise von Parma geöffnet hatte.[1] Was Caroline betraf, gehörte eine gewisse Rücksichtslosigkeit dazu, ihren Vater in Erfurt ein weiteres Jahr allein zu lassen. Doch Wilhelms wissenschaftliche Projekte und ihre Reiselust überwogen alle Bedenken. Ohne weiteres hätte Caroline in Paris bleiben oder zumindest ihre Kinder, sieben, fünf und zwei Jahre alt, bei dem treuen Kindermädchen Emilie lassen können. Doch wieder einmal erwies sich: Was für andere galt, galt nicht für sie. Es war ein merkwürdiges Phänomen, dass Caroline, die so oft von Fieberanfällen, Husten, Bronchitis, Herzkrämpfen heimgesucht wurde, sich auf Reisen wie ein Fisch im Wasser fühlte, keine Anstrengung scheute und sowohl die riskante Durchquerung unwegsamer Hochgebirge als auch die anstrengenden Tagesritte gut überstand. Wissensdurst, Kunstbegeisterung und eine gute Portion Abenteuerlust übten auf sie fast immer einen wohltuenden Einfluss aus. *Theuerster und innig geliebter Vater,* schrieb sie aus den Pyrenäen, sie hätten eine Höhe erklommen, die für jedes Fuhrwerk zu hoch sei, *daher komme ich seit vier Tagen nicht vom Pferde, und so ungewohnt ich in dieser Art zu reisen bin, so gut bekommt sie mir.*[2]

Im September 1799 hatten sie Südfrankreich bis Bordeaux durchquert und mit ihren drei Kindern, einem jungen Gelehrten namens Georg Christian Gropius, Kindermädchen Emilie und einem Gehilfen die Reise innerhalb Spaniens fortgesetzt. Ungefährlich war es nicht. Die Felsen, Schluchten und Abgründe der im November plötzlich verschneiten Pyrenäen zeigten *die Wildheit der Natur und ihre furchtbare Öde;* Caroline sah darin *den Anblick einer zusammengesunkenen Schöpfung,* wie sie dem Vater schrieb, der sich die Tochter unter Strapazen zu Pferde oder auf störrischen Maultieren inmitten unbegehbarer Felsen vorstellten musste. Vom steilen Saumpfad herab sahen sie tief unter sich wild überwachsene Täler, herabstürzende Wasserfälle, Schneeberge und Felsmassen, die sie entsetzten. Man durchquerte das trockene Kastilien, dessen Ödnis sie abschreckte, ritt bis Bayonne am Meer und erreichte in einem von sechs Mauleseln gezogenen Gefährt Burgos, Valladolid und Segovia. Wilhelm berichtete Brinckmann von seinen landes- und sprachkundlichen Entdeckungen; seinen großen Aufsatz »Der Monserrat bei Barcelona« ließ Goethe drucken. Darin erfährt man gleichsam nebenbei von überstandener Gefahr, wenn nach mehrstündigem *unangenehmem Steigen* über achtzig Felsenstufen die Einsiedeleien, die wie *Adlernester am Felsen* hingen, bei Tagesanbruch endlich erreicht wurden. Bei einer weiteren Exkursion stürzte der Wagen um. *Meine Frau lag unten und ihr gegenüber Gropius, mir oben gegenüber Emilie mit Theodor.*[3] Erst während der Reise bemerkte Caroline, vermutlich mit einigem Schrecken, dass sie schwanger war.

Aus Madrid schickte Caroline ausführliche Reiseberichte an Vater und Bruder daheim: *Theuerster und geliebtester Bruder!* Sie beschrieb ihm die Rückständigkeit im Lande, die schwarzen Kleider und hohen Frisuren der Frauen, Paläste, Aquädukte und die nie vorher gesehene maurisch-gotische Architektur. In Spanien, das in althergebrachten feudalen Strukturen erstarrt war, hielten König und Adel zäh am Überkommenen fest, bestand die Übermacht der Kirche seit den Zeiten der Inquisition nahezu ungebrochen fort. Wie eine Groteske wirkte auf die Reisenden aus dem revolutionären Frankreich – dessen Erster Konsul Napoleon in absehbarer Zeit den spanischen König vom Thron jagen sollte – die höfische Etikette, wonach dreihundert Untergebene, darunter auch sie selbst, dem Königspaar die Hand küssen mussten. Sie schrieb an Lotte und Schiller, deren Briefe sie in Granada erhielt, angesichts der verkrusteten spanischen Adelsherrschaft erscheine ihr der »Don Carlos« lebendiger als je zuvor, und sie bringe Schiller eine *ächte spanische facha*, eine Schärpe, mit. *Der König und die Königin sind mit Diamanten bedeckt,* berichtete sie, hätten aber freundlich mit ihr über Alexanders Weltreise gesprochen.[4] Die rückständige, ja unzumutbare Art, mit der in diesem Land die Frauen behandelt wurden, empörte sie. Nur durch die Vermittlung des Gesandten Philipp von Forell sei ihr im Escorial der sonst allen Frauen verbotene Zutritt gewährt worden, berichtete sie aufgebracht ihrem Bruder. Im Prado-Palast – das Museum wurde erst 1819 gegründet – erblickte sie Tizians nackte »Schlafende Venus«. *Nie vorher ahnte ich, daß es möglich sei, solchen Reiz mit einer solchen Reinheit zu verbinden,* schrieb sie nicht ohne einen Anflug von

Koketterie an den jungen Schweighäuser. *Stundenlang habe ich verstummt vor dem Bilde gestanden, das schönste Gesicht mit verschlossenen Augen – ein Körper! – Sie liegt im Vordergrunde und durchaus unbekleidet, und Tizians Pinsel ist nie ein blühenderes reizenderes Kolorit geglückt.* Auch im Kloster St. Ildefonso wurde weiblichen Personen, wie sie verärgert bemerkte, der Zugang untersagt. *Ich bekam einen besonderen königlichen Einlaßbrief, da Frauen ohne diesen nicht in das Kloster, wo die größte Menge dieser Bilder aufbewahrt ist, gehen dürfen. Ein unglaublicher Schatz ist in diesem reichen Kloster vor den Augen der Welt vergraben,* berichtete sie ihrem Vater. *Vier große Bilder von Raffael, Guidos, Titians... Tintorettos in großer Menge, und die spanischen Maler lernt man erst hier im Lande kennen und schätzen.*[5] Der Bruder erfuhr: *In St. Ildefonso waren wir einen ganzen Tag, um das Schloß (das übrigens elend ist), den Garten, die berühmte große Spiegelmanufaktur und besonders die Sammlung von antiken Statuen, die in den unteren Zimmern des Schlosses aufbewahrt werden, zu sehen. Das Berühmteste und Schönste in dieser Sammlung ist die Gruppe des Castor und Pollux.* Die berühmte antike »Ildefonso-Gruppe« im Original zu sehen war für sie ein großes Glück. Goethe, der eine Kopie der fackeltragenden Jünglinge in seinem Treppenhaus aufstellte, hat sie als »Exemplum der Freundschaft« bezeichnet.[6]

Die beschreibende Kunstbetrachtung in Spanien wurde für Caroline zu einer echten Aufgabe. Erstmals entdeckte sie ihre Fähigkeit, die Wirkung großer Meisterwerke nachvollziehbar wiederzugeben, Thema und Komposition eines Gemäldes zu beschreiben, sich zur Perspektive, zum Kolorit, zur Wirkung der durch Licht und Schatten hervorgerufenen Plastizität zu äußern. Sie erwies sich nicht nur als Liebhaberin, sondern auch als echte Kennerin, und Goethe scheint das gewusst zu haben, als er sie zu schriftlicher Bildbeschreibung aufforderte. *Dann wünschte ich, Sie oder Ihre liebe Frau machten es sich zum Geschäft, alles was Sie in Spanien antreffen, recht genau zu bemerken, es seien nun alte oder moderne Arbeiten.* Sie war gewissermaßen seine ausländische Kulturkorrespondentin. *Lassen Sie sich doch, ich wiederhole es, auf Ihrer Reise nichts entgehen, was auf Kunst Bezug hat.*[7] Humboldt versicherte ihm, Caroline habe schon ein Verzeichnis über *mehrere Hundert Gemälde* auf 250 Seiten angefertigt. *Mehrere, namentlich die Raphaels, scheinen mir in der Beschreibung gut geraten. Auch wird meine Frau zuletzt noch einiges Allgemeine über die spanische Schule im Ganzen hinzusetzen. Da meine Frau unmöglich allein mit allem fertig werden könnte, so hilft ihr ein junger Mensch, den ich jetzt bei meinen Kindern habe und der eigentlich Zeichner und Kupferstecher ist.* Gemeint war Georg Christian Gropius, der den Kindern Unterricht erteilte, sich aber auf der Reise so heftig in die Mutter verliebte, dass er, wie zuvor schon Riemer, entlassen werden musste.

Carolines Beschreibung der bedeutenden Gemälde von Correggio, Tizian und Raffael, die sie in Madrid sah, waren ebenso sachlich wie persönlich und riefen die Bewunderung Goethes hervor. *Sie haben mir durch den Bericht über die Gemälde in Spanien einen Schatz hinterlassen, für den ich Ihnen nicht genugsam danken kann. Er wird oft genug konsultiert.* Über Raffaels Bild »Madonna mit dem Fisch« schrieb sie: *Man muß es gesehen, muß den Zauber empfunden haben, der gleichsam davon ausströmt, die Harmonie der Farben, die Größe und Grazie aller Gestalten vor Augen gehabt haben, um zu begreifen, wie man die lebendigste Erinnerung an dieses Bild auf ewig in der Seele trägt und sein innerstes Leben, seine tiefste und innigste Empfindung auf das ganze Dasein dadurch bereichert fühlt.* Im Gemälde »Mariens Besuch bei der heiligen Elisabeth«, das die Begegnung von zwei schwangeren Frauen wiedergab, erschütterte sie Marias anrührender Gesichtsausdruck vielleicht auch deshalb, weil sie selbst im sechsten Monat schwanger war und den Zustand mitempfinden konnte. *Das Gesicht ist unnachahmlich, groß in den Formen, blühend vollendet im Kolorit und von einer Grazie, einem hohen und sittsamen Reiz im Ausdruck, in der liebenswürdigen Verschämtheit über ihren Zustand, für den in der Tat die Sprache zu arm ist.* Raffaels Kunst ließ sie ausrufen: *Mit Ehrfurcht und der innigsten Rührung neigt sich der menschliche Geist, dem es gegeben ist, den höchsten Genuß in der Kunst zu finden, vor dem genialischen Wesen, das all diese Gestalten lebendig in sich trug und dem ein Gott das Vermögen lieh, sie darzustellen.*

Goethe, für den die Texte gedacht waren, versicherte, er habe schon eine spanische Landkarte an seine Tür genagelt und verfolge ihre Route mit einem Spanienbuch, außerdem lese er den Cervantes. Alles, was Freund Humboldt und seine *liebe Reisegefährtin* ihm schickten, werde ihm willkommen sein. Später übermittelte er ihr sein Lob noch einmal. *Er sagt,* schrieb Wilhelm, *er habe nie Beschreibungen gesehen, die einem so alles geben, das Bild zu beurteilen. Die Madonna del pez* – »die Madonna mit dem Fisch« – *hat ihn vor allem erfreut. Er hat nun auch die Farben daraus kennen gelernt, und ihre Wahl paßt in seine Theorie.*[8] Carolines »Beschreibendes Verzeichnis der in Spanien gesehenen Gemälde« gelangte zu Goethe, der das Manuskript in Leder binden und einen Teil daraus in der »Jenaischen Allgemeinen Literaturzeitung« veröffentlichen ließ.

Trotz aller Strapazen, trotz schlechter Herbergen, Hitze, Staub und Wassermangel auf den Fahrten nach Barcelona,

Toledo, Cordoba, Sevilla, Cadiz, Granada und Valencia hat Caroline die Erkundung des fremden Landes genossen. Obwohl sie noch in andere Länder und Städte kommen, Bologna, Florenz und London sehen, den Vesuv besteigen und in Rom wohnen würde, war diese Erkundungsfahrt durch ein noch weithin unentdecktes Land mit seiner unberührten Vegetation, den orientalischen Bauwerken und fremden Sitten für sie ein unvergleichliches Erlebnis. Erschwerender als die körperlichen Anstrengungen war allerdings der psychische Druck durch den Lehrer der Kinder, Georg Christian Gropius. Nach der Reise schrieb sie an Rahel: *Ach und nun ists auch überstanden mit Gropius. Wie hat er mich geschmerzt, wie hat er gelitten und was habe ich ausgestanden. Als glühend sinnlicher Mensch mußte er mir aus den Augen, um sich wiederzufinden. Aber was kostets, Liebe zurückzuweisen mit diesem tiefen Respekt für Liebe, mit dieser Anbetung für die wenigen Menschen, die sie zu fühlen vermögen!!* Nach dieser Erfahrung zog sie den überraschenden Schluss: *Ich bin durch die Beobachtung meiner selbst und Gropius' auf die Überzeugung gekommen, daß ein Verhältnis wie das seine zu mir, umgekehrt, ich meine, wo die Frau die vergeblich Liebende wäre, nie statt finden kann.*[9]

Nach sieben spanischen Monaten, in denen die Kinder die Windpocken und Fieber bekamen, kehrte die Karawane Mitte April 1800 nach Paris zurück, und zwar in höchster Eile: die Geburt stand bevor. Am 17. Mai 1800 brachte die vierunddreißigjährige Caroline ihr viertes Kind zur Welt. Ihrem Vater berichtete sie von einer leichten Niederkunft. Es entsprach ihrer Haltung, die Qualen und Gefahren einer Geburt herunterzuspielen, um vor allem auch ihren Mann nicht zu belasten. Zuvor hatte sie aber Schweighäuser bekannt: *Die Möglichkeit des Sterbens ist immer da, ist es in meinem Zustande und bei einer zarten Gesundheit doppelt*... Auch diesmal war die Niederkunft lebensbedrohlich. Mit Entsetzen dachte Wilhelm später an die überstandene Gefahr. *Es ist gerade um diese Stunde ein Jahr, daß Du schon in heftigen Schmerzen mit der kleinen Adelheid warst. Gutes, teures Wesen, wenn ich Dich da verloren hätte, ach! und Du warst doch sehr, sehr krank, wie wäre es dann jetzt mit mir und den armen Kleinen. Mich schaudert noch, wenn ich nur daran denke. Ich kann es nicht glauben, daß ich Dich je, je verlieren werde.*[10] Freund Schlabrendorf gratulierte und wurde zu seiner Überraschung nicht nur zum Taufpaten, sondern auch zum Namensgeber bestimmt. Seinem Vorschlag folgend, erhielt das neugeborene Mädchen einen französischen, einen spanischen und einen deutschen Namen: Aurore Raphaela Adelheid.

Kurz vor der Geburt muss es ein merkwürdiges Zwischenspiel gegeben haben zwischen Caroline und dem ehemaligen Hauslehrer Johann Gottfried Schweighäuser. Auch er hatte sich in Caroline verliebt und ihr schwärmerische Briefe geschrieben, welche sie ihm jetzt mit einem diskreten Begleitschreiben zurückschickte. Schweighäuser, mit wissenschaftlichen Aufträgen seines Vaters nach Paris gekommen, war nur für wenige Monate Hauslehrer gewesen, da er zum Militärdienst eingezogen wurde. *Er ist ein sehr guter junger Mensch, der auch recht viel weiß*, hatte Caroline Lotte gemeldet. *Seine Verehrung für Schiller und Goethe hat ihn uns zuerst lieb und interessant gemacht.* An seiner Erregung scheint sie aber selber nicht ganz unschuldig gewesen zu sein. *Ich habe das Paquet doppelt versiegelt*, schrieb sie ihm, *und dies Innere enthält nichts als allein Ihre Briefe. Ich habe sie darum so versiegelt, damit Sie sie vernichten können, ohne daß Ihre Augen die Zeugen einer Schwachheit, der sie längst entsagt haben, wieder erblicken. Ich bitte*

Sie, keinen Spott in dem, was ich Ihnen sage, zu fühlen – Sie täten mir auf das Tiefste Unrecht. Es ist kein Schatten von Bitterkeit, von Spott, von Ironie in meiner Seele. Schweighäuser möge ihr glauben: *Mein treuster Sinn hat Sie nie verlassen und wird es nicht, so lange ich ein deutliches Bewußtsein meiner Selbst habe. Sie haben mich oft, Sie haben mich fast immer verkannt. Diese schmerzliche, immer wiederkehrende Gewißheit hat mein Leben auf das bitterste zerrissen – sie hat mir aber auch die stille und gänzliche Entsagung eines Gefühls möglich gemacht, für das ich geschaffen schien. Ich möchte Ihnen danken für alle Tränen, die ich vergossen, für alle Erniedrigung, die ich über mich ausgesprochen gefühlt habe. Sie haben mir wieder gegeben, was ich nie mehr zu erlangen hoffte, den schönsten Frieden.*[11]

Fast gleichzeitig mit Burgsdorff und Tieck, die aus England und Schottland zurückkamen, besuchte sie auch ihr Bruder Ernst von Dacheröden – ein seltener Gast. An Besuchern mangelte es ohnehin nie, nachdem man in die Rue du Colombier, Hôtel Boston No. 7, umgezogen war. Monatelang war die unglückliche Rahel Levin im Haus, tief verletzt durch die Treulosigkeit ihres Geliebten Finckenstein, den sie hatte heiraten wollen und der sich nach vierjähriger Verlobungszeit von ihr trennte. *Rasend werde ich nicht, und umbringen tu' ich mich auch nicht,* hatte sie Gentz versichert, doch sie sterbe vor Sehnsucht nach Caroline. Da auch Brinckmann und der Hamburger Kaufmann Bokelmann, Graf Redern und Pauline Wiesel, die Geliebte des Prinzen Louis Ferdinand, Gast bei den Humboldts waren, konnte von einem stillen Wöchnerinnenzimmer nicht die Rede sein. Der Hausherr war über den Gästeandrang wenig erfreut. Nur für Burgsdorff erfüllte sich ein Traum: Er sah seine beiden Freundinnen Arm in Arm durch den Park von Versailles schlendern.[12] Rahel erlebte mit, wie dramatisch sich der Tagesablauf einer Mutter von vier Kindern gestaltete, wenn der Waschtag nahte, das Baby zahnte, die Kinderfrau versagte. Sie entschuldigte sich bei Burgsdorff für einen Brief, hastig geschrieben *unter Kinderlärm, Nähterin, Visiten, Geldbezahlen und so etwas* – eine häusliche Situation, wie sie die überlastete Caroline ihr auch später oft drastisch vor Augen führte. *Die Kinder sind seit 8 Tagen unaufhörlich krank. Bei Adelheid ist es Zahnarbeit, aber die beiden Jungen haben Fieber, Erbrechen, Husten, und aller Appetit ist ihnen vergangen... Denke wie es mir bei diesem allen geht. Abends bin ich so müde, ich kanns nicht beschreiben.*[13]

Burgsdorff und Tieck verließen Paris noch vor Weihnachten. Ebenfalls im Dezember 1800 rüstete sich Wilhelm zu einer zweiten spanischen Forschungsreise, um sich der baskischen Sprache – einer der ältesten Europas, wie er Goethe erläuterte – intensiv zu widmen. *Eine gründliche und philosophisch angestellte Vergleichung mehrerer Sprachen ist eine Arbeit, der meine Schultern nach einigen Jahren Studium vielleicht gewachsen sein werden,* begründete er das Unternehmen. In Begleitung von Gropius reiste er über Cavignac, Bordeaux und Bayonne nach San Sebastian und in die baskischen Provinzen Guipuzcoa, Alava und Vizcaya. Das Ergebnis seiner Forschungen lautet: »Prüfung der Untersuchungen über die Urbewohner Hispaniens vermittelst der baskischen Sprache«.

In seiner Abwesenheit traf Caroline sich mit Gustav Graf Schlabrendorf. In den sechs Monaten, in denen sie allein waren, wurde er der Vertraute und Geliebte, nach dessen Nähe sie sich sehnte, zu dem sie zurückkehren würde, als sie es ohne ihn nicht aushielt. Sie liebte seine Klugheit, seine Zugewandtheit, sein Wesen und seine Stimme, kannte wohl auch den Grund seiner Schwermut, über die er mit niemandem sonst sprach, und liebte ihn desto mehr. Ihn wiederum faszinierten ihre feminine Ausstrahlung und ihre von Wilhelm gepriesene Ruhe und Stärke. Eine von Schlabrendorfs Devisen lautete: *Denn der Mensch entbehrt des höchsten Lebensreizes, wenn er nicht einem freien Gemeinwesen in tätiger Mitwirkung und höchster Selbständigkeit angehören kann.* Diesen Grundsatz machte sie sich zu eigen, auch sie erstrebte eine solche Selbständigkeit, wie sie sie dann in Rom finden sollte. *Schlabrendorf kommt alle Abend ohne Ausnahme zu mir, nie war er liebender und vertrauender zu mir,* bekannte sie freimütig. Wilhelm, seit einem halben Jahr abwesend, antwortete aus Bayonne: *Grüße Schlabrendorff herzlich. Es freut mich, daß er so oft zu Dir kommt. Leid tut es mir, daß Schlabrendorff nicht recht gestimmt scheint. Es ist ein eigenes Schicksal, daß das Glück so selten ist.* Mit seinen Forschungen zufrieden und entschlossen, sich nun doch dem Staat wieder zur Verfügung zu stellen, kehrte er im Herbst zurück. Seinem Schwiegervater meldete er, in Berlin leben und warten zu wollen, *bis man vielleicht auf den Gedanken kommen könnte, mich irgendwo brauchen und anstellen zu wollen.*

Vertrauensperson Rahel war wieder diejenige, die sich Carolines Klagen anhören musste, diesmal über den Abschied von Paris. *Schlabrendorf stand still in sich gebohrt, bis wir ihn aus dem Gesicht verloren – sein liebes Gesicht bleibt mir gegenwärtig, ach in dem Augenblick wußte er, er verlor die, zu der er alles sagen durfte, aber er stand wie einer der längst, der immer gewohnt gewesen ist, zu entbehren, zu verlieren. O Genuß, schöne Blüte des Lebens, wie wenige brechen dich!*

In Berlin war ihr Anlaufpunkt das Gutshaus in Tegel. Vorher reisten sie nach Weimar, besuchten Schiller und gingen nach

Burgörner, um den Vater, der Tochter und Enkelkinder seit vier Jahren nicht gesehen hatte, in die Arme zu schließen. Tegel mit seiner grünen Garten- und Waldlandschaft, in deren Mitte das Schlösschen lag, erschien ihnen noch zauberhafter als früher. Um das Haus in Besitz zu nehmen, zahlte Wilhelm seinen Bruder Alexander aus; Stiefbruder Ferdinand von Holwede erhielt Gut Falkenberg. Es war ein finanziell gewagtes Unterfangen, denn der Gutsbesitz, der mit der verpachteten Wassermühle, den Tagelöhnerhäuschen und Ländereien rund 360 Morgen betrug, erbrachte keinen Gewinn, sondern verlangte im Gegenteil beträchtliche Unterhaltskosten.

War man in Tegel der Einsamkeit überdrüssig, bot sich in den zahlreichen Berliner Salons eine pulsierende Geselligkeit. Caroline benutzte übrigens nie den Begriff »Salon«, der seit Paris für sie eine andere Bedeutung hatte, sondern sprach lieber von »Kreis« oder »Gesellschaft«. August Wilhelm Schlegel begann mit einer öffentlichen Vorlesungsreihe über Literatur, und sowohl in den städtischen Häusern der Verleger Reimer und Nicolai wie in den »Musenhöfen« auf dem Land gab es gesellige Zusammenkünfte. Auf Burgsdorffs Landgut Ziebingen konnte man den Vorlesungen von Tieck, bei Finckensteins auf Schloss Madlitz den drei wunderbar singenden Töchtern lauschen, bei Marwitz in Cunersdorf waren die Gastgeber selber künstlerisch und musisch begabt. In Berlin, das inzwischen 175 000 Einwohner zählte, waren neue Bauten errichtet und das Brandenburger Tor mit einer prächtigen Quadriga bekrönt worden; im Januar 1802 fieberte man der Eröffnung des neuen Königlichen National-Theaters entgegen – dem größten seiner Art in Europa, für Opern, Sprechtheater und Ballett gleichermaßen geeignet. Der mit zweitausend Personen gefüllte, von Kronleuchtern erhellte Zuschauerraum bot bei diesem Anlass einen prächtigen Anblick; Iffland, Direktor, Theaterdichter und Schauspieler in einer Person, sprach den Eröffnungsprolog; von Beifall umrauscht, erschien in ihrer Loge die beliebte Königin Luise. Aufgeführt wurden Kotzebues Schauspiel »Die Kreuzfahrer« und sein »Zauberschloß« mit der Musik des Komponisten Reichardt, der oft bei Humboldts zu Besuch war. Das mit 150 Aufführungen weitaus beliebteste Stück indes war Schillers »Jungfrau von Orleans«, wie es Wilhelm in einem Brief an Caroline beschrieben hat.

Auf einer der zahlreichen Berliner Redouten, die alljährlich zur Karnevalszeit stattfanden, lernte Wilhelm von Burgsdorff, seit mehr als zwei Jahren von Caroline getrennt, die neunundzwanzigjährige Anna Conradine Renaud Marcuse kennen, die unter der Trennung von einem geliebten Mann litt und ein Verhältnis mit dem gleichaltrigen wohlhabenden Junggesellen begann. Im Frühjahr 1802 brachte »Nette« Renaud, wie sie in Rahels Familienbriefen genannt wird, ein uneheliches Kind von Burgsdorff zur Welt, die Tochter Emma. Die Berichte und Kommentare über dieses Ereignis werden zweifellos auch zu Caroline gedrungen sein, von der eine Äußerung aus dieser Zeit nicht überliefert ist. Die kleine Emma Renaud, in Rahels Verwandtenkreis liebevoll aufgenommen und vorzüglich erzogen, war sechs Jahre alt, als Burgsdorff sich plötzlich zur Ehe entschloss. Rahel Levin, mit Nette Renaud verwandt und eng befreundet, war darüber empört. Aus einem von ihr als Erzählung getarnten Brief, geschrieben am 11. Oktober 1808 kurz vor Burgsdorffs Heirat, ist von ihm als einem Feigling die Rede, der die unglückliche Nette Renaud kaltherzig im Stich ließ, wenn er auch die Alimente für seine Tochter Emma pünktlich zahle. Rahel bezeichnet Burgsdorff hier als Vater von vier unehelichen Kindern, womit offenbar »Wilhelm vom Turm«, Theodor von Humboldt, Agnes Tieck und Emma Renaud gemeint sind. Burgsdorff heiratete mit sechsunddreißig Jahren eine von

Caroline als hübsch und zart geschilderte jüngere Kusine gleichen Namens, Ernestine Auguste Armgard von Burgsdorff, mit der er vier Töchter bekam.

Volle zehn Jahre lang, von 1791 bis 1801, hatte Humboldt ausschließlich eigenen Interessen gelebt. Kaum jemand konnte sich ein derartig freizügiges »Selbststudium« leisten. Nun war er in der Absicht zurückgekommen, sich seinem Land zur Verfügung zu stellen, und der Zufall war ihm günstig. Johann Wilhelm Uhden, preußischer Vertreter beim Vatikan, trat von seinem Amt zurück, woraufhin Kabinettsrat Beyme Humboldt als Nachfolger vorschlug. Die Stelle als Ministerresident beim Vatikan war im Grunde ein diplomatisch zweitrangiger Posten. Doch es lockte die Aussicht, die vereitelten Italienpläne auf diese Weise nachzuholen und in Rom zu leben. Die offizielle Ernennung erfolgte im Mai 1802. Aber da konnte man nicht abreisen, weil Caroline ebenjetzt ihr fünftes Kind zur Welt brachte, die Tochter Gabriele.

Die glücklichste Zeit
Acht Jahre Rom

Es ist die Heimat meiner Seele.
(Caroline von Humboldt an Goethe)

Im September 1802 machte sich die nunmehr siebenköpfige Familie auf, ein neues Land zu erobern. Die erste Station legten sie in Weimar ein. *Kommen Humboldt's*, notierte Goethe am 19. September. *Mittag waren Humboldts und Schillers bei mir zu Tisch.* Unterwegs schickte Caroline schon von Florenz aus an Goethe ihren ersten Bericht und versprach ein Verzeichnis aller von den Franzosen geraubten Werke, wozu der »Apoll vom Belvedere«, die »Laokoongruppe« und die berühmte »kapitolinische Venus« gehörten, und diskutierte mit ihm über das große goldene Kruzifix in der Kirche San Lorenzo als Werk Cellinis, dessen Lebensbeschreibung Goethe übersetzt hatte.

Ende November 1802 passierte die Kutsche die Porta del Popolo. Sie fuhren in der Ewigen Stadt ein und hielten nahe der Spanischen Treppe vor der Villa di Malta, einer ehemaligen Sommerresidenz der Malteser, wo sie Quartier bezogen. Mit diesem Tag begann für Caroline die glücklichste Zeit ihres Lebens. Ihr war, als wäre ein Fenster aufgestoßen worden in eine neue Existenz. Rom wurde ihr Betätigungsfeld, ihr Refugium, ihre Wahlheimat, in Rom wollte sie bleiben – trotz des Unglücks, das sie erleben würde –, nach Rom kehrte sie mit fliegenden Fahnen zurück.

Schon beim Eintreffen machte sie eine interessante Bekanntschaft. Es war die ein Jahr ältere Friederike Brun, eine vielgereiste und hochgebildete Frau, deren Gedichte sie schon in Schillers »Musenalmanach« entdeckt hatte. Ebenso wie Caroline in Thüringen aufgewachsen, hatte sie früh den reichen Kopenhagener Kaufmann Constantin Brun geheiratet, den sie verließ, um mit ihren Kindern in Rom zu leben. Mit allen Geistesgrößen Deutschlands war sie bekannt, mit Lavater, Forster und dem Homer-Übersetzer Voß, mit Herder, Schiller, Wieland, Goethe und Madame de Staël, bei der sie sogar ein Jahr lang gewohnt hatte. Eine enge Freundschaft verband sie mit dem Grafen Bernstorff, dem späteren preußischen Außenminister – ein Posten, der ursprünglich Wilhelm von Humboldt zugedacht war. Ein Gemälde zeigt die Mutter von vier Kindern elegant und selbstbewusst; Caroline nannte sie *eine weiche und tiefe Natur*.

Das Eintreffen der Familie Humboldt wird von Friederike Brun in ihrem Buch »Römisches Leben« sehr lebendig und nur leicht verschlüsselt geschildert. *Der Vater ist schon ausgestiegen; man reicht ein kleines Kind, welches geht, dann ein ganz kleines, sorgsam eingewickeltes den ausgestiegenen Wärterinnen hin. Nun springen ein, zwei, drei Knaben aus dem Wagen, dann steigt die reiseermüdete, sorgsame Mutter aus.* Der Säugling war Gabriele, das Kleinkind die zweijährige Adelheid, die »drei Knaben« waren die zehnjährige Caroline, der achtjährige Wilhelm und der fünfjährige Theodor, alle wie Jungen gekleidet. Von der Mutter schrieb die etwas sentimentale Verfasserin: *Sie ist eine jener seltenen Frauen, auf deren Art Deutschland einzig das Recht hat, stolz zu sein, kenntnisreich wie eine Gelehrte,* gleichzeitig warmherzig und *von liebenswürdiger Weiblichkeit.* Sie sei *mit einem Sinn für das Höchste und Schönste in Poesie und Kunst begabt, wie ihn der Himmel nur seinen Lieblingen verleiht.* Schwärmerisch schilderte sie das weiche kastanienbraune Haar, den *gewinnenden Ausdruck* der dunkelblauen Augen und einen Verstand, der sie den klügsten Männern gleichstelle.

Was die beiden unterschiedlichen Frauen miteinander verband, waren ihre Kunstleidenschaft und ihr Einsatz für die in Italien lebenden Künstler. Goethe, der 1799 Carolines Bericht über den Maler David in den »Propyläen« veröffentlicht hatte, bat sie im Januar 1803 noch einmal, *von den lebenden Künstlern einige Nachricht zu geben, und zwar vor allen Dingen von den deutschen.* Rom war seiner Meinung nach der Ort, *um vor der Welt unterzutauchen,* eine Möglichkeit, dem konventionellen Akademiestudium zu entkommen und fern von kleinstaatlich-deutschen Zwängen und fürstlicher Bevormundung in einer Art freier »Künstlerrepublik« zu leben, keinem Fürsten, nur sich selbst verpflichtet. Für Carolines Antwort dankte er mit den Worten: *Ich hefte Ihre Briefe besonders zusammen, fahren Sie also ja fort, mich mit den dortigen Zuständen bekannt zu machen.*[1] Sofort schickte sie ihm die gewünschten Nachrichten. Friederike Brun hatte sie mit dem dänischen Bildhauer Thorvaldsen bekannt gemacht, dessen »Jason« sie so begeisterte, dass sie Goethe ohne Scheu vor männlicher Nacktheit eine Zeichnung beilegte.[2] *Ich möcht sie vor Ihre Augen hinzaubern können, denn sie ist das Schönste, was neuerlich ist gemacht worden,* beteuerte sie. *Die Figur ist etwas über Lebensgröße, ich denke etwa 7 Fuß, wie sie einem Heldencharakter zukommt, der Kopf ist vortrefflich, ernst, jugendlich, still und voll Ausdruck und Würde.*

Der Brief zeigt ihr Staunen über die Schönheit der Werke, die sie in Rom entstehen sah. Sie erlebte die Künstler experimentierend und um neue Ausdrucksformen bemüht. Der freie Mensch, der schöne Mensch, wie er in den griechischen Skulpturen zu finden war, sollte neu erstehen; es gehe nicht darum, die Antike sklavisch nachzuahmen, betonte sie im Bericht an Goethe, Ziel der Künstler sei vielmehr das Ergebnis *des sich angeeigneten Schönen.* Was sie bei Schiller gehört, bei Goethe gelesen hatte, stand ihr hier sichtbar vor

Augen. Mit welcher Inbrunst hatten sie mit Schiller seine Gedichte »Die Künstler« und »Die Götter Griechenlandes« diskutiert! Die Suggestivkraft seiner Poesie fand sie jetzt in den Skulpturen, Gemälden und Zeichnungen wieder. In der Villa Medici standen die Abgüsse der herrlichsten Kunstwerke; der Park mit seinen Schattengängen aus Pinien und Zypressen, Lorbeer- und Myrtenbäumen war für jedermann zugänglich. Sie sah die Sixtinische Kapelle mit Raffaels Fresken, das Pantheon, das Kolosseum und die Villa Borghese. Mit Einfühlsamkeit und einem geradezu sinnlichen Verlangen nach Schönheit lebte sich Caroline in die Kultur Italiens ein.

Dabei war die wirtschaftliche Lage verheerend. 1796 waren Nord- und Mittelitalien von den Franzosen besetzt, der Papst seines Amtes enthoben worden; erst 1802 wurde die »Cisalpinische Republik« in die »Römische Republik« umgewandelt. Caroline hatte persönlich erlebt, wie der Papst nach Paris befohlen und vor aller Augen gedemütigt wurde, als Napoleon sich und Joséphine die Krone selbst aufsetzte. Die französische Besatzung zeigte ihre Folgen. Caroline berichtete ihrem Vater von unbeschreiblichem Elend, Bettlern in den Straßen, von Teuerung und überhöhten Brotpreisen. Für Kunstwerke fehlten die Käufer, die englischen Touristen blieben zuhause, der Kunstmarkt war zusammengebrochen und die Künstler, deren Stipendien kaum für das Nötigste reichten, unterstützungsbedürftig. Die »tätige Mitwirkung«, die Schlabrendorf ihr nahegelegt hatte, wurde hier zur Pflicht. Nachdem die Familie in den Dienstsitz des preußischen Residenten, den Palazzo Tomati in der Via Gregoriana gezogen war, machte Caroline ihre Wohnung zu einem Künstlertreffpunkt, »zum Zentrum einer Kunst- und Gelehrtenrepublik«.[3] *Meistenteils alle Abend versammelt sich ein Kreis von Deutschen bei uns,* berichtete Humboldt Goethe. Es kamen aber nicht nur Deutsche, sondern auch

Livländer, Dänen, Schweden, Norweger, Franzosen und Italiener ins Haus. Jeden Mittwoch und Sonntag gab Caroline ein Mittagessen, doch man traf sich auch bei einer bescheidenen Tasse Tee, und zwar unabhängig von Geburt, Stand, Amt oder Stellung, was in anderen Häusern undenkbar war. Glücklich berichtete der junge Maler Gottlieb Schick seinen Geschwistern: *Ich werde jetzt durch die Humboldt'sche Familie recht in die große Welt eingeführt, ich unterhielt eine Herzogin über 3 Stunden, und das in französischer Sprache. Kurz, ich bin sehr in die Höhe gerückt.*[4] Stolz meldete er, der Prinz von Mecklenburg-Strelitz, Bruder der Königin Luise, habe ihn zu Porträtsitzungen nach Berlin eingeladen. Die berühmteste Malerin des Jahrhunderts, Angelika Kauffmann, die Winckelmann und Goethe porträtiert hatte und für ein Gemälde, wie Schick erfuhr, 15 000 Gulden bekam, zählte ebenso zu Carolines Bekanntenkreis wie Archäologen, Diplomaten und Gelehrte. Bei ihr traf der Bildhauer Rauch den bayrischen Thronfolger und späteren König Ludwig I., lernte der Maler Reinhart, seit fünfzehn Jahren in Rom, den Erbprinzen von Sachsen-Coburg-Gotha kennen. Es reiste Fürst Pückler aus Schloss Muskau an, Madame de Staël und August Wilhelm Schlegel besuchten sie, und die Maler Koch und Carstens, Wagner und Schick fühlten sich in der unkonventionellen Atmosphäre ebenso wohl wie der Däne Thorvaldsen, der im Nachbarhaus bei den Butis wohnte. Die Architektenwitwe Anna Maria Buti ernährte ihre vier Kinder, indem sie möblierte Zimmer vorwiegend an deutsche Studiosi vermietete, die sich mit der Zeit in ihre drei hilfreichen Töchter Elena, Olympia und Vittoria verliebten, so dass es nahezu unausweichlich zu deutsch-italienischen Verbindungen kam. Der Bildhauer Thorvaldsen und die Maler Joseph Anton Koch, Carl Gotthard Graß, Franz Catel, Heinrich Lengerich und Philipp Veit waren sämtlich mit Italienerinnen verheiratet.

In Rom wurde Caroline zu einer Kennerin der antiken wie der zeitgenössischen Kunst. Künstler wie Kunstfreunde schätzten ihren Blick für Qualität, ihr sicheres Urteil. Schon in ihrem ersten Bericht an Goethe hatte sie ausdrücklich betont, nicht Nachahmung, sondern Neuschöpfung im alten Geist sei die große Richtung der gegenwärtigen Künstler. Winckelmanns Vision einer umfassenden Erneuerung der Kunst im klassischen Sinn war ihr ein Anliegen, das sie sogar bei ihrem eigenen Porträtbildnis angewandt sehen wollte. Der junge Schick zeichnete sie in den reinen Linien und klaren Farben Raffaels, im rötlichen Kleid, die braunen Locken vom weißen Schleier halb bedeckt. Wilhelm hat dieses Porträt vor allen anderen geliebt, in Schloss Tegel sogar durch einen Vorhang vor den Blicken anderer geschützt. *Ich sitze oft eine halbe Stunde davor und sehe es an,* schrieb er Caroline, *Du bist wirklich wunderschön darin und buchstäblich wahr, es ist nicht jünger, es ist nicht reizender, es ist gerade nur, wie Du bist.* Zu Gabriele sagte er: *Der Schicksche Kopf hat einen ungemein lieblichen Charakter, nicht gerade der Jugend, aber einer jugendlichen Frau, den auch die Mutter selbst so lange behielt.*[5]

Ihr Bild

Ums dunkle Haar den Schleier leicht geschlagen,
Dein tiefes Auge aus dem Bilde blicket.
Wenn auch nicht jeder Zug dich nah uns rücket,
Sieht man dich lebend doch in jenen Tagen…

Auch auf dem Gemälde »Caroline von Humboldt mit ihrem Sohn Theodor« malte Schick sie nicht etwa biedermeierlich, sondern in der Art von Raffaels »Madonna della Sedia«, die Caroline liebte und als Kopie besaß. Der Mittelscheitel, das um den Kopf geschlungene Tuch, die Haltung des Kindes le-

Caroline von Humboldt mit ihrem zweiten Sohn Theodor, gemalt von Gottlieb Schick im Jahr 1803 in Rom. Das für den Arzt Kohlrausch bestimmte Gemälde ist seit 1945 verschollen.

gen den Vergleich nahe. Ihre Bewunderung galt Raffael, seit sie die »Sixtinische Madonna« in Dresden sah. Aus den Loggien im Vatikan kannte sie seine »Schule von Athen« und den »Parnaß«, aus der Villa Farnesina seine »Amor-und-Psyche«-Darstellungen. Man pries Raffael als den Erneuerer der Antike. Die meisten Kupferstiche, die Caroline erwarb, sind Kopien von Gemälden Raffaels. Das von Schick geschaffene Bild – eine zärtliche Mutter mit ihrem Kind auf dem Schoß – fand großes Echo. Im »Intelligenzblatt der Jenaischen Allgemeinen« war der Rezensent vom Anblick der Mutter ebenso angetan wie vom *beynahe nackenden Knaben*. Ein anderes Porträt, 1809 im Palazzo Rondanini ausgestellt, fand ebenfalls Zustimmung: *Bildnis der Fräulein von Humbold in ganzer Figur und natürlicher Größe, in einer Loge vor römischem Hintergrund auf der Laute spielend.* Der Rezensent prophezeite: *Das Bild macht ohne Zweifel Epoche in der Kunstgeschichte* und verglich es unbefangen mit der Art, in der *die großen Meister der schönen Zeit, ein Raffael, Tizian, Leonardo da Vinci und Holbein, ihre Bildnisse behandelten.* Gekonnt seien vor allem *der raffaelische Schmelz des ovalen Gesichts* und die *einfache Farbigkeit des moosgrünen Rockes und roten Mieders.*[6] Carolines Lieblingsbild aber blieb das Doppelporträt ihrer Töchter Adelheid und Gabriele.[7] Wilhelm werde die große Ausgabe billigen, wenn er das Ergebnis sehe. *Das ist das Bild der lieben Fröhlichkeit, ich möchte sagen der Wirklichkeit, so lieblich in sich beschränkt, so kindlich süß und zufrieden. Unbegreiflich wahr hat Schick den Unterschied dieser beiden blühenden Gesichter aufgefaßt.*[8] Auch der junge Theodor Körner war von dem Kinderbild hingerissen.

> *Nein, kein Sänger sagt's mit Klang und Worten,*
> *Wie sie blühend sich umschlungen halten,*
> *und voll Südens Anmut sich entfalten,*
> *stille Blumen aus dem heil'gen Norden...*

Mit diesen Aufträgen erreichte Caroline ihr Ziel. Schick wurde durch seine klassizistische Porträtkunst weithin bekannt. Als er mit sechsunddreißig Jahren starb, schrieb Caroline der jungen Witwe, keiner könne trauriger sein, *da Niemand außer Ihnen Ihren teuren Gatten mehr geachtet und geliebt haben kann als ich.*

In Rom fand die preußische Gesandtengattin ihre Bestimmung, sozusagen einen Beruf. Sie nahm teil an Projekten und Entwürfen, besuchte Ateliers und sah Werke entstehen, die heute in den Museen der Welt zu finden sind. Durch die Beschäftigung mit Malerei, Zeichenkunst und Dichtung gewann sie Ruhe und Klarheit und konnte befolgen, was Goethe geraten hatte: *Das Auge licht sein zu lassen.* Aus Liebe und Interesse erwuchs ihr ein produktives Betätigungsfeld.

Humboldt hingegen verehrte zwar die Antike, besaß aber für die bildenden Künste nicht Carolines sinnlich-ästhetisches Empfinden. Ihn interessierte vorwiegend die Idee, die hinter dem Kunstwerk stand, für Probleme der Bild-Erfindung, des Kolorits, der Linie hatte er weniger Sinn. *Von dem Kunsttreiben hier, mein teurer Freund, hat Ihnen meine Frau neulich so ausführlich geschrieben, daß ich nichts hinzuzusetzen weiß*, schrieb er Goethe, und später noch einmal: *Von Kunstsachen erlassen Sie mir Ihnen etwas zu sagen. Ich getraue mir über das Einzelne wenig Urteil zu.*[9] In seiner Funktion als Ministerresident beim päpstlichen Stuhl war er eher unterfordert. Seine Aufgabe war es lediglich, die preußischen Katholiken zu vertreten, hohe Gäste zu betreuen und den Kontakt zur oberen Geistlichkeit zu halten. Im Übrigen arbeitete er seit sechs Jahren an einer Übersetzung des »Agamemnon« von Aischylos, die er, als sie 1816 erschien, Caroline widmete.[10] *Ich kann nicht leugnen, daß ich eine große Sehnsucht nach einer wichtigen Arbeit habe*, klagte er Schiller. Er sei nun einmal kein Dichter und werde darum *ewig in einer Art schwermütiger, unbefriedigender Sehnsucht bleiben.*[11] Während sich Caroline in Rom wie zuhause fühlte, war Wilhelm nicht zufrieden – ganz ohne Schwierigkeiten wird es im Hause Humboldt nicht abgegangen sein. Später hat er sich entschuldigt, weil er ihr *manchmal das Leben erschwert habe.*[12]

Konflikte anderer Art kündigten sich an. Hauslehrer Riemer, der noch in Tegel eingestellt worden war, hatte sich in die Mutter seiner Zöglinge verliebt und hoffte auf Erwiderung: *Ein einziger Augenblick, wo das goldne ewig sehnlich gewünschte Glück mir im Fluge zulächelte*, notierte er im August 1802 ins Tagebuch. Nachdem Caroline die Tochter Gabriele geboren hatte, geriet er nahezu außer sich, als er sie beim Stillen beobachtete – *gereizt durch eine schnelle*

Das von den Zeitgenossen gerühmte Gemälde zeigt Humboldts älteste Tochter Caroline mit ihrer Gitarre vor einer römischen Landschaft. Gottlieb Schick, Öl auf Leinwand, 1809.

und vorübergehende Entblößung – warum diese kleine Neckerei der Verhüllung. Gewiß absichtslos, aber niemals ohne Wirkung. Ich streckte einen Finger nach ihrer Hand aus, sie drückte ihn ... Bereitwillig war er der Familie nach Rom gefolgt, und seine scheinbar grundlose Entlassung ein Jahr später gab Rätsel auf, bis sich seine Tagebücher fanden, in denen er selber sein Unglück schilderte.

Friedrich Wilhelm Riemer, mit siebenundzwanzig Jahren nicht mehr ganz jung, war in seiner Leidenschaft für die acht Jahre ältere Hausherrin so gefangen, dass er in Rom weniger Sinn für die Schönheiten der Stadt als für die Schönheiten der Gesandtengattin hatte. Er liebte ihr Lächeln, träumte sich in ihre Arme und wähnte sich schon der Erfüllung nahe, warf sich ihr zu Füßen und gestand ihr seine Liebe. Sie gab ihm daraufhin kühl den Rat, seine sexuellen Erfahrungen zunächst bei anderen Frauen zu machen. *Die erste will sie nicht seyn, aber die letzte,* notierte er. Zu seinem Ärger war Caroline nie allein, hatte ständig Künstler um sich – die Maler Schick und Rehberg, die Bildhauer Hagemann und Keller und den Kunsthistoriker Fernow –, Besucher, die seine Pläne durchkreuzten. Argwöhnisch beobachtete er die Gäste und notierte, Salomon Bartholdy habe ihr Blumen geschickt, sie aber habe nur Augen für einen gewissen S., und dem gönne er sie. *Sie liebt i h n – kann i h n nur lieben; ich kann nur von fern stehn.*[13]

Der genannte S. könnte – zumindest in den Augen des eifersüchtigen Riemer – der mit ihm gleichaltrige Maler Gottlieb Schick gewesen sein, den sie bevorzugte. *Schick ist noch sehr jung, es ist ein graziöses, in sich jugendliches Wesen, er hat, ohne schön zu sein, eine schöne Physiognomie, die an eine längst vergangene Zeit erinnert.* In der Tat war der begabte Gottlieb Schick nicht nur der Mittelpunkt der Humboldt'schen Abendveranstaltungen, sondern vor allem dank seiner malerischen Fähigkeiten die prägende Persönlichkeit der römischen Künsterkolonie. Schick wachte auch am Bett des schwerkranken Theodor,[14] und sie vertrat die Patenstelle bei seinem ersten Kind. Trotz aller Zurückweisungen warf sich der unglückliche Riemer ihr wieder zu Füßen. *Hernach übereilte mich die Empfindung: ich stürzte auf die Knie u. drückte ihre Schenkel an meine Brust. Humboldt kam dazu. Ich erblickte vorher noch ihre vollendeten Br. durch den gespaltenen Schleier. Ihre Schenkel schwellt die üppigste Fülle. Ich entfernte mich bald. Ich müßte mir alle Sinne zukleistern,* klagte er, *wenn ich nicht von ihren Reizen ergriffen würde, wollen wird sie das nicht, denn sie hat vom Baum der Erkenntnis genossen: sie ist kein Mäd-*

chen, das die Liebe nicht kennt. Ihre Ehe scheint für Riemer kein Hindernis gewesen zu sein. Damit vertrat er die gleiche Meinung wie ein gewisser Philipp Joseph Rehfues, der in der Humboldt-Ehe alles andere als eine Liebesverbindung sah. Wie kamen beide zu dieser Überzeugung? Rehfues, der die freie Hauslehrerstelle nicht erhielt, erklärte voller Wut: *Humboldt lebt mit seiner Frau in einer Convenienzehe. Ihre Geldinteressen sind gemeinschaftlich, das Interesse ihres Herzens und ihrer Neigungen getrennt.*[15] War es dieser Eindruck, der Riemer zu seinen erotischen Ausbrüchen ermutigte? Je heftiger er sich verstrickte, desto mehr beschuldigte er Caroline, nur ihre Sinnlichkeit habe ihn verführt.

Die Situation wurde unerträglich, es kam zum Eklat. Riemer wurde entlassen. Humboldt wandte sich im Juli 1803 an Schiller: *Wir haben durch eine sonderbare und wirklich unglückliche Verbindung von Umständen den Hofmeister unsrer Kinder aus dem Hause verloren.* Theodor lerne *schlecht und widerwillig,* Schiller möge ihm für beide Söhne einen guten Lehrer nennen. Doch als der gesuchte Pädagoge gefunden war, wurde er nicht mehr gebraucht. Eine größere Tragödie als die des unglücklichen Riemer hatte die Familie betroffen.

Kindersterben
Der Tod von Wilhelm, Luise und Gustav von Humboldt

> *Ach, so geht alles vorüber, teurer Bill, alle Freude, und wir selbst gehen vorüber, und es bleibt keine Spur unsrer Freude und unsrer Qual.*
>
> (Caroline an Wilhelm, 1803)

Die Katastrophe, die in den Ferientagen des Sommers 1803 aus heiterem Himmel über sie hereinbrach, war eine Wunde, die, wie Caroline sagte, in ihrem Leben niemals heilen würde. Sie war sechsunddreißig Jahre alt und stand im Zenit ihres Lebens. Stolz auf fünf wohlgeratene Kinder, glücklich in ihrer Ehe, ausgefüllt von Tätigkeit und umringt von Freunden, genoss sie das kultivierte römische Leben, als das Unglück unerwartet hereinbrach. *O Gott, was haben wir gelitten,* schrieb sie ihrem Vater. *Von meinem Leben ist der Glanz, der es schmückte, der schöne Glanz eines heiligen Glückes, eines unberührten Schicksals hinweg genommen... Ach ich bin auf das ganze Leben hinaus sehr unglücklich geworden.*

Die Familie war im Sommer 1803 aus der feuchtschwülen Stadt in die Albaner Berge gezogen, um der Hitze, unter der vor allem der sechsjährige Theodor litt, zu entfliehen. Man wusste noch kaum, dass in der Gegend nicht trockengelegter Sümpfe die Seuche ausbrechen konnte, die in tropischen Ländern eines der größten Probleme der Menschheit bis heute darstellt: die Malaria, das *Sumpffieber*. Sie bezieht ihren Namen von *mala aria,* »schlechte Luft«. Charakteristische Symptome sind stechende Kopfschmerzen, hohes Fieber, Schüttelfrost, Schwindel und Darmkrämpfe. Bei Kindern kann sie rasch zu Koma und Tod führen.

Man hatte glückliche Tage in dem mit Kastanienwäldern, Wein und Rosen bewachsenen Ort Ariccia verlebt, als der neunjährige Wilhelm über Kopfschmerzen klagte. Der italienische Arzt hielt es für eine banale Erkältung. Er irrte sich. Der Fortgang der Tragödie wird aus einem Bericht Carolines an ihren Vater deutlich. *Teuerster und innigst geliebter Vater! Nie ist mir ein Brief schwerer geworden als dieser. Meine Hand zittert. Am 15. August 1 ¾ Uhr nachts entriß mir der Tod meinen geliebten ältesten Sohn Wilhelm, und seitdem ist mein Leben ein Gewebe voller Leiden.* Im Juli seien sie in den schönen Ort gezogen, der ihnen als besonders gesund empfohlen worden war. Anfang August kehrte man kurz nach Rom zurück, um eine Kiste mit Büchern und Wäsche aus Tegel in Empfang zu nehmen, da erfuhren sie von Prinz Georg, dem Bruder der Königin Luise, der in der Nachbarschaft wohnte, vom Tod ihres Dieners, der trotz Opium unter Krämpfen gestorben sei. Aus Angst vor der noch im Haus liegenden Leiche schickte Caroline alle Kinder mit Emilie nach Ariccia zurück; sie selbst kümmerte sich um ihren an Halsentzündung leidenden Mann. Schon während der Fahrt klagte der Sohn weiter über Kopfweh, machte allerdings am nächsten Tag einen zweistündigen Ritt mit dem Bruder um den Albaner See. Danach hatte er wieder Kopfschmerzen und aß nichts. Am folgenden Tag bekam er zum ersten Mal Chinin. Beunruhigt fuhr Caroline mit einem jungen Arzt namens Kohlrausch, den sie eben in Rom kennen gelernt hatte, nach Ariccia. Bei ihrer Ankunft sprang der kranke Wilhelm aus dem Bett – doch was man für Freude gehalten hatte, war das Delirium, das sich in rasenden Fieberphantasien äußerte. Der Arzt ordnete Chinin und ein »ableitendes Bad« an, alle zwanzig Minuten wurde der schweißüberströmte Junge gewaschen, seine Füße gebürstet, ihm zur Beruhigung Malaga eingeflößt, den er aber nicht bei sich behielt. Noch gab der Arzt nicht auf; er versprach, das Kind zu retten, wenn es die Nacht überstehe. Aber ein unstillbares Nasenbluten trat ein: *nach wenigen Minuten war das Wasser, in dem er badete, rot von seinem Blut.* Ein Bote ritt nach Rom, um den Vater zu holen. Das Kind fing an zu röcheln, bekam Zuckungen, *sein Kopf sank tiefer an meine Brust, und nach drei oder vier Sekunden war er tot.*

Währenddessen eilte Wilhelm durch die Nacht. Er kam zu spät. *Ich sage nichts von unserm Zustand, unserm Schmerz,* schrieb Caroline ihrem Vater. Sie werde diesen Tod nie verwinden. Der Sohn sei ihr *sehr ähnlich,* hatte sie früher bemerkt, so frei und offen wie sie. *Die Schmerzen der mütterlichen Brust sind die tiefsten des menschlichen Lebens. Nun ist mir der schönste, der zärtlichste, der stärkste und blühendste entrissen.* Ihren Mann quäle das Bewusstsein, nicht rechtzeitig eingetroffen zu sein.

Es fällt auf, dass in den Briefen, die Caroline an Schiller, an Goethe und ihren Vater richtete, nie von Gott die Rede ist. *Wie Wilhelms Augen im Tode brachen, die Augen, deren reiner Glanz nur mit dem letzten Atemzug verlöschte, mußte ich mich fragen: wohin führt dieser Weg und wohin der Funke des Lebens, der noch soeben diese liebliche Gestalt bewegte?,* so an Lotte Schiller. *Ach, alles ist tiefes Geheimnis, Entstehung und Tod deckt eine furchtbare Macht, und das Furchtbarste und Widersprechendste in der weiten Natur ist der Tod eines blühenden Kindes.* In der christlichen Religion fand sie, die alle Kinder taufen, einsegnen und kirchlich heiraten ließ, damals offenbar keinen Halt. Im Gegenteil, von nun an traute sie der Güte Gottes nicht mehr wie zuvor, und ihre Hoffnung, den Sohn in einem glücklicheren Jenseits wiederzufinden, schwand. *Ich trage sein Schicksal und das meine wie ein schweres Rätsel mit mir herum, das mein eigener Tod mir erst lösen wird,* hat sie gesagt. Als vier Jahre später auch ein zweiter Sohn starb, klagte sie: *Ach, daß die einzige heilige Gewalt im Leben, die Gewalt der Liebe, nichts gegen die unwiderruflichen Gesetze der Natur vermag...*

Auch Wilhelm wandte sich trostsuchend an Schiller. Ihm offenbarte er seine Verzweiflung vielleicht deutlicher als seiner Frau. *Wenn dies rasche, blühende, kraftvolle Leben so auf einmal untergehen konnte, was ist dann noch gewiß?* Schiller wollte von Caroline selbst erfahren, *daß sie sich über diesen schweren Schlag erhoben habe.* Seine Gefühle für sie waren echt. *Eine starke Seele bei aller feinen, zarten Fühlbarkeit ist doch das glücklichste Geschenk des Himmels,* und gerade Caroline besitze diese *Seelenstärke.* Wilhelm bestätigte es. *Ihre reine und gute Natur hat sich auch in dieser Lage trefflich bewährt. Es ist nichts dumpf und finster Schwermütiges in ihr, wie Sie mit Recht sagen, teurer Schiller.*[1] An Schweighäuser schrieb er: *Meine Frau hat sich bei diesem Fall mit der Ruhe, der Geistesgegenwart benommen, die Sie* (an) *ihr kennen. Was sie innerlich leidet, können Sie denken.* Er lege einen Brief des Jungen bei. *Es wird Sie rühren zu lesen, daß er schreibt: »ich bin schon gar nicht mehr fremd hier«. Wohl ist er einheimisch, aber wie!*[2] Traurig schrieb er die Verse:

Ein Pfad führet allein zum sternenumglänzten Olympus,
Tief durch der Erde Geklüft geht er in Schatten der Nacht.
Furchtbar wohl mag er erscheinen, wer einsamen Fußes
                              ihn wandelt:
Mein, ach! harret des Sohns freundlich geleitende Hand.

Von Goethe kam ein teilnehmender Brief, der erkennen ließ, wie auch ihn der Tod von vier Kindern, die kurz nach der Geburt gestorben waren, geschmerzt hatte. *Sie haben indessen einen großen Verlust erlitten, von dem ich schweige. Möge alles, was die Natur dem Menschen von Linderungsmitteln solcher Schmerzen zugedacht hat, Ihnen geworden sein und werden; denn sie kann allein das Übel, das sie zufügt, wieder ersetzen.*[3] Lotte Schiller schrieb ratlos in ihr Tagebuch: *wer findet einen heilenden Balsam, diesen bitteren Kelch zu versüßen?*

Begraben wurde der Junge um Mitternacht an der Cestius-Pyramide. Nach den Gesetzen des Kirchenstaats durfte keine Beerdigung von Ausländern am Tage stattfinden. Bepflanzungen waren verboten. Caroline erreichte immerhin, dass an das Grab eine Zypresse gesetzt wurde.

Ich weiß wohl, daß unser Leben von jetzt an nicht mehr so glücklich sein kann, schrieb Humboldt seiner Frau. *Aber, Liebe, es kommt nicht eigentlich darauf an, glücklich zu leben, sondern sein Schicksal zu vollenden und alles Menschliche auf seine Weise zu erschöpfen.*[4] Ähnlich habe sie es auch zu Burgsdorff gesagt, antwortete sie, *aber tiefer und ganz hab ich es seit unsers Wilhelms Tod empfunden.* Jahre später wiederholte sie: *Wie so vieles ist anders geworden, mit welchen unsäglichen Schmerzen ist das Herz bekannt geworden, und welchen Reichtum von Empfindungen und Gedanken, welche Fülle und Tiefe haben, ach, diese Schmerzen aus unserm Innersten entwickelt.*[5]

Den Tod ihres schönen und begabten Lieblingskindes haben beide Eltern nie verwunden. Während der Junge im Sterben lag, war sein sechsjähriger Bruder ebenfalls tödlich krank, *ein hitziges Nervenfieber, das nicht einen Augenblick aussetzte.* Theodor war immer kränklich, nun schien sein Ende nahe. Caroline meldete ihrem Vater: *19 Tage lag Theodor in seinem Totenschlaf, die Haut war wie Leder anzufühlen, er roch wie eine Leiche.* Währenddessen erkrankten auch die Töchter, um die sie sich kaum kümmern konnte. *In den allerschlimmsten Tagen brach bei Adelheid ein Fieber aus, ein so heftiges, daß sie zwei Tage lang den Kopf nicht heben konnte. Auch Caroline* (die Tochter) *legte sich während Theodors Krankheit und hat jetzt noch ein Quartalfieber.* Sie sei froh, das Entsetzliche mit Nervenstärke durchstanden und nach zahllos durchwachten Nächten ihre Gesundheit bewahrt zu haben. Dabei lobte sie den Arzt Kohlrausch, der Tag und Nacht wachte. *Seiner Sorgfalt, seiner Besonnenheit danke ich Theodors Leben. Und als Mensch ist er mir unaussprechlich teuer geworden.* Sie brachte das Kind in einem *zugemachten Wagen in Decken gewickelt* nach Rom, wo sich sein Zustand drastisch verschlimmerte. Kohlrausch diagnostizierte einen »nervösen Typhus«, jene durch verdorbenes Wasser verursachte Krankheit, die bei Kindern rasch zum Tod führen kann. Nur bei maroden Soldaten, so der Arzt, der bei der Armee war, habe er diese Form des Typhus bisher erlebt. Mit der Uhr in der Hand beobachtete er den schwachen Puls des todkranken Jungen. *Ihn zu retten, ihn durchzubringen hoffte er nicht mehr, nur noch für die nächsten Minuten wollte er ihn dem Tode streitig machen,* schrieb Caroline an Schiller. Der italienische Arzt hätte sie vom Kinderbett wegziehen wollen mit der Behauptung, der Junge sei schon tot, Gott habe ihr zwei Söhne genommen. Sie aber harrte aus, und das Kind überlebte.

Erst als Theodor außer Gefahr war, brach Caroline *in tödlicher Ermattung* zusammen.

Wilhelms Tod hatte die Eltern bis an die äußerste Grenze belastet. Er hatte Caroline auch deshalb im Innersten getroffen, weil sich das scheinbar unzerstörbare Ideal ihrer Gemeinschaft als brüchig erwies. Es war offensichtlich, dass die Achtunddreißigjährige sich nicht nur körperlich, sondern auch seelisch an einem Tiefpunkt befand. Sie wollte weg. Das Vaterhaus in Erfurt und das Landgut Burgörner, wo Bruder und Schwägerin lebten, sollten Erholung bringen. In Wahrheit stand ihr ein anderes Ziel vor Augen: Paris. Dort lebte der Mann, von dem allein sie Hilfe erwartete, Gustav Graf Schlabrendorf. Schon lange hatte sie ihn herbeigewünscht, sogar ihren Mann um Vermittlung gebeten, der ihm versichert hatte: *Sie wissen, mein Bester, wie meine Frau Sie liebt...*[6] Jetzt, nach dem Unglück, wollte Caroline nicht länger warten. Bei Schlabrendorf, der ein rätselhaftes Unglück vor allen verbarg, würde sie ihr Gleichgewicht wiederfinden. Vor Wilhelm hatte sie mit einer Stärke geglänzt, die weit über ihre Kräfte ging. Ihre Natur habe sich bewährt, hatte er Schiller erklärt. *Daher hat auch dieser Schmerz weniger nachteilig auf ihre Gesundheit gewirkt, als wir fürchteten.* Das war seine Überzeugung, während Caroline sich elend fühlte wie noch nie. Seit Jahresbeginn wusste sie, dass sie wieder schwanger war.

Tatsächlich ließ Caroline ihren Mann mit zwei kleinen Töchtern in Rom und reiste ab. Die elfjährige Caroline und den siebenjährigen, noch immer kranken Theodor nahm sie mit; Arzt Kohlrausch begleitete sie. Die Wagenfahrt über die Alpen war eine Tortur. Da man vor Überfällen nie sicher war, gehörten Pistolen und verschließbare Kisten zur Reiseausrüstung. Durchgerüttelt und ermüdet, in ungepflegten Gasthöfen logierend, auf Straßen, auf denen die Kutschen umgeworfen wurden, traf man über Verona, Bozen und Augsburg, wo sie für die zurückgelassenen Töchter Spielzeug und Puppen kaufte, in Erfurt ein. Theodor hatte sich während der vier Wochen wie ein Jähzorniger gebärdet und den Arzt zur Verzweiflung gebracht. Der Junge, der seit dem Tod des Bruders widerspenstiger war denn je, machte der Mutter das Leben schwer. Er sei hübsch, intelligent und witzig, aber *seine grenzenlose Lebhaftigkeit ist ordentlich furchtbar und droht, ihn zu zerstören*, klagte sie.

Im Erfurter Vaterhaus dachte sie an Wilhelm, hoffte zugleich auf den Besuch von Burgsdorff und war enttäuscht, dass er nicht kam. *Am Ende ist es mir auch recht, man hätte wahrscheinlich eine neue Geschichte daraus ersonnen* – Gerüchte über ihre Affäre kursierten also weiter. Nichts zeigt Wilhelms Großzügigkeit, aber auch sein grenzenloses Vertrauen in ihre Beziehung mehr als seine Bemerkung dazu im Brief vom 2. Oktober 1804, den sie in Paris erhielt. *Wie wir miteinander gelebt haben, süßes Kind, und noch leben, wie wir nie einen Moment uneins gewesen sind, um nur das zu nennen, was auch die plattesten Menschen begreifen müssen, so kann ein vernünftiger Mensch an ein so albernes Gerücht nie glauben.* Er habe sich über das kleinliche und dumme Gerede der Leute geärgert, die keine Ahnung von der »Art unsres Zusammenseins« hätten. Glücklich war sie, Goethe zu treffen, *der mich in seinem Garten erwartete, sehr lieb und gar nicht ceremoniös aufnahm.*[7] Nachdem sie auch Caroline von Wolzogen und Amalie von Helvig wiedergesehen hatte, stieg ihre Ungeduld aufs Höchste. Sie wollte nach Paris. Der Vater bat sie zu bleiben; sie flüchtete sich in Notlügen und Ausreden. Schwager Alexander, aus Südamerika kommend, wurde in Paris erwartet – das bot den besten Vorwand. Ihrem Freund Wolf in Halle erklärte sie, nur wegen Theodors Gesundheit Rom verlassen zu haben.[8] Schlabrendorf erfuhr, sie sitze wie auf Kohlen vor Angst, ihn zu verpassen. *Ich, die ich nur komme, um Dich wiederzusehen, die ich seit 3 Jahren keinen anderen Plan als den mache, die Sehnsucht, die Du mir im Herzen, in der tiefsten Seele gelassen hast, die kann mir nichts stillen, als wie Du wieder selbst.* Jetzt werde sie kommen. Es war ein heimlich verfasster, unverkennbar fordernder Liebesbrief, in dem sie ihre deutlich erotischen Wünsche nach *Lust, Genuß, Verlangen* nicht aussparte. Alles schriftlich mitzuteilen sei unmöglich. *Darum eben muß ich dich wieder sehen,* schrieb sie mit einer Heftigkeit, die sich am Rande des Erlaubten bewegte: *ich brauche es, brauche den Genuß, mein innigstes Verlangen darin zu befriedigen, um weiter fortzuleben.* Schließlich noch rückhaltloser: *Du bist es, nach dem ich verlange.*

Es erscheint unerklärlich, was Caroline mit solcher Macht zu diesem Manne hinzog. War es sexuelles Begehren? »Du bist es, nach dem ich verlange ...« War es die Suche nach Gleichklang und Verständnis für ihre abgrundtiefe Niedergeschlagenheit? Würde er, Schlabrendorf, die richtigen Antworten auf ihre drängenden Fragen wissen? Fest steht, dass sie ihn brauchte, dass sie Verständnis und Liebe von ihm erhoffte und sich dieses Ausnahmeglück unter keinen Umständen nehmen lassen wollte.

Im Juni 1804 traf sie in Paris ein. Ihr erster Besuch galt selbstverständlich dem Freund. Sie war achtunddreißig Jahre alt, eine Ehefrau und Mutter, die ihr sechstes Kind erwartete; er ein vierundfünfzigjähriger Junggeselle. Sie sah die ausdrucksvollen Augen, die er beim konzentrierten Sprechen niederschlug, hörte die vertraute Stimme, wurde ruhiger. *Ich habe Paris mit einer Freude wieder gesehen, die ich dir kaum beschreiben kann und die vollkommen wäre, wenn Du und die geliebten Kinder mir nicht fehlten,* meldete sie Wilhelm. Varnhagen hat Schlabrendorf einen Mann mit großem Einfühlungsvermögen und betont männlichem Charme genannt, der seine Wirkung auf Frauen nicht verfehlte. In seinem Nachlass fanden sich Notizen: *Versuch über das We-*

Die einzige Darstellung der fünf Humboldt-Kinder, gezeichnet von Gottlieb Schick. In der Mitte sitzend die älteste Tochter Caroline, rechts von ihr der noch im gleichen Jahr gestorbene neunjährige Wilhelm, seinen Bruder Theodor umarmend, links die dreijährige Adelheid, ihre einjährige Schwester Gabriele küssend. Das Blatt entstand 1803 in Rom.

sen der Liebe. Line von Wolzogen, obgleich in ihrer zweiten Ehe mit Wilhelm von Wolzogen Mutter eines Sohnes geworden, war für Schlabrendorf mit einer Leidenschaftlichkeit entbrannt, die, wie ihrem Abschiedsbrief zu entnehmen ist, alles andere als platonisch war. *Meine Hand zittert, indem ich dies Blatt nehme, Dir zu schreiben, lieber, lieber Gustav!*, hatte sie ihm zwei Jahre zuvor geschrieben. *Welche*

Sehnsucht haben diese wunderbaren Tage in meiner Brust zurückgelassen. Mit Trauern sah ich meine geschwollene Lippe verschwinden, das letzte sinnliche Zeichen meines Glücks. Alles könntest Du mir sein. Oft fühlte ich wahrhaft eine staunende Sehnsucht für Dich. So seh ich Deine edlen Züge an meiner Brust in kindlich-süßem Genuß.[9]

Caroline war fasziniert wie schon zuvor. Der Freund hatte, wie aus einem im Privatarchiv Tegel bewahrten Brief hervorgeht, eine kleine Korrespondenz mit ihrem gestorbenen Sohn Wilhelm begonnen – das musste ihn noch anziehender machen. Beim Anblick der mit kostbaren Büchern gefüllten Regale in seinem Arbeitszimmer wünschte sie, er möge Schiller kennen lernen. Ihre Niedergeschlagenheit wich angesichts seines eigenen Unglücks, das er ihr unter vier Augen beichtete. Ihrem Mann meldete sie: *Schlabrendorff ist täglich einige Stunden bei mir, sein Äußeres hat sich nicht verändert, sein Auge ist womöglich noch klarer und geistvoller geworden; den großen Schmerz seines Lebens trägt er wie immer in der tiefbewegten Brust, aber sein Ausdruck hat darüber vielleicht etwas Milderes bekommen.* Zugleich versicherte sie: *Er reist, weil es seiner Geschäfte wegen unumgänglich notwendig ist, im künftigen Monat ab.* Doch in Wirklichkeit reiste er nicht.

Wilhelm kümmerte sich inzwischen um die beiden Töchter und schilderte, was in Rom vorfiel. Die Flohplage sei bei der Hitze entsetzlich. Vor Stichen konnten sie keine Nacht mehr schlafen, also griff man zu einer List. Er bat die beiden Mägde, einen Edelstein zu suchen, der angeblich unter sein Bett gerollt sei. *Die armen Mädchen krochen nun auf allen Vieren in der Stube herum... so sprangen alle Flöhe auf ihre Röcke und Hemden.* Schwarz von Flöhen, liefen sie ins Freie – seitdem sei die Plage behoben.

Auf Carolines Andeutungen reagierte er mit gewohnt zärtlicher Großzügigkeit: *der Umgang mit Schlabrendorff und die ganze mannigfaltige Welt um Dich werden Dich aufs neue beleben, und ich bitte und beschwöre Dich noch einmal, genieße es recht nach Lust und ohne Dich einzuschränken.* Ihr Freiheitsbedürfnis war ihm bewusst. *Sie bedurfte dieses einen Elements, um ihr auf seltne Weise großes und liebendes Gemüt in aller Fülle der Empfindung zu entfalten, und sie ehrte mit gleicher Zartheit auch die Freiheit an Andern,* bemerkte er bei Line von Wolzogen.[10] Immer wird er gewusst haben, dass sie ungeachtet aller Liebesbereitschaft, aller Leidenschaftlichkeit und Irritationen nie etwas anderes sein wollte als seine Frau. Das Wort »Betrug« hat es zwischen ihnen nie gegeben, und für Caroline war eine Scheidung, wie sie in ihrem Umkreis, oft von Frauen gefordert, an der Tagesordnung war – bei Charlotte von Kalb und Therese Forster, bei Sophie Mereau und Caroline von Beulwitz, bei Sophie Tieck, Johanna Motherby und Dorothea Veit –, absolut undenkbar.

Am 2. Juli 1804 kam in Paris das sechste Kind zur Welt, ein Mädchen. *Die Kleine, die ich Mathilde Louise Virginie genannt habe und gewöhnlich Louise nenne, ist sehr hübsch. Schöne blaue dunkle Augen, die vielleicht wie die meinen werden, lichtbraune Härchen…, eine von der Stirn ziemlich gerade herabsteigende Nase… und einen schön geschnittenen, aber nicht sehr kleinen Mund,* so lautete die erste Beschreibung der Tochter, die der Vater niemals kennen lernen sollte. Hätte Caroline lieber einen Jungen gehabt als Ersatz für den toten Sohn? Die Geburt war schwer gewesen, aber sie konnte das Kind selber stillen. Schlabrendorf kam jeden Morgen, um mit ihr zu frühstücken. Sie sahen sich in der großen Wohnung, die sie gemietet hatte, oder in seinen von Büchern und Zeitschriften überquellenden Räumen in der Rue de Richelieu. Die Gespräche dauerten bis in die Nacht. Sie liebte den unabhängigen Denker, den klugen Zuhörer, liebte Nähe und Vertrautheit. Ihrem Mann konnte sie das Entzücken über ihr Zusammensein nur unzureichend verbergen. *Mich umarmte er schon einige Male mit Tränen in den Augen und einer konvulsivischen Bewegung. ›Es ist‹, sagte er mir einmal, ›der Rest meines menschlichen Gefühls, mit dem ich Dich an meine Brust drücke.‹*

Heinrich Kohlrausch, der ihr bei der Geburt beistand, wurde auch zum Arzt Schlabrendorfs, der seine Abreise von Woche zu Woche hinausschob. Ursprünglich hatte er in seine Heimat Schlesien fahren wollen, um sich um seine Güter und sein Amt als Magdeburger Domherr zu kümmern. Der Reisewagen stand bereit. Doch er fuhr nicht. Stattdessen verbrachte er *jeden Abend ohne Ausnahme* bei Caroline, sagte ihr, wie viel sie ihm bedeute, wie er sich durch sie verjüngt fühle, plante sogar, nach Italien zu kommen, um in Zukunft in ihrer Nähe zu leben.

Währenddessen empfahl ihr Wilhelm im August, den Aufenthalt noch zu verlängern. *Deine Liebe zu Paris ist eine der hübschesten Sachen in Dir, die ich kenne. Sie zeigt eigentlich die wahre Freiheit und Jugendlichkeit Deines Wesens.* Er freue sich, dass sie selbständig gehandelt und sich allein eine Wohnung gesucht habe. *Innere und äußere Freiheit gehen über alles*, erklärte er. Im Grunde war er intensiv mit eigenen Vorhaben beschäftigt. Seine Übersetzungen, die Lektüre von Dantes »Göttlicher Komödie« fesselten ihn. Er war noch einmal nach Ariccia gefahren, wo sich die Katastrophe ereignet hatte. *Ich habe lange auf dem Sofa gesessen, wo er gestorben ist, ich hätte so viel darum gegeben, wenn er mir nur E i n e n Augenblick erschienen wäre. Aber es war alles so öde und verlassen und still.* Auch Caroline dachte an ihr Kind. *Mein Schmerz über Wilhelms Tod ist oft so brennend in mir ..., die Qual meines Herzens und meiner Gedanken übersteigt allen Glauben.*

Wie erwartet, traf Alexander von Humboldt, nachdem er wochenlang Gast des amerikanischen Präsidenten Jefferson gewesen war, mit seinem Reisebegleiter Bonpland aus Südamerika in Paris ein. *Ich lebe sehr, sehr innigst mit der Li...,* schrieb er seinem Bruder im Oktober 1804. Seine Berühmtheit brachte Freunde, Fremde, Gelehrte ins Haus, *er schwebte in süßem Weihrauch und wurde wie ein Wundertier angestaunt,* berichtete Caroline. *Seine Sammlungen sind immens...* Er wolle zu ihnen nach Rom kommen. *Ich denke, wir geben ihm das obere Quartier; da er viel Chemisches treiben will, wird die Nähe der Küche gut sein.*

Plötzlich erkrankte die drei Monate alte Tochter, von Krämpfen und Fieber geschüttelt. Das Kind war abgestillt worden, weil die Pockenimpfung bevorstand und der Arzt ihre Erkältung für unbedeutend hielt. Doch immer waren bei der »Vakzination«, der Kuhpockenimpfung, die Folgen ungewiss. *Louise ist wieder wohl, sie hat unaussprechlich schöne, blaue Augen,* schrieb Caroline. Doch dann folgte das Unglück: Das kleine Mädchen überlebte den Eingriff nicht. Caroline musste dem Vater ihren Tod melden. Wie hatte sie sich gefreut, ihm das schöne Kind zu präsentieren. *Aber die Augen sind starr und das ganze liebliche Wesen kalt wie Marmor! Ich bringe nichts als mein tief zerrissenes Herz.* Wilhelm antwortete bedrückt: *nun ist auch sie wieder dahin..., und so fühle ich... ewig und unaufhörlich Deinen Schmerz und Deinen Verlust.*[11] Sie ließ einen Wachsabdruck vom Gesicht des Kindes nehmen; später sollte der Bildhauer Rauch ihr Porträt schaffen.

Was merkwürdig erscheint: Die Tochter Caroline und der siebenjährige Theodor werden in den Pariser Briefen kaum erwähnt. Was empfanden sie beim Tod des Geschwisterchens, was dachten sie über die enge Beziehung ihrer Mutter zu diesem fremden Mann – darüber kein Wort.

Schlabrendorf saß bei Caroline, sah ihre Totenblässe, hielt ihre Hände. Doch nicht einmal der geliebte Freund konnte sie jetzt trösten. *Hier habe ich niemand als Schlabrendorff, und mein tiefstes Inneres kann ich ihm doch nicht immer offenbaren. Er ist nicht Vater gewesen*, klagte sie Wilhelm, *ach, man kennt nur das, was man selbst erfahren hat*. Sie war so niedergeschlagen, dass sie wünschte, tot zu sein. *Ich sehne mich in Deine Arme und werde mich da aussprechen und ausweinen.*[12] Er sei *unendlich gerührt*, dass sie nach seinem Trost verlange, antwortete Wilhelm: *Ja, liebe Li, nur die, von denen das Leben ausgegangen ist, können über den Tod sich besprechen*. Mit Schlabrendorf erlebte sie noch die Krönungszeremonie Napoleons und bewunderte den Glanz der Stadt mit der *wirklich schönen Illumination und dem Feuerwerk über dem Pont Neuf*. Doch dann drängte es sie doch, zu ihrem Mann zu kommen – *wie mein' ich, nur bei Dir mich ganz aussprechen zu können. Heimlich schaudert es mir auch, mein süßes, süßes Mädchen so allein, so ganz allein in der fremden Erde zu lassen... Nachts suche ich sie in meinem Bette, und das Erwachen und die völlige trostlose Gewißheit, daß sie nicht mehr da ist und nichts sie mir zurückgeben kann, ist fürchterlich.*[13]

Weihnachten trat sie den Heimweg an. Ihr erster Reisebrief ging an Schlabrendorf. *Wir sind vorgestern glücklich hier angekommen, mein geliebter Gustav*, so am 1. Januar aus Lyon. *Wir haben nun den Mont Cenis vor Augen, allein mir bangt nicht sehr; die Schwierigkeiten und Gefahren sol-*

cher Expeditionen vermindern sich immer, je näher man kommt. Ach wie viel, mein teuerster Freund, habe ich an Dich gedacht. Er solle auf sich aufpassen, sich wärmer kleiden. Wilhelm meldete sie gleichzeitig, die Bergpfade über die Alpen seien so schmal, dass sie selbst für Maulesel unpassierbar waren. Der Gipfel des Schrecklichen aber sei das *Ramassieren:* das Heruntergleiten im Eisschlitten. *Uns blieb keine Wahl. Wir mußten uns ramassieren lassen, weil das Glatteis so war, daß kein Träger tragen wollte* – wobei ihr Leben von der Geschicklichkeit des Vorder- und Hintermannes im rasenden Schlitten abhing. Den Bericht der überstandenen Gefahr erhielt Schlabrendorf noch ausführlicher. *Die Hinunterfahrt ist fürchterlich, und für mich war sie es doppelt, einmal wie ich die schrecklichste Angst für* (Tochter) *Caroline ausstand, die allein in einem Schlitten saß, dann aber auch, weil mein Schlitten von einem hinter mir kommenden gefaßt, umgedreht, aus den Händen meines Führers gerissen und auf dem Rande des Abgrunds hinuntergerissen wurde, so daß ich nur durch eine Art Wunder durch einen Stein, an dem mein Schlitten anschlug, aufgehalten und verhindert wurde.* Sie werde nie wieder im Leben diese Route wählen. *Ach wüßte ich doch wo Du bist und fände ich in Rom ein Wort von Deiner lieben Hand. Denke selbst, wie traurig es ist, von dem, den man über alles liebt, nichts mehr zu hören. Adieu. Ewig Deine Caroline.*[14] Zwei Tage später meldete sie Wilhelm, sie habe 36 Stunden *in einem elenden Wirtshause* in Modena zubringen müssen, weil so viel Schnee und Regen fiel, dass die Brücke weggeschwemmt wurde. Endlich habe man sie in der Kutsche quer durch den reißenden Fluss manövriert. Sie seien alle noch am Leben.

Kaum hatte sie in Rom glücklich Mann und Kinder umarmt, gingen ihre Gedanken wieder zu ihrem Geliebten. *Wer Stunden u. beinah Tage, möchte ich sagen, mit Dir (hin)gelebt hat wie ich, der kann sich einmal an dies gänzliche Schweigen nicht mehr gewöhnen.* Sie mache sich Sorgen um seine Augen, *die ich tausendmal in Gedanken küsse. Könnte ich Dich hier haben!* Im gleichen Brief lobte sie ihren Mann. *Humboldt habe ich sehr lieb u. gut wieder gefunden. Er hat die Kleinen mit einer Sorgsamkeit gepflegt u. bewacht, die ihn allein dem Herzen einer Mutter teuer machen müßte...*[15]

Im April 1805 wurde sie wieder schwanger. Das Kind, das neun Monate später zur Welt kam, war der ersehnte Sohn. Schlabrendorf wird sich gefreut, vielleicht auch gewundert haben, dass es seinen Namen erhielt: Gustav. Doch dem Jungen war kein langes Leben beschieden, er starb mit zwei Jahren. Sein Tod ließ ihre Urängste wieder wach werden. Sie weinte tagelang, ihre Briefe an den Vater sind erschütternd. ... *ich lebe in meinen Kindern, und das ist das dritte, das ich so hinwelken sehe. Ich kann vor Tränen nicht weiterschreiben.* Schlabrendorf meldete sie den Tod des Jungen, *dem ich im Andenken an Dich, dessen Name und Bild mir unauslöschlich in der Seele sind, Deinen Namen beigelegt hatte.*[16] Mit ihren einundvierzig Jahren konnte sie kaum noch auf Kinder hoffen. *Das Schicksal hat mir u n r e c h t getan,* klagte sie bei Lotte Schiller, *acht Tage mußte ich mein starkes, gesundes, herrliches Kind mit dem Tode ringen sehen. O Gott, gibt es einen Zustand der Seelenangst, der über den geht. Niemand hat mir beigestanden,* fügte sie hinzu, *ich gehe einen dunkeln Weg allein.*

Sollte das heißen, dass Wilhelm nicht fähig war, sie zu trösten? *Man wirft mir immer vor, daß ich kalt bin, kein Gemüt habe und nur nach Verstand handle,* klagte er einmal. An Schweighäuser schrieb er, durch Gustavs Tod seien sie alle sehr niedergeschlagen. *Kaum weiß ich in der Tat, ob die arme Mutter je wieder ihre vorige Heiterkeit wiederge-*

winnen wird. Später offenbarte Caroline, warum die Sorge sie nie mehr verlasse. *Das Glück, solang ihm keine der Blüten geknickt wird, die es trägt, hat nicht allein den Charakter der höchsten Schönheit, es hat auch den des Heiligunantastbaren, und das wird ihm benommen, wenn geschieht, was damals uns geschah. Alles Glück ist seitdem mit Sorge gemischt.*[17]

Gustav von Humboldt wurde neben seinem Bruder an der Cestius-Pyramide beigesetzt. Auch von seinem Gesicht ließ die Mutter einen Abdruck nehmen. Das sei alles, sagte sie, was ihr von ihm blieb.

Trennungen
Wilhelm in Königsberg – Caroline in Rom

> *Ich bin ohne Dich durchaus ein andrer Mensch, viel reizbarer, viel wunder, viel ungewisser mit mir selbst und andern. Ich habe nicht die Selbständigkeit wie Du.*
> (Wilhelm an Caroline, 1808)

An dem Tag, an dem Caroline nach Rom zurückkehrte, traf auch ein Student aus Berlin dort ein. Es war der achtundzwanzigjährige, noch unbekannte Christian Daniel Rauch, der zum bedeutendsten preußischen Bildhauer des Klassizismus werden sollte. Pflichtschuldig meldete sich der Künstler-Studiosus beim preußischen Gesandten in der Via Gregoriana und fand sich unerwartet freundlich aufgenommen von seiner Ehefrau, die ihn wie einen Gast aus der Heimat begrüßte. Mit ihrem schmalen Gesicht, dessen unbestimmtes Lächeln ihm auffiel, den schönen Augen und Händen erschien sie ihm schon auf den ersten Blick vertrauenswürdig. Sie bot ihm, der unerfahren und nach eigenen Worten auch ungebildet war, ihre Hilfe an. Rauch zog im Hause ein. Seine Gastgeberin wurde zu seiner Wohltäterin. Sie sorgte für Essen und Wäsche und gab ihm Geld, wenn er mit dem dürftigen Stipendium nicht auskam. *Wie mir zu Mute sein mußte, Personen höchster geistiger Umsicht und Fähigkeit so nahe zu stehen. Humboldt war immer freundlich, indirekt schonend belehrend, niemals erfuhr ich eine Beschämung von ihm.* Nie hat Rauch vergessen, was er Humboldts verdankte. *Ich genoß von da an in der Gegenwart wie in der Ferne ohne Unterbrechung die Gunst und Freundschaft dieses ausgezeichneten Mannes sowie die der Familie.*[1]

Ungebildet und unerfahren? Tatsächlich hatte Rauch nur

Der Bildhauer Christian Daniel Rauch im Alter von 30 Jahren in Rom. Gemälde von Rudolf Suhrland, 1808.

durch sein eminentes Talent das königlich-preußische Stipendium erlangt. Als eines von sechs Geschwistern in ärmlichen Verhältnissen in Arolsen geboren, war er durch den frühen Tod des Vaters gezwungen, Mutter und Geschwister zu ernähren, und wurde Kammerlakai bei der Königin Luise. Der König wurde auf seine Begabung aufmerksam, Schadows Empfehlungsschreiben verschaffte ihm das ersehnte Stipendium. Unter Carolines Fittichen vollzog sich der Beginn seiner steilen Karriere. Sie brachte ihn mit Persönlichkeiten zusammen, denen er sonst nie begegnet wäre, mit Antonio Canova, Bertel Thorvaldsen und Friedrich Tieck, mit dem er später in Berlin ein gemeinsames Atelier führen sollte. Auch Tiecks Dichterbruder Ludwig kam damals nach Rom, wo er erfuhr, dass seine Frau eine Tochter zur Welt gebracht hatte, deren Vater wahrscheinlich der noch immer unverheiratete Burgsdorff war. Als Rauch zum berühmtesten Bildhauer Preußens aufgestiegen war und mit großen Aufträgen versehen in Berlin lebte, schrieb er an Caroline, wie glücklich er wäre, *wieder eine solche Freundschaft zu finden, als ich sie stündlich in Ihrem Hause genoß*. Sie hatte ihm jene geistige Atmosphäre geboten, die ihn für sein Leben prägte; dafür fand sie an ihm einen künstlerischen Berater und klugen Reisegefährten, der sie nie im Stich ließ. Ihre Briefe offenbaren eine Zuneigung, die geschickt zwischen Freundschaft und Liebe balanciert – Rauch war vermutlich Carolines bester und uneigennützigster Freund.

Im Mai 1805 erfuhren sie von Schillers Tod. Auf der Reise nach Paris hatte Caroline ihn zuletzt besucht und Wilhelm berichtet: *Er ist so ganz der alte, daß ich meinte, ich sei Tages vorher bei ihm gewesen. Aber so verliebt habe ich ihn gegen mich nie gekannt – es war zum Totlachen.* Er habe sie um ein Urteil über den »Wilhelm Tell« gebeten. *Es ist ein wirklich großes Werk seines Genies... Mit bewunderungswürdigem Geist hat er die sehr vereinzelten Gestalten, die in dem Stück auftreten und die die Geschichte nennt, in einem Ganzen zu vereinigen gewußt. In dem Stück ist nichts Unnützes, nichts Weitschweifiges, nichts, was wegbleiben könnte, auch nicht ein Wort.*[2] Caroline weinte, als die Todesnachricht eintraf. *Wir sprechen immer von euch*, schrieb sie an Lotte. *Ach, du traust es Humboldt zu, wie er von Schiller denkt; niemand hat ihn inniger gewürdigt.* In Carolines Nachlass fanden sich die an Schiller erinnernden Verse:

Sollte das dereinst verwehen, / Was in uns sich mächtig regt?
Was der Dinge innres Wesen / ewig zu erforschen strebt?
Jedes Wissens höchste Blüte / eine holde Lichtgestalt
Ist dem ahnenden Gemüte / gleichsam innigst anverwandt.
Und in dunkle Grabesstille / Sinket mit des Körpers Hülle
Der Gedanke mit hinab?[3]

Statt des von Schiller vorgeschlagenen Erziehers Hegel kam Friedrich Sickler nach Rom – ein Fehlschlag. Auf seine mangelnden pädagogischen Fähigkeiten führte Caroline später Theodors Lernunlust und Aufsässigkeit zurück. An Sicklers Stelle trat der dreiundzwanzigjährige Friedrich Gottlieb Welcker – und das war ein Glücksgriff. Was als Aushilfe gedacht war, entwickelte sich zur intensiven Beziehung, zum lebenslangen Kontakt. Der junge Wissenschaftler, der in Gießen schon als Gymnasiallehrer tätig gewesen war, meldete seinen Eltern: *Humboldt ist ein sehr gelehrter, in seltenen Sprachkenntnissen besonders erfahrener Mann, und seine Frau von sehr großer Verstandesbildung.* Sein Trauerspiel »Hekabe« widmete er Caroline. Welckers Briefe an seine Eltern vermitteln einen lebendigen Einblick in den Lebenszuschnitt der Familie. Vormittags unterrichtete er die größeren Kinder, nach Tisch las er mit der Hausfrau Dantes »Göttliche Komödie«. Tochter Caroline wurde von ihrem Vater in Sprachen und Geschichte unterwiesen und nahm Gesangsstunden bei Crelius, Tochter Adelheid bekam bei Rauch Zeichenunterricht. Sein Fernbleiben begründete Welcker bei seinem Vater mit den Vorzügen einer Stellung, wie man sie nur selten finde. *Frau von Humboldt hat außer dem Verstande ein sehr offenes und feines Herz. Sie hat einige Gesichtszüge meiner guten Mutter, und ich bin sehr vertraut mit ihr.*

Im Hause Humboldt erlebten Welcker und Rauch illustre Gäste und große Ereignisse. Es kamen die Prinzen von Coburg-Gotha und von Mecklenburg-Strelitz, Gäste waren der Erzbischof von Tarent und der mit seinem Bruder Napoleon zerstrittene Lucien Bonaparte, der Pianist Hummel und der fünfundzwanzigjährige Alexander von Rennenkampff aus Livland, Carolines besonderer Freund, der die Domschule in Riga besucht, in Göttingen Naturwissenschaften und Kunst studiert hatte und nun zur Abrundung seiner Studien für zwei Jahre nach Italien gekommen war. Auch der berühmte Weltreisende Alexander von Humboldt besuchte Bruder und Schwägerin in Rom. *Er hat eine seltne Höhe erreicht, und es wird ihm zugleich vom Schicksal gegönnt, sie glücklich zu genießen, ohne Neid von andern und ohne Verletzung der Nemesis von seiner Seite,* schrieb Wilhelm an Schweighäuser. *Ich liebe ihn unendlich, aber wir leben jetzt ohne unsere Schuld fast getrennter, als da er in America war.*[4] Alexander von Humboldt sei da, verkündete der Maler Schick stolz seinen Geschwistern, *ich habe ihn viel von Amerika reden hören, habe auch eine Menge Zeichnungen gesehen, die er an Ort und Stelle gemacht hat, worunter mir einige Abbildungen der antiken Götzen der Mexikaner aufgefallen sind. Wenn sein großes Werk erscheint, wird es ganz Europa in Erstaunen setzen.*[5] Caroline war in ihrem Element. Die Eindrücke der Wärme, Überfülle und Fruchtbarkeit unter südlicher Sonne, die Vielfalt der Landschaftsbilder, die üppige Natur, das Erlebnis der Kunstschätze und die beglückenden Freundschaften im Gefühl vollkommener Freiheit prägten sich ihr für immer ein. Auf dem Corso, auf dem langsam die prächtigsten Equipagen vorbeizogen, herrschte pralles, pulsierendes Leben: *Unter freiem Himmel wird gekocht, gebraten; zerlumpte Wäsche trocknet an Balkonen und Fenstern. Auf hölzernen Stühlen sitzen alte Schreiber mit der Brille auf der Nase, immer gerüstet, Bittschrif-*

*ten und Liebesbriefe zu verfertigen.*⁶ Man besuchte die Freitagabend-Musiken bei Friederike Brun, erlebte in den Albaner Bergen ländliche Feste mit Feuerwerk und Illumination, wanderte trotz der Hitze nach Pozzuoli und bewunderte beim Neptuntempel, wie Rauch berichtet hat, *den Purpurflor des roten Klees.* Im Gefühl von Freiheit und Glück empfand Caroline das Zusammensein mit den Freunden und die Einheit von Natur und Kultur als ein wahres Paradies.

Am 14. Oktober 1808 verließ Humboldt nach sechs Jahren Rom. Sein Posten beim Vatikan war durch die preußische Niederlage bei Jena und Auerstedt obsolet geworden. Mit ihm reiste sein elfjähriger Sohn Theodor, den er in ein Berliner Internat bringen wollte. Rom verließ er nur ungern. *Dabei gehe ich doch nicht ohne Liebe nach Deutschland. Ich liebe Deutschland recht eigentlich in tiefer Seele. Das Unglück der Zeit knüpft mich noch enger daran,* beteuerte er Welcker. Dass Caroline alleine zurückblieb, machte ihn traurig. *Du warst immer so gut und so lieb und erheitertest mir jeden Augenblick...*

Von München aus, wo ihm bei Fritz Jacobi die junge Bettina Brentano vom Tod ihrer Freundin Günderrode erzählte, ohne, wie er behauptete, ihr »Singen und Springen« zu unterbrechen, fuhr er zunächst nach Erfurt zu seinem Schwiegervater. Caroline atmete auf, dass der ungebärdige Theodor sich dort halbwegs anständig benahm. Im November meldete sie Wilhelm, dass sie wieder schwanger sei. Es war das achte Kind, das sie erwartete. *Meine Gesundheit ist leidlich, die Unbequemlichkeiten vermindern sich, was bleibt, trägt man mit Geduld... Es gibt ja doch nichts Schöneres wie Kinder, und nichts Süßeres als sie zu bekommen. Ach, wenn dieses nur lebt!* Hatte es, was ihren Kinderwunsch betraf, Auseinandersetzungen gegeben? Offenbar fürchtete

Theodor von Humboldt im Alter von elf Jahren, gemalt von Gottlieb Schick in Rom, 1808.

Die Schwestern Adelheid und Gabriele von Humboldt, neun und sieben Jahre alt, in einer römischen Laube. Ölgemälde von Gottlieb Schick, 1809.

Wilhelm für ihre Gesundheit. Sie entschuldigte sich fast für ihre Schwangerschaft und beschwor ihn, der das Jahresende bei Goethe verbrachte, noch in der Silvesternacht: *Laß es Dir ja nicht leid sein, daß ich guter Hoffnung bin, seit Gustavs Tod war es mein einziger Wunsch, meine liebste Hoffnung... Ich habe bis auf den letzten Tropfen diesen bitteren Leidenskelch ausgeleert – ein Gott der Güte wird ja jetzt erbarmend sein.*

Überraschend teilte Humboldt ihr mit, man trage ihm die Leitung der Abteilung Kultus und Unterricht im Innenministerium an. Caroline riet sofort zu: *Niemand wird es besser machen als Du, und niemand k a n n es besser machen, als die Umstände es erlauben.* Er zögerte. Ein nicht unwichtiger Pluspunkt war indes das Gehalt. Das Gut in Tegel war von den Franzosen geplündert worden und verursachte Kosten, die Güter Auleben und Talebra brachten nichts ein – die Humboldts hatten Schulden, und Wilhelm drängte zur Sparsamkeit: *Es hängt natürlich von Dir ab, welche Einschränkungen Du machen willst...* Caroline solle keine Geschenke mehr verteilen, weniger Gäste zu Tisch bitten, aber auf keinen Fall die Pferde verkaufen; sie bedeuteten Freiheit und Beweglichkeit. In Weimar riet Goethes Freund Knebel, den Posten anzutreten, er, Humboldt, sei der einzig geeignete Mann. *Die Menschen tun jetzt, als wenn niemand in Preußen mehr ohne mich lesen lernen könnte,* stöhnte Wilhelm, rang sich aber zu einem Entschluss durch. *Wir gehören einmal zu dem Land, unsere Kinder auch...* Am 20. Februar 1809 erfolgte seine offizielle Ernennung zum Geheimen Staatsrat und Direktor der Sektion des Kultus und des Unterrichts im Innenministerium. Es war der Beginn seines größten Erfolgs. Man würde ihn einmal den einflussreichsten Kultusminister der deutschen Geschichte nennen. Ihm unterstanden sämtliche kulturellen Einrichtungen: die Akademien für Kunst und Wissenschaft, Theater, Bibliotheken, Kunstkammer, Sternwarte, Kirchen und Zensur. Welch guten Ruf er genoss, geht aus einem Artikel vom Mai 1809 in der »Jenaischen Allgemeinen Zeitung« hervor: *Die oberste Censurbehörde ist in den Händen des Herrn Geh. <u>Staatsraths von Humboldt,</u>* hieß es da, von dessen *liberalen Gesinnungen* man überzeugt sei. Bei dieser Haltung würde Humboldt bleiben, für diese Gesinnungen würde er später seinen Kopf hinhalten.

Auf kriegsverwüsteten, *abscheulichen* Straßen traf er Anfang April 1809 in Königsberg ein, wohin sich Hof und Regierung nach der Niederlage geflüchtet hatten. Die Stadt sei hässlich, teuer, kleinstädtisch und geschmacklos, beanstandete er. Immerhin traf er gute Freunde aus Berlin wieder. Innenminister Graf Dohna, sein ehemaliger Kommilitone, und Kabinettsrat Beyme waren ihm ebenso zugetan wie Friedrich Wilhelm III. und Königin Luise, die ihn auf das ostpreußische Schloss Friedrichstein der Grafen Dönhoff einluden: *...sie sind beide immer sehr freundlich und gut mit mir.* Bemerkenswert fand er die Harmonie, mit der *eine so zahlreiche Familie, Brüder, Schwägerinnen, blühende und hübsche Kinder* angesichts der ausweglosen Situation miteinander lebten. Königin Luise, dreiunddreißig Jahre alt, erwartete ihr zehntes Kind; ihre Tilsiter Begegnung mit Napoleon stand noch bevor. Fürst Anton Radziwill und seine Frau nahmen ihn mit offenen Armen auf. *Wilhelm von Humboldt verkehrte täglich bei uns,* notierte Luise Fürstin Radziwill in ihren Memoiren. *Er war sehr beliebt bei den Majestäten und wurde uns, ebenso wie Herr von Gneisenau, ein wahrer Trost. Beide wurden für uns zu treuen und aufrichtigen Freunden, deren beständiges Interesse mein Leben verschönt hat und uns stolz machen konnte.*[7] Es war eine Sympathie, die sich in Berlin auf Caroline übertrug.

Im Amt wurde Humboldt von den Staatsräten Uhden, Süvern und dem mit Goethes Nichte verheirateten Nicolovius unterstützt, ohne deren Loyalität er seine Bildungspolitik kaum hätte durchführen können. Erleichtert berichtete er Caroline von der Begegnung mit seinem ehemaligen Rivalen Carl von La Roche, *dem einzigen Menschen, dem ich eigentlich mein Glück auf Erden danke, der mich Dir zuführte...* In den vielen Briefen, die von Königsberg nach Rom gingen, lobte er Caroline und bewunderte, dass sie *alle Geschäfte ebenso gut wie ein Mann* ausführe, sich um Finanzen, Besucher, Kinder, Künstler und Ärzte kümmerte, den kranken Rauch versorgte, Haus- und Personalangelegenheiten im Griff hatte und unter Hinzuziehung von Experten bedeutende Ankäufe tätigte. Sie erwarb einen antiken Brunnen, holte die Meinung der Kunstverständigen ein und nahm selbstbewusst die komplizierte Restaurierung in die Hand. Es imponierte ihm, dass ihr kostbare Trouvaillen gelangen und sie durch ein von ihr entdecktes antikes Parzen-Relief solche Aufmerksamkeit in Fachkreisen erregte, dass man ihr wie einer kenntnisreichen Sammlerin weitere Stücke anbot: *Ich könnte jetzt einen schönen Kauf tun. Der bekannte Faun, der Bacchus, zwei Konsulstatuen, der Scipiokopf,* alles werde von einem Römer für 700 Scudi verkauft, wegen seiner Geldsorgen habe sie aber darauf verzichtet.[8]

Wilhelm übermittelte ihr eine sensationelle Nachricht: Ihre Beschreibung der spanischen Kunstsammlungen war veröffentlicht worden! Als Caroline die »Jenaische Allgemeine Literaturzeitung« zur Hand nahm, konnte sie auf nicht weniger als vier zweispaltigen Seiten ihre Texte lesen. In einer persönlichen Einleitung hob Goethe ihre Sachkenntnis hervor. Da sich die Kunstfreunde in aller Welt nach dem Sturz der Bourbonen um die spanischen Sammlungen sorgten, schrieb er, gebe er eine Schilderung von Raffaels Gemälden wieder, die er *von einer Person* erhielt, *welche vor wenigen Jahren durch ganz Spanien gereist war und den Werken der Kunst mit Sachkenntnis und prüfenden Blicken ihre besondere Aufmerksamkeit gewidmet hatte.* Wilhelm las ihre Beschreibungen nicht ohne Rührung. *Sie sind so unglaublich kurz und sagen doch so viel,* lobte er. *Wenn ich nun bedenke, w i e Du sie schriebest, oft krank, in der Kälte, mit Bleistift, so ist es wirklich bewunderungswürdig. Es ist mir sehr lieb, daß Goethe sie hat drucken lassen.* Die Königin Luise habe ihn *eigenhändig* um den Aufsatz gebeten, die Prinzessin Radziwill sei davon angetan wie er. Caroline wunderte sich über das Echo, das ihr Bericht hervorrief. Obgleich er anonym erschien, war sie bald als Verfasserin bekannt.[9]

Bei aller Selbständigkeit – Caroline hätte ihren Mann gern bei sich gehabt. Am 23. April 1809 brachte sie das ersehnte Kind zur Welt. Sie war dreiundvierzig Jahre alt, es war ihre achte Geburt, kompliziert und schmerzhaft, *aber ich bin für alles belohnt durch den Anblick des lieblichen Knaben,* beteuerte sie am 3. Mai. *Es ist der Sonnenstrahl nach dem dunklen furchtbaren Gewitterhimmel, ist die Belohnung meiner Tränen und meiner unaussprechlichen Sehnsucht.* Wilhelm antwortete aus Königsberg: *Ach, möge uns der liebliche Knabe diesmal gedeihen.* Welcker schrieb er: *Ein kleines Kind zu haben, wird sehr viel zu meiner Frau ihrer Heiterkeit beitragen.* Das stimmte. Sie werde den Jungen auf die Namen Carl Friedrich Georg Heinrich Hermann taufen lassen, so Caroline am 30. Mai. *Ich habe einen großen Glauben an das Leben dieses Hermann,* fügte sie tapfer hinzu. *Er sieht sehr tüchtig und hübsch aus, hat dunkelblaue Augen und blonde Haare und auf jedem seiner dicken Backen ein allerliebstes Grübchen.* Den Namen wählte sie wohl mit Bezug auf Goethes Idylle »Hermann und

Dorothea«, die sie liebte, seit der Dichter sie ihr zum ersten Mal vorgelesen hatte.

Zu Wilhelms zweiundvierzigstem Geburtstag am 22. Juni 1809 ließ sie die Töchter Adelheid und Gabriele von Gottlieb Schick porträtieren. Er erwiderte ihr Geschenk mit einem großen Dankesbrief. *Es ist wirklich ein unglaubliches Glück, solch ein Wesen gefunden zu haben, und in vielen Sonderbarkeiten, die uns zusammengeführt, liegt wirklich mehr als zufälliges Glück, wahres Schicksal*, schrieb er auch an Welcker. *Eine Heirat hat selten auf einen Mann einen günstigen Einfluß. Mich aber, kann ich wohl sagen, hat die meinige gerettet.*

Dann konnte er Caroline seinen größten Erfolg melden. Sein »Antrag auf Errichtung der Universität Berlin«, im Mai ausgearbeitet und dem König überreicht, war per Kabinettsorder vom 24. Juli 1809 beschlossen worden. Das umstrittene Projekt war vielen entbehrlich erschienen; schließlich gab es in Preußen noch die Universitäten Königsberg und Frankfurt an der Oder. Doch dann erwies sich, dass Humboldts Unternehmung von weitreichender Bedeutung war. Im Vergleich zur industriellen Reform Englands und der politischen Dynamik Frankreichs erschien das geschlagene Preußen als zurückgebliebene, verarmte Monarchie. Die geistige und moralische Erneuerung sei in Zeiten der Not nur durch Bildung und Aufklärung zu bewirken: Damit wies Humboldt den Weg, der aus dem Dilemma herausführen sollte. Der König bewilligte ihm die geforderte Summe von 150 000 Talern und stellte das Prinz-Heinrich-Palais zur Verfügung. Er habe, schrieb Humboldt Caroline, die Verhandlungen *wirklich mit vieler Mühe seit zwei bis drei Monaten betrieben*, nun werde eine Institution entstehen, *welche Epoche in Deutschland machen muß.*

Eine neue Epoche entstand auch in seinem Privatleben. Er lernte in den letzten Königsberger Monaten eine Frau kennen, die ihn über Jahre in ihren Bann zog. Johanna war fünfundzwanzig Jahre alt, zierlich, hübsch, dunkelhaarig, sehr temperamentvoll und seit zwei Jahren mit dem in Königsberg praktizierenden schottisch-deutschen Arzt Dr. William Motherby verheiratet. Zum ersten Mal spürte Wilhelm im ungeliebten Königsberg das Interesse einer attraktiven Frau, die sich sichtlich um ihn, den Einsamen, bemühte. Als wolle er seine Gefühle verteidigen, schrieb er der ahnungslosen Caroline: *Aber das tiefste Wesen im Menschen ist einmal voller Widersprüche, und ich vielleicht bin es mehr wie ein anderer, vor allem, wenn ich nicht bei Dir bin.* Seine Rechtfertigung lautete: *Ich bin ohne Dich durchaus ein andrer Mensch, viel reizbarer, viel wunder, viel ungewisser mit mir selbst und andern. Ich habe nicht die Selbständigkeit wie Du.* Ohne sie fehle ihm die innere Haltung, behauptete er sogar. *Es muß Dich nie wundern, liebe Seele, daß ich Dich als das Höhere ansehe.*

Johanna Motherby aber war für ihn nicht »das Höhere«, sondern eine Frau mit spürbar sexueller Ausstrahlung, *so weich und zart, so leicht erregbar*, dass sie seiner Hilfe bedurfte, eine Frau, die es zudem blendend verstand, ihn mit weiblichem Charme und einem kindhaft-naiven Wesen zu fesseln, gastlich zu umsorgen und in ihrem Haus mit der Elite der Stadt bekannt zu machen. Man las in ihrem Kreis Goethes »Tasso« mit verteilten Rollen – sie als Leonore, er als Tasso –, und freudig präsentierte er ihr Carolines Geschenk, die Zeichnung seiner Töchter Adelheid und Gabriele. Johanna, selbst Mutter von zwei kleinen Kindern, wollte das Blatt sofort besitzen. *Die Zeichnung habe ich der Frau – einer kleinen, sehr klugen und guten, aber gar nicht hübschen, eigentlich häßlichen Doktorin Motherby – wirklich gelassen,* gestand er, indem er sein neues Geständnis rasch in Schmeicheleien verpackte, beide Frauen miteinander verglich und Carolines Schönheit pries: *Dein Gesicht und Deine Augen, auch die Form des Kopfes...*[10] Im November folgte eine weitere Beichte. *Die Frau ist unglücklich... Ihre ganze Art zu sein ist sehr anziehend und flößt tiefes Mitleid ein; ich wüßte in langer langer Zeit nicht, einer Frau so gut geworden zu sein.*

Erleichtert konstatierte er Carolines Unfähigkeit zur Eifersucht. Tatsächlich reagierte sie auf seine Geständnisse mit erstaunlicher Souveränität. Vollauf damit beschäftigt, einen Säugling am Leben zu erhalten, die kranke Älteste zu pflegen, drei Töchter zu unterrichten, den brotlosen Künstlern Koch und Rauch Aufträge zu verschaffen und außerdem die vier Halbwaisen Temple zu sich zu nehmen, deren Mutter gestorben war, antwortete sie ruhig: *Was Du mir von Madame Motherby sagst, hat mich sehr gefreut. Ach, jawohl, das einzig Tiefbewegende im Herzen sind doch Menschen, und es ist recht unmenschlich, wenn man sie nicht zu brauchen meint oder fühlt.*

Am 1. Dezember 1809 erfuhr sie, dass ihr Vater in Erfurt gestorben war. Obwohl sie seit langem von seiner Hinfälligkeit wussten, kam die Nachricht überraschend. Da sein einziger Sohn vor ihm gestorben war, fielen Caroline mit einem Schlag die Rittergüter Burgörner, Auleben und Talebra sowie der bedeutende Nachlass zu. *Du wirst mich und die Kinder künftig ernähren,* meinte Wilhelm nicht ohne ernsten Unterton, denn seine Vermögenslage war keinesfalls rosig. Zusammen mit seinem Brief traf am gleichen Tag, dem 4. Dezember 1809, auch ein Schreiben von Schlabrendorf aus Paris bei Caroline ein. Ihm antwortete sie sofort. *Wie süß hat mich Dein Brief überrascht, mein teurer, geliebter Freund. Nein, ich habe Dein Schweigen nie auf Vergessenheit gedeutet; in meinem Herzen ist eine Stimme, die mir sagt, daß Du mich nie vergessen kannst.* Sie wolle, ja, sie müsse ihn sehen, ganz gleich, wo. *Ich sehne mich immer mit derselben Innigkeit nach Deinem Anblick, den mir alles Tiefste meiner Empfindung rege und lebendig erhält.* Sie werde zu ihm kommen.

Im Gefolge des preußischen Königspaares, das nach drei Jahren Exil Ostpreußen verließ, reiste Humboldt am 8. Dezember 1809 ab. *Königsberg habe ich mit großer Gleichgültigkeit verlassen, ausgenommen Motherbys, von denen ich Dir schrieb. Ich war sehr heimisch in dem Hause geworden,* bekannte er Caroline, der er bei seinem Zwischenaufenthalt in Burgörner, wo er den Nachlass des Herrn von Dacheröden regelte, aus ihrem alten Mädchenzimmer einen bewegenden Liebesbrief schrieb. Es sei das Zimmer, in dem ihm zum ersten Mal das Glück erschienen sei und all das Gute, *was Du über mein Leben verbreitet hast.*

Im gleichen Zimmer aber und am gleichen Tag, dem 16. Dezember 1809, schrieb er auch einen heißen Liebesbrief an Johanna Motherby. *Mein unaufhörliches Andenken an Sie, die Fortdauer der Gesinnungen, die Ihnen von mir nun einmal auf immer eigen sind, alles das ist so einfach und natürlich.* Er bat sie um Vergebung, dass er sich beim Abschied *physisch überwältigt* sah – offenbar hatte er sie geküsst. Sie habe ihn zur Leidenschaft hingerissen. Er müsse sie wiedersehen, denn er wisse, *daß es kein zweites weibliches Wesen wie Sie gibt, und daß das alles einen unbeschreiblichen Zauber über ihren näheren Umgang verbreitet,* auch über ihn. Sie hatte ihm eine Tasse geschenkt und einen schönen Ring, er ihr sein Sonett überreicht. *Es ist sehr traurig, recht sehr, gerade von Ihnen so fern zu leben.* Johanna antwortete zärtlich, lobte seine schönen Augen und sein liebevolles Wesen, bat um sein Bild.[11]

*Faszinierend wirkte auf Wilhelm von Humboldt die Arztgattin
Johanna Motherby aus Königsberg.*

Einen ungemein lieben Brief erhielt Caroline auch von Goethe. Er nannte sie nunmehr »vortreffliche Freundin« und hoffte auf weitere Nachrichten aus der römischen Kunstszene. Ihre Antwort war eine Meisterleistung. Ausführlich ging sie auf die Maler der Gegenwart ein, schilderte hervorstechende Begabungen wie die Brüder Riepenhausen mit ihren *teils lieblichen, teils kalten Arbeiten,* lobte den Landschaftsmaler Reinhart und zog klug die Grenze zwischen der neuen romantischen und der antikisierenden Kunstrichtung, der Goethe, wie sie wusste, den Vorzug gab. *Canova,* schrieb sie, beherrsche *mit wunderbarer Leichtigkeit eben-*

so das weiblich Zarte wie das Grandiose und Kolossale. Noch höher aber schätze sie den dänischen Bildhauer Bertold Thorvaldsen, dessen Arbeiten sie als genial bezeichnete. Er sei es, dessen Werk sichtbar *das Gepräge eines genievollen leuchtenden Moments* in sich trage. Sie beendete ihr Schreiben mit der Bemerkung, dass sie in absehbarer Zeit nach Weimar kommen werde. Goethe, ihr *theurer, innigst verehrter Freund,* dessen *Zueignung* im »Faust« sie nur mit Tränen habe lesen können, sei eng mit der schönsten Zeit ihrer Jugend verbunden. *Lieber Goethe, nehmen Sie mich mild auf, ich komme mit Freuden, aber ich komme auch mit Schmerzen nach Deutschland zurück.*[12] Ihre Schilderung wirkte ansteckend. Goethes Interesse an der römischen Kunst, das seit dem Tod von Hackert und Angelika Kauffmann erloschen schien, lebte wieder auf. Wie sehr er Caroline schätzte, wurde ihr spätestens dann klar, als er sie einlud, *eine Zeit mit ihm zu leben.*

Wilhelm, der bei Goethe das Jahresende verbrachte, meldete stolz, dass im »Faust« auch Tegel vorkomme. *»Wir sind so klug, und dennoch spukts in Tegel«,* heiße es in der »Walpurgisnacht«. Goethe war nämlich bei seinem einzigen Berlinbesuch auch durch Tegel gekommen.[13] In Weimar erhielt Wilhelm nicht nur Carolines Antwort, sondern auch einen zärtlichen Brief von Johanna Motherby, der ihn aufwühlte und beglückte. *Mir ist ein Wesen wie Sie nie erschienen,* brach es aus ihm hervor. *Sie haben wieder Gefühle in mir erschlossen, die ich für tot und abgestorben hielt. Sie müssen gefühlt haben, daß jeder meiner Blicke, jedes meiner Worte tief aus meinem Innern hervorkam. Es gibt leidenschaftliche Augenblicke, von denen Ruhe und Glück fern sind, die aber, wer das wahre Leben versteht, nie aus sich wegwünscht.* Er erinnerte Johanna daran, wie sie im Pelzmantel die Treppe zu ihm herabstieg, wie sie in Königsberg allein im

Wagen fuhren. *Ich sehne mich unbeschreiblich nach Ihnen zurück.* Sein Brief endete mit dem Aufschrei: *Warum sind wir nicht zusammengeblieben?*[14]

Da Humboldts Korrespondenz mit Johanna Motherby weitgehend verloren ist,[15] errät man nur durch die Briefe ihres späteren Geliebten, des Schriftstellers Ernst Moritz Arndt, mit welch zündender erotischer Anziehungskraft sie ihre Verehrer bestrickte. Arndt schrieb ihr im Mai 1813: *ein Briefchen, ein Zettelchen, doch ein so süßes, ist von dem kleinen schwarzlockigen Täubchen gekommen, das unter der Linde träumt – dem muß das Herz wohl brennen zwischen Eis und Flammen. Oh, heute kann Furina wohl nicht unter der Linde träumen und sich sonnen; hier ist es schon kalt, wie wird es in Königsberg sein? Furina, kleines buntfarbiges, lebendiges Wesen,* jubelte Arndt, *süßeste kleine Furina, würdest Du doch auf ein paar Stunden, nein auf eine Nacht, eine verborgene, kosende und küssende Nacht, zu mir gebracht! Sähest Du doch, wie ich geträumt habe mit Dir heute und gestern und alle Tage, wie ich Dich auf den Armen getragen... Oh, das süße kleine Briefchen!*

In Berlin setzte Humboldt die Pläne zur Neuordnung der Bereiche Kultur und Erziehung, Schulen und Kirchen in Preußen fort. Nach der klug durchdachten Reform des gesamten Schulwesens sah er die Universität als einen Gipfel, *auf dem alles, was unmittelbar für die moralische Kultur der Nation geschieht, zusammenkommt.* Ihr Grundpfeiler sei die Einheit von Forschung und Lehre. Schon im Herbst 1810 konnten die Vorlesungen beginnen: Damit erwies er sich nicht nur als Theoretiker, sondern auch als praktischer Kopf. Genial war es, die besten Professoren Deutschlands zu berufen. Dem Rechtsgelehrten Savigny bot er ein Gehalt von 2500 Talern, um ihn zu gewinnen.[16] Ihm folgten Niebuhr und Wolf, Fichte, Schleiermacher und Hufeland, der zum Leibarzt der Königin Luise aufstieg. Aus der Berliner Friedrich-Wilhelms-Universität – heute Humboldt-Universität – gingen im folgenden Jahrhundert neunundzwanzig Nobelpreisträger hervor.

Humboldt leistete ein fast nicht zu bewältigendes Pensum. In seinen Bereich fiel auch die Pflege der Musik, für die Caroline sich interessierte. Erfreut nahm sie zur Kenntnis, dass Zelter zum Professor an der Berliner Kunstakademie und Direktor der Kirchenmusik ernannt wurde. *Es gebe keinen schöneren Namen als Humboldt,* hatte sie ihm lächelnd mitgeteilt, das nämlich habe der König von Neapel zu ihr gesagt. *Ja, mein Lieber, Du und Alexander habt allerdings den Namen sehr verherrlicht.*[17]

Einsam war Wilhelm in Berlin nicht. Er habe eine Verehrerin, berichtete er seiner Frau, die er jedoch nicht erhöre. Caroline von Rochow hat die geselligen Abende im Palais Radziwill beschrieben. *Dort herrschte das Leben eines großartigen Privathauses, in dem ziemlich ausgedehnte Kreise frei aus- und eingingen. Wilhelm von Humboldt war auch einer der hauptsächlichsten Gäste dieses Hauses.* Durch ihn sei die Unterhaltung *von dem schlagendsten Witz und echtestem Humor* belebt worden.[18] Im Juni fuhr er nach Tegel hinaus, weil sich Prinzessin Luise Radziwill mit sechzehn Personen angekündigt hatte. Das alte Gemäuer, das ohne Möbel, mit zerbrochenem Kamin verwüstet und unbewohnbar brachlag, wurde wochenlang gescheuert und instand gesetzt. Der Erfolg konnte sich sehen lassen. *Den Abend tranken wir auf dem Lusthause Tee und gingen erst nach 9 Uhr auseinander,* lautete das Ergebnis. *Tegel ist wirklich für die hiesige schreckliche Gegend jetzt sehr hübsch.* Es gab aber auch eine Hiobsbotschaft. *Vor mehreren Monaten schon hat mir Kunth einen ungeheuren Kasten von Papieren geschickt, die er nach der Franzosenplünderung in Tegel zum*

Teil vom Misthof aufgelesen hat. Da alles wie Kraut und Rüben durcheinander lag, habe er es noch nicht durchgesehen, jetzt aber einen Stoß Briefe entdeckt, *die Papiere sind herausgerissen und größtenteils zerrissen oder verschmissen worden, und die Trümmer hat endlich Kunth aus dem Schiffbruch gerettet.* Auch Silber und Einrichtungsstücke seien verloren, nicht aber das Porzellan und die ihm wertvollen antiken Kunstschätze.[19]

Trotz Arbeitsüberlastung und Ärger mit schwierigen Professoren nahm Wilhelm sich viel Zeit für Briefe an Caroline. Seine Zukunft sei ungewiss. *Es ist mir sehr schmerzlich, teuerstes Herz, mich in diesen wichtigsten Dingen ohne Dich entscheiden zu müssen.* Wenn er nicht zum Minister ernannt werde, wolle er seinen Abschied beantragen. Caroline, von seinen Fähigkeiten überzeugt, bot an, mit ihm in Berlin zu leben. *Ich sehe deutlich, daß Du es lieber hättest, wenn ich jetzt im Dienst bliebe,* antwortete er und fügte – doppelt unterstrichen – hinzu: <u>*Es gibt doch nie ein Vaterland, dem man lieber angehören möchte, als Deutschland.*</u> *Überhaupt, teures Herz, stehe ich jetzt am Scheidewege. Das Privatleben hat unendliche Vorzüge vor dem Dienst. Ich bin nie glücklicher als mit Dir.*

In den zwei Jahren, in denen Caroline allein in Rom lebte, war der Bildhauer Christian Daniel Rauch ihr zum Reisebegleiter und Freund geworden. Sie richtete seine Geburtstagsfeier aus, schenkte ihm Geld und Seidenstrümpfe und erließ ihm alle Schulden. Fünf Jahre lang hatte er mit ihr unter einem Dach gelebt, war mit ihr und den Kindern nach Ostia und Albano gefahren, wo Caroline im Meer schwamm und im Bett des Papstes schlief, hatte mit ihr Neapel und Sorrent besucht – für den Künstler ein unvergessliches Erlebnis. Zum ersten Mal sah man mit eigenen Augen Herculaneum,

Pompeji und Paestum. *Es ist eine Grandiosität und Lieblichkeit in dieser Natur, die sich nicht mit Worten ausdrücken läßt. O wärest Du doch hier!*, schrieb Caroline an Wilhelm. *Die Schönheit der Erde und des Himmels ist über alle Beschreibung.* Sie besichtigten Orte, die auch Goethe gesehen hatte. *Man geht auf den alten Straßen und sieht die Spuren der Räder, man tritt in die Häuser und Budiken...*, berichtete sie. *In Pompeji sind zwei Theater, eine Schule mit dem Katheder. Wie die Stufen eingelaufen sind von den kleinen Kinderfüßchen, kannst du nicht glauben.* Sie fuhren zu den Elyseischen Feldern. *Da ist eine Aussicht in den Campi Elisi, daß man hinknien möchte und beten: ›Gott! Wie hast Du die Erde so schön gemacht.‹* Immer müsse sie an Schillers Worte denken: *Was du als Schönheit hier empfunden,/ Wird einst als Wahrheit dir entgegengehn.* Auf Capri fand die Begeisterung ihren Höhepunkt. *Hinter dem Posilipp ging die Sonne unter und sandte alle ihre letzten Strahlen auf den Vesuv und das entfernte Gebirge, von solchem Schmelz kann man sich keinen Begriff machen.* Nach Salerno und Sorrent begleitete sie der Maler Christoph Heinrich Kniep, der mit Goethe nach Sizilien gekommen und Professor an der Kunstakademie von Neapel geworden war: *ein sehr lieber Mensch, eine Art von Schlabrendorff*. Trotz aller Warnungen bestieg sie mit Rauch und den Töchtern, die *wie die Gemsen kletterten*, den Vesuv, obwohl es wegen der herabgestürzten Lavamassen anstrengender war als gedacht, hörte im Krater das Toben des Schlundes, *als ob ein ungeheurer Sturmwind unten wütete, und zischend fährt es dann herauf wie Dampfwolken. Einmal schlug eine hohe Flamme mit herauf. Der Anblick des Vesuvs, diese ungeheure, furchtbare Unfruchtbarkeit, hat wirklich etwas tief Erschütterndes.*[20]

Zurück in Rom, erhielt sie Wilhelms Briefe, die von wachsenden Schwierigkeiten sprachen. Obgleich der König ihn gern als Außenminister gesehen hätte, fürchtete Hardenberg ihn als einflussreichen Konkurrenten und verhinderte seine Ernennung. Humboldt erwog den Rücktritt. *Es widerspricht geradezu meinem Ehrgefühl, mir eine solche Zurücksetzung gefallen zu lassen,* rief er, *wenn ich meinen Abschied nehme, so gehe ich nie wieder in Dienst. Denn ich diene einmal fest und gewiß keinem andern Lande wie Preußen.* Caroline riet, sich nicht verdrängen zu lassen. Längst war sie überzeugt, dass Hardenberg ihn, den liberalen Denker, aus Berlin beseitigen wollte. Es schaltete sich die Königin Luise persönlich ein. *Wir haben leider keine eminenten Köpfe zuviel, es wäre daher schade, wenn wir diesen (bewährt er sich als solcher) verlören,* schrieb sie dem Fürsten Sayn-Wittgenstein.[21] Prinzessin Luise Radziwill durchschaute die Vorgänge klarer als die Königin. *Herr von Humboldt erhielt die ihm bereits angekündigte Stellung nicht, und es währte nicht lange, bis man bemerkte, daß Graf Hardenberg sehr eifersüchtig auf seine Macht war,* bemerkte sie.

Da Caroline bald nach Berlin kommen wollte, mietete Wilhelm vorsorglich eine Wohnung im Reuß'schen Palais in der Leipziger Straße 3 (in der später die Familie Mendelssohn ihre berühmten Konzerte gab). Als ihre Abreise sich verzögerte, nahm er seinen sympathischen Adjutanten, den fünfundzwanzigjährigen August von Hedemann, ins Haus, in dem er einen potentiellen Ehemann für seine älteste Tochter sah. Sein Wunsch sollte sich erfüllen, wenn auch auf andere Weise: Hedemann heiratete die jüngere und hübschere Adelheid.

Während er auf Caroline wartete, richtete Wilhelm weiterhin innige Bekenntnisse an die geliebte Johanna. Es ist zu vermuten, dass er sich zwischenzeitlich mit ihr traf, denn plötzlich taucht das vertraute *Du* auf bei Geständnissen, wie sie nur in einer intimen Beziehung denkbar sind. Caroline aber hatte er zu ihrem vierundvierzigsten Geburtstag das Liebesbekenntnis geschickt: *Ich glaube, ich trennte mich um keinen Preis wieder so lange von Dir. Mein ganzes Leben ist an das Deine geknüpft. So viele Jahre hindurch bist du mein Ein und mein Alles gewesen. Ich danke Dir jede Freude, jedes Glück, alles was besser und edler in mir ist. Es kann Dich niemand wieder so lieben als ich.* Zärtlicher konnte kein Bekenntnis sein.

Caroline entschloss sich endgültig, Italien zu verlassen. Zum Trost machte sie Wilhelm aus Eboli, *in einer herrlichen Berggegend und nahe am Meer vor dem schönsten Tempel*, den Vorschlag, eines Tages gemeinsam nach Italien zurückzukehren: *Es winkt ja ein freundlich Plätzchen bei der Pyramide...*[22] Seine Antwort lautete: *Unser Schicksal, liebe Li, ist so gut als entschieden, und auf eine sehr unerwartete Weise... Ich bin bestimmt, als Gesandter nach Wien zu gehen.*

Weltumgang oder Privatleben?
Vier Jahre Wien

> *Dein freundlicher Zuspruch fehlte mir alle diese Tage. Ich habe Stunden, wo mir das Leben in der unaussprechlichsten Wehmut zu entfliehen droht.*
> (Caroline an Wilhelm, 1813)

Statt zum Außenminister wurde der dreiundvierzigjährige Humboldt im Juni 1810 zum Außerordentlichen Gesandten Preußens und Bevollmächtigten Minister in Wien ernannt. *Ich bin Staatsminister, vera Eccellenza, und Gesandter in Wien mit 13 400 Taler Gehalt,* meldete er seiner Frau. Was er außerdem war, brauchte er kaum zu erwähnen: nüchterner Politiker, gewandter Diplomat und intellektueller Einzelgänger, den Staatskanzler Hardenberg ebenso als scharfsinnigen Kontrahenten wie als erfolgreichen Konkurrenten fürchtete und möglichst aus Berlin entfernen wollte. Der neue Posten wirkte auf Caroline wie ein Schock. *Teures Herz, glaube mir, Wien ist gewiß göttlich gegen Berlin. Bedenke nur hier den Sand, die Kienbäume, so gut als keine Kunstsachen,* tröstete Wilhelm und verwies auch auf sein hohes Gehalt. Sie war nicht recht überzeugt, begann aber mit dem Verkauf der Möbel und lenkte ein. *Ich liebe Dich in Berlin, in Wien, in Rom; wenn ich mit Dir und den Kindern bin und sie physisch und moralisch gedeihen, bin ich glücklich.*[1] In Wirklichkeit waren die zwei Jahre, die sie ohne den Druck offizieller Zwänge und ohne gesellschaftliche Verpflichtungen in Rom verbringen konnte, die unbeschwertesten und glücklichsten gewesen.

Mit den Töchtern und dem kleinen dicken Hermann traf sie im Oktober 1810 in Wien ein. Ihr Quartier lag im »Haus zum schmeckenden Wurm« nahe dem Stephansdom. Freundin Friederike Brun, die von ihrem Gatten nach Kopenhagen zurückbeordert worden war, erfuhr die dramatische Ankunft. Zweimal war auf der Fahrt die Achse gebrochen und der Wagen mit allen Insassen umgestürzt. Wilhelm empfing sie liebevoll wie stets, *immer so gut, so nachsichtig, so zärtlich gegen mich, sein Äußeres hat sich zum Bessern verändert, er ist merklich stärker geworden, was ihm sehr gut steht.* Zwei Jahre hatte man sich nicht gesehen. Zum ersten Mal hielt Wilhelm seinen jüngsten Sohn im Arm und staunte, wie groß die kleinen Mädchen geworden waren. Die Mutter wiederum war vom dreizehnjährigen Sohn überrascht. *Theodor ist größer als ich, seine Physiognomie ist ganz dieselbe, seine Stimme ist aber schon ganz männlich, seine Haare locken noch immer, sind aber von einem weit dunkleren Blond. Seine Liebe zur mir hat etwas Leidenschaftliches, und es läßt sich viel auf ihn durch Liebe wirken.* Bei diesem ersten günstigen Eindruck sollte es allerdings nicht bleiben.

Nach ihren Briefen zu urteilen, wurde Caroline in Wien nicht heimisch. Noch nach einem Jahr klagte sie Welcker, der sie für drei Wochen besuchte: *Wenn ich nur zuweilen diesen oder jenen Lieblingsplatz bei Rom und Neapel sehen könnte, den Schmelz der Farben, die Beleuchtung, den Glanz des Himmels und des Meeres...* Die Krankheitszeichen mehrten sich. Ihr fehlten die römischen Freunde, ebenso wie die herrlichen Kunstsammlungen. Der zweijährige Hermann bekam einen schweren Anfall, klagte sie Friederike Brun, *seitdem leide ich an dem furchtbarsten Nervenkopfweh, das man je hatte, ach Gott, so daß mir oft Sinn und Gedanken vergehn und ich wie aufgelöst in Schmerzen* *zu sterben meine.*² Ihre Aufträge bei Joseph Anton Koch und die Bestellungen bei den Brüdern Riepenhausen dienten auch dazu, mit Rom in Verbindung zu bleiben. Geradezu entrüstet war sie, dass Burgsdorff, der mit seiner jungen Frau nach Italien gereist und ihr von der schweren Erkrankung des Malers Schick berichtet hatte, Rom schon nach sechs Wochen wieder verließ. Glücklich war sie über den Besuch des Schwagers Alexander, den sie sehr mochte. *Ich habe ihn nie lieber gewonnen als diesmal während seiner 5wöchentlichen Anwesenheit,* meldete sie ihrer Tante im November 1811. *Das Leben hat ihn auch milder, stiller, anspruchsloser gemacht als er es schon war, und liebender. Ach, verlohnte es sich zu leben, wenn das nicht mit dem Alter wüchse! Sein Hiersein hat uns so sehr gefreut, als sein Abschied uns geschmerzt hat.*

Neue Freundschaften konnten die alten nicht ersetzen. Zwar finden sich im Tagebuch der Gräfin Elise von Bernstorff, Ehefrau des dänischen Gesandten in Wien, Schilderungen gemeinsamer Unternehmungen: Man sei ausgeritten, habe Schloss Schönbrunn und den sommerlichen Prater besucht. *Es war die Gemahlin des preußischen Gesandten Wilhelm v. Humboldt, Caroline geb. v. Dachroeden, die mich am Hofe und in die Gesellschaft einführte,* notierte sie glücklich. *Sie war eine Frau von hoher Bildung, ausgezeichnetem Geist und großer Güte. Am letzten Juni gaben Humboldts uns zu Ehren eine Soirée, deren Mittelpunkt und glänzende Sonne Frau v. Stael war, keine Sonne der Schönheit, aber an Liebenswürdigkeit ein Gestirn erster Größe*³. Caroline lag wenig an offiziellen Beziehungen, während die junge Gräfin stolz die Aristokraten aufzählte, an deren Empfängen sie teilnahm: Fürst Trautmannsdorff, die Herzogin von Talleyrand, Graf Münster und Graf Schulenburg – wobei sie die goldenen Tafelaufsätze, kostbaren Perlendiademe und Schleppkleider nicht unerwähnt ließ. Schon daran wird der Unterschied deutlich zu Caroline, der der oberflächliche Verkehr mit exklusiven Kreisen eher lästig war und die aus der Stadt fliehen wollte, bevor der Wiener Kongress begann. Als Gattin des preußischen Gesandten hätte sie bei den Festen für den König, den Diners des Staatskanzlers Metternich und den Soireen der Esterhazys und Schwarzenbergs nicht fehlen dürfen.

Ungewöhnlich war eine Bekanntschaft, die sie im Frühjahr 1811 machte, als sie den in österreichischen Diensten stehenden Offizier August Varnhagen van Ense traf, der sich zu ihrer Verwunderung außerordentlich für sie zu interessieren schien. Er sei endlich Frau von Humboldt begegnet, meldete der Sechsundzwanzigjährige Rahel Levin, die er drei Jahre später heiraten würde. *Ich erkannte sie, als sie zu Schlegels eines Morgens ins Zimmer trat, sie lud mich ein...* Varnhagens nicht nachlassendes Interesse hatte einen bestimmten Grund: Durch Rahel angefeuert, witterte er in dieser wichtigen Bekanntschaft die große Chance, sich beruflich zu verbessern. Er belagerte die Gesandtengattin, brachte ihr persönlich seine Aufzeichnungen und schickte schmeichelhafte Huldigungsbriefe. Ebenso verblüfft wie aufrichtig anwortete Caroline, das Gespräch mit ihm habe ihr einen guten, seine schriftlichen Äußerungen aber einen eher negativen Eindruck hinterlassen. Noch ohne zu ahnen, dass er sie für seine Zwecke einspannen wollte, war sie verdutzt, dass er sie mit unnachahmlichen Wortkaskaden umwarb, ihr offenkundig schmeichelte und sie in hohen Tönen lobte: ihr Aussehen, ihr Charme, ihre Güte seien unvergleichlich, sogar ihre Handschrift, in der ihr Wesen sich ebenso spiegele wie *in den reizenden Zügen eines edlen Gesichts, und leise Bewegungen, Worte, Stimmentöne sind die Farben dazu...* Seine hymnischen Huldigungen füllten

Seite um Seite. Geduldig ertrug Caroline die aufdringliche Koketterie, bis der Faden riss. Als er über ihre Freundinnen spottete, Dorothea Schlegel unselbständig und bigott, Henriette Herz kindlich und dumm nannte, verteidigte sie ihre Freundinnen und gewann Distanz zu dem geschwätzigen Verehrer, woraufhin er seine Bemühungen verdoppelte und sie einem Stern verglich, zu dem er aufsehe, bis er ihre Verärgerung zur Kenntnis nehmen musste. Endlich rückte er mit der Wahrheit heraus. Unterstützt von Rahel Levin, suchte er eine Anstellung in Preußen.[4] Caroline versprach, sich für ihn zu verwenden.

Derjenige, um den sie sich auch von Wien aus sorgte, war der krank in Stuttgart lebende Maler Gottlieb Schick, dem sie mit Aufträgen unter die Arme greifen wollte. Sie kenne in Wien viele Damen, schrieb sie, die *hübsch, noch jung und sehr eitel* sind und gemalt werden wollten; er möge ihr die Preise *für ein Kniestück wie für ein Brustbild* nennen. Für Quartier und Kost werde sie sorgen.[5] Sie und Wilhelm kümmerten sich auch energisch um die Zukunft von Freund Rauch. Der Bildhauer hatte die Porträtbüste der preußischen Königin Luise begonnen, die mit vierunddreißig Jahren überraschend gestorben war. Humboldt beschwor Caroline, dem Künstler einen Brief an den König aufzusetzen, und bat Rauch, den Kopf unbedingt zu vollenden, bevor seine Konkurrenten Canova oder Thorvaldsen den Auftrag zum Grabmal bekämen. Die fertige Büste rührte den König zu Tränen, Rauch erhielt den Auftrag. Das lebensgroße Marmorbild der wie im Schlaf ruhenden Königin, das in Schinkels Mausoleum im Park von Schloss Charlottenburg zu besichtigen ist, wurde der Beginn seines Aufstiegs zum berühmtesten preußischen Bildhauer des Klassizismus.

Rahel Varnhagen von Ense, geb. Levin. Zeichnung von Wilhelm Hensel, Berlin 1822.

Gern hätte Rauch seine Gönnerin in Wien besucht, doch die Reise wurde verhindert durch seine kleine, unehelich geborene Tochter Agnes, die er zärtlich liebte, während er ihre Mutter Wilhelmine Schulz, die hässlich und ungebildet war, nicht heiraten wollte. Trotzdem brachte Wilhelmine im Sommer 1811 auch seine zweite Tochter Dorothea zur Welt, so dass er erst am Jahresende in Wien eintraf. Hier nahm ihn Caroline mit zu einem gewissen Dr. Barth, dessen antike Marmorfigur eines schönen Knaben sie gern erworben hätte, doch der Kronprinz von Bayern hatte ihm bereits 3000 Golddukaten geboten und Caroline gebeten, den

*Karl August Varnhagen von Ense.
Zeichnung von Wilhelm Hensel, Berlin 1822.*

Transport des Marmorknaben, dessen Kopf mit Wolle umwickelt werden sollte, zu besorgen. Über den Besuch berichtete Rauch am 28. August 1829 Goethe, der einen Abguss der Figur besaß: *Ich sah den Marmor zuerst mit Frau von Humboldt zu Wien in einer Kellerwohnung, neben dem Herd, wo der wunderliche (ich möchte sagen) wüste Dr. Barth sein Sauerkraut kochte und mit Küchenschmutz behaftet, uns auf die Schönheiten dieses Werks aufmerksam machte*, ein Erlebnis, das Rauch nie wieder vergaß.[6]

Nach zwei Monaten reiste der Bildhauer weiter, und seine Berichte aus Rom, wo er am Grab der Humboldt-Söhne eine

Adelheid von Humboldt als Psyche, Christian Daniel Rauchs Dank an Caroline. Marmor um 1810, vollendet 1826.

Hecke aus Lebensbaum pflanzte, da weidende Schafe die Bäume angenagt hatten, klingen so privat, als sei er ein Mitglied der Humboldt-Familie. *Ich bitte ja, mir nicht Ihre gütige Nachricht zu entziehen, sonst wäre ich ganz verloren.* Allerdings wurde er von der römischen Polizei wegen seines patriotischen Auftretens der Spionage verdächtigt, vorübergehend verhaftet und seine Post – darunter auch Carolines Briefe – verbrannt. Die angedrohte Deportation nach Frankreich konnte nur durch Canovas Eintreten verhindert werden.[7] *Wie glücklich machen Sie mich mit Ihrer Fürsorge und Liebe,* antwortete er, nachdem Caroline ihm 300 Zechinen geschickt hatte. Als Dank schuf er aus weißem Marmor ein Meisterwerk: »Adelheid von Humboldt als Psyche«. Es ist die lebensgroße Skulptur eines lieblichen Mädchens, das einen Schmetterling auf der Hand hält. Caroline war begeistert. *Der Kopf sei auffallend ähnlich, die Jugendlichkeit, Kindlichkeit und Reinheit der Gestalt ist sehr schön, sie ist halb bekleidet, nur Nacken, Arme und Brust sind bloß...* Die Marmorskulptur wurde, wie Rauch im Tagebuch vermerkte, erst im Januar 1827 bei starkem Frost und tiefem Schnee aus seiner Werkstatt zum Schloss Tegel transportiert.[8]

Wie ein unsichtbarer Faden zog sich die Sehnsucht nach Italien durch die Wiener Gegenwart. Caroline informierte den bayrischen Kronprinzen Ludwig über den großen Fund auf der Insel Aegina, riet zum Erwerb der Figuren, beteiligte sich an der Diskussion um ihre Deutung und berichtete auch Goethe von den sensationellen Ausgrabungen. *Der Fund, der auf Aegina gemacht ist, scheint allerdings ganz außerordentlich interessant zu sein und dürfte vielleicht viele Aufschlüsse über die früheste Kunst geben. Der Archäologe Gropius selber, der mit uns vor 11 Jahren die Reise nach Spanien machte,* habe darüber geforscht, sie füge den Bericht bei.⁹ Aber sie klagte auch über Wien. *Seit fünfzehn Monaten bin ich nun hier, wo man uns mit Güte und Zuvorkommenheit aufgenommen hat. Aber kann man deshalb Rom vergessen?* Goethe antwortete aus Böhmen: *Wie angenehm war mirs, wieder etwas unmittelbar von Ihnen zu erfahren...* Er bedaure sie, so wie er jeden bedaure, *der mit seinem Gepäck zur Porta del Popolo hinausfährt.*¹⁰ Humboldt, der den Dichter besuchte, schrieb ihr, dass Riemer, der Erzieher von Goethes Sohn August, *seine alten Verrücktheiten* bekam und entlassen wurde. *Goethe grüßt dich sehr, sehr herzlich und spricht viel davon, daß Du einmal eine Zeit mit ihm hier leben solltest.*¹¹

Im April 1812 hatten Österreich und Preußen ein Friedensbündnis mit Frankreich geschlossen. Im Winter erlitt Napoleon vor Moskau ein bisher nicht erlebtes Desaster. Der elende Durchzug verstümmelter Soldaten zerstörte den Nimbus des »unbesiegbaren« Kaisers. Die Alliierten begannen mit Kriegsvorbereitungen. Schlabrendorf schrieb Caroline, jetzt möge sie kommen. Schon vor einem Jahr habe sie reisen wollen, antwortete sie wehmütig, und sei weiterhin zur Reise nach Paris entschlossen. *Du bist und bleibst für mich ein einzig teures geliebtes und mir innigst verwandtes Wesen, und ich s e h n e m i c h n a c h n i c h t s s o a l s D i c h w i e d e r z u s e h e n. Dein Bild, mein teurer Freund, hängt in meinem Schlafzimmer, und die Kinder kennen Deinen vielgeliebten teuren Namen wie einen, der zu den unseren gehört. O lernten sie Dich bald von Angesicht zu Angesicht kennen! Du kannst mir glauben, mein lieber Gustav, daß mich nach Dir oft eine solche Sehnsucht erfaßt, daß ich mein Herz nicht mehr zu halten weiß.* Sie müsse ihn sehen und sprechen. Sie werde kommen.

Ende Februar 1813 kam der sechzehnjährige Theodor, inzwischen Heidelberger Student, der seinen Eltern trotz der Aufsicht des zuverlässigen Karl von Roeder Sorgen machte, nach Wien, um dem Aufruf des Königs zu folgen und als Freiwilliger ins preußische Heer einzurücken. *Oh, daß ich den Beginn dieses Sieges mit meinem Herzensblut erkaufen könnte!*, schrieb Caroline. *Die Natur hat es wunderbar im Weibe gemacht – so beschränkte Kräfte und so unbeschränkte Wünsche!* Sie bekannte Varnhagen, es sei das erste Mal, dass sie wünsche, ein Mann zu sein. Einen herzlichen Brief schickte aus Paris ihr Schwager Alexander, der ihre Sorgen teilte. *Meine teure, innig geliebte Li! ... Nach jeder Schlacht bin ich in banger Stimmung wegen Theodor. Ich fühle zum ersten Male, was es heißt, an dem Blutvergießen näheren Anteil zu haben. Sollte Gott es so fügen, so verlasse Dich, teure Li, auf meine treue, zärtliche Liebe und Anhänglichkeit.*[12]

Sie war viel allein. Humboldt wurde in das preußische Hauptquartier nach Reichenbach gerufen, im Juli reiste er als Vertreter Preußens zum Friedenskongress nach Prag. Caroline kümmerte sich um den Unterricht der Kinder, sah zuweilen die kurländischen Prinzessinnen, freute sich über den Besuch von Line von Wolzogen und war glücklich, zwei Frauen in Wien zu finden, die ihr etwas bedeuteten: Dorothea Schlegel und Henriette Herz. *Friedrich Schlegels Frau ist mir hier ein sehr lieber Umgang, sie hat Verstand und Gemüt, beides im hohen Grade,* erfuhr Friederike Brun. Henriette Herz, die seit dem Tod ihres Mannes finanziell eingeschränkt lebte, zog zu den reichen Wiener Arnsteins, da die Witwenkasse während der Napoleonischen Kriege nicht zahlte.[13]

In einem Brief an Friederike Brun findet sich eine unscheinbare Nebenbemerkung. *Humboldt lebt viel in der Welt, und ich viel und ausschließlich mit mir, meinen Kindern und meinen Büchern.* Das deutet nicht nur auf unterschiedliche Lebensformen, sondern auch auf eine Enttäuschung hin. Wilhelm zog den »Weltumgang« vor und war so gut wie nie bei ihr. Was wusste sie von der Fortsetzung seiner Beziehung zu Johanna Motherby? *Ich lebe glücklich mit meiner Frau und meinen Kindern,* schrieb er der Geliebten, dennoch sei er im Tiefsten unbefriedigt. *Ich bin nicht, wie ich sein würde ganz nach meinem Willen und meiner Lust, sondern wie ich für sie sein will. Aber es gibt eine andere, viel eigentlichere und tiefere Liebe, von der ich mit Niemand reden möchte als mit Dir, die Du mich einmal verführst, herauszugehen aus mir und Dir mein Innerstes zu öffnen, und diese Liebe ist dann ganz anders.* Die Beziehung bestand weiterhin; er rechne, heißt es in seinem Brief, *auf Deine Liebe, Deine Folgsamkeit, das tief innige Gefühl, daß Du ganz für mich da bist und nie forderst, aber dankbar empfängst...* Er bekannte Johanna seine Begierde nach einer Geliebten, die sich im Liebesakt wie eine Sklavin unterwirft, und war glücklich, sie in ihr gefunden zu haben. *Denn diese Liebe besteht darin, daß das Weib ganz aufgehe in dem Mann und gar keine Selbständigkeit mehr habe als seinen Willen, keinen Gedanken, als den er verlangt, keine Empfindung, als die sich ihm unterwirft, und daß er vollkommen frei und selbstkräftig bleibe und sie ansehe als einen Teil von sich, als bestimmt, für ihn und in ihm zu leben.*[14] Auch in langen Gedichten hat er derartige Sexualvorstellungen wortreich beschworen.

> *Das Weib muß dienen und gehorchen, scheiden*
> *von jeder eignen Lust und sonder Klage*
> *im sauren Dienst der Stirne Schweiß vergeuden...*
> *Vergiß es nie: zu dulden und zu lieben*
> *den, dem sie dienet, ist das Weib geboren...*[15]

Die Frau, die er geheiratet hatte, war alles andere als eine unterwürfige Natur, sie war eigenständig und stark, und sie war nicht nur in geistiger Hinsicht das Zentrum seines Lebens. *Mein süßes, einzig liebes Kind!*, schrieb er Caroline, als er im September 1813 nach Teplitz abreiste. *Gott! Wie danke ich Dir noch für Deine Liebe in den Tagen in Wien. Die Erinnerung wird mir Glück geben, bis ich Dich wiedersehe. Ewig Dein.* Das klingt nicht nach einem unbefriedigten Ehemann. Einen Monat später hieß es: *Du bist so gut und hast mich so einzig geliebt.* Drei Monate später: *Oh, süße, teure Li, warum kann ich nicht mit Dir von dem allen reden und Deine liebe, hübsche, sinnige Stirne küssen? Habe mich auch lieb in der Ferne und denke, daß daran mein ganzes inneres Glück hängt.* Caroline war weder prüde noch moralisierend verschämt, er konnte auch über erotische Erfahrungen mit ihr sprechen. *Es ist, daß man immer mehr und steigend dasselbe einer im andern entdeckt und sucht, was einen vom ersten Augenblick an glücklich gemacht hat...*[16] Er brauchte sie, brauchte die Art der beseelten Liebe, die sie ihm bot.

Von einer Geliebten aber erwartete er offenbar eine andere Art der Befriedigung. *Welche Seligkeit! Du hast mich gewollt wie ich bin, sonst hättest Du nie meine innersten Gefühle beschworen,* schrieb er Johanna. *Es hat nie ein Mensch solch eine unendliche Gewalt über mich besessen, und keiner das eigne Glück mehr verschmäht... Ich umarme Dich tausendmal.*[17] Es war dann Johanna, die die Liebesbeziehung beendete. Sie lernte Ernst Moritz Arndt kennen, der ihr weit feurigere Gefühle entgegenbrachte als sein Vorgänger und außerdem ungebunden war. Johanna ließ sich scheiden und erwog neue Heiratspläne. Als Arndt vor einer Ehe mit der schönen Frau floh, weil sie ihm zu leichtsinnig erschien, heiratete sie 1824 den jüngeren Arzt Ludwig Dieffenbach und zog mit ihm nach Berlin, wo sie Caroline kennen lernte und Humboldt wiedersah. Doch auch diese Ehe scheiterte.

Über das Liebesleben des preußischen Gesandten wurde in der Wiener Gerüchteküche vieles gemunkelt. Es hieß, er gebe sich mit ältlichen Geliebten und Tänzerinnen ab.[18] Geht man dem Gerücht nach, zeigt sich, dass es Humboldts erklärter Feind war, der österreichische Kanzler Metternich, der es seiner intriganten Geliebten Wilhelmine von Sagan mitteilte.[19] Eine andere Pikanterie aus Wiener Zeiten, die Varnhagen später vom Grafen von der Schulenburg-Klosterrode gehört haben wollte, spricht von einem verborgenen Zimmer in Humboldts Dienstwohnung, in welchem er sich *in Anschauung antiker Nacktheit* ergötzt habe – ein ironischer Seitenhieb auf seine Antikenbegeisterung. Hinter einer Tapetentür habe ein nacktes Mädchen, *auf einen Stuhl steigend, die Kerzen eines Kronleuchters entzünden müssen, und Schulenburg sagte, es sei wirklich sehr schön anzusehen gewesen. Es fiel weiter nichts vor.* Varnhagen notierte diese fragwürdige Szene fünf Jahre nach Humboldts Tod.[20]

Auf dem Prager Kongress war es Humboldts erklärtes Ziel, Österreich – trotz der Vermählung der Kaisertochter Marie-Louise mit Napoleon – an die Seite von Russland und Preußen zu bringen. Dass Österreich nach Beendigung des Waffenstillstands Napoleon den Krieg erklärte, verbuchte er als persönlichen politischen Triumph. *Ich stehe auf dem Punkt, den ich zu erreichen wünschte. Ich habe jetzt eine wichtige Sache im Leben durchgesetzt,* frohlockte er bei Caroline. Sein Feind Metternich hatte ihn bespitzeln und sogar ihre Privatbriefe öffnen lassen, die dann *durch ein fremdes Siegel* geschlossen waren, was sie fortan zwang, ihre Nachrichten chiffriert zu übermitteln.[21]

Der Krieg konnte jeden Tag losbrechen. *Auch wir fürchten dieses verheerende Ereignis ungemein* – Caroline war auch in Sorge um ihre desolaten Vermögensverhältnisse. Schon früher hatte sie über ihre Schulden gesprochen. *Sie wissen, Humboldts ganzes Vermögen und meines Schwagers seines steht auf großen Gütern in Polen, wo man jetzt damit umgeht, Papiergeld zu machen – und kommt nun noch ein Krieg!!* In der Tat hatte Wilhelm einem Freund, dem Gutsbesitzer Otto Sigismund von Treskow, zum Bau seines von Schinkel entworfenen Herrenhauses Owinsk bei Posen 38 000 Taler aus seinem mütterlichen Erbe geliehen, die bis 1821 zurückzuzahlen waren. Dieses Geld schien durch die Abtrennung der polnischen Gebiete, die seit dem Frieden von Tilsit 1807 zum neuen Herzogtum Warschau gehörten, für immer verloren. Man lebte mit Schulden, noch Ende 1813 konnten sie die Zinsen nicht bezahlen, das erfuhr auch Schlabrendorf. Ihre Güter seien nicht nur verschuldet, berichtete ihm Caroline, sondern auch die Gebäude verfallen, da ihr Vater, der *nach der Schlacht am 14. Oktober persönlich geplündert worden war,* sich seither um nichts mehr gekümmert habe. Infolge der gegen England verhängten Kontinentalsperre erhielt sie nur noch zwei Drittel der vorigen Einnahmen, und trotz dramatisch gesunkener Korn- und Wollpreise verlangten die Pächter eine höhere Pacht. *Wir kommen nur mit Mühe aus und lassen uns in nichts die Zügel schießen,* meldete sie Schlabrendorf, der auf sie wartete. Das sei auch ein Grund, weshalb sie nicht leichtfertig nach Paris reisen könne.

Nach Jahren des Verstummens war es Rahel Levin, die den Faden wieder aufnahm. Sie war in Prag Wilhelm begegnet und wandte sich nun bittend an Caroline. Ihr Brief vom Juli 1813, worin sie um Geld für die von ihr organisierte Verwundetenfürsorge bat, benutzte das freundschaftliche *Du*. Caroline antwortete etwas reserviert: *Wir haben uns nun in 11 Jahren nicht gesehen und haben uns gewiß sehr verändert* – doch sie reagierte sofort und schickte auf der Stelle alles, was sie an Barmitteln erübrigen konnte. Rahels Dank klang überschwänglich. Dass ihre Beteuerungen nicht ganz aufrichtig waren, erfährt man aus ihren gleichzeitigen Briefen an Varnhagen, den sie im Jahr darauf heiratete und dessen Laufbahn sie durch *die guten Beziehungen* der Gesandtengattin günstig zu befördern hoffte, die *ein Willensorgan ihres Mannes* sei. Hätte Caroline gewusst, wie viel Spott über sie ausgegossen wurde und welchen Spitznamen man ihr beilegte, sie hätte sich wohl noch nachdrücklicher distanziert. *Ich habe der Dame geschrieben, die Dich ohne Brillen sehen will,* triumphierte Rahel bei Varnhagen, verärgert darüber, dass Caroline Varnhagens Brille beanstandet hatte. Sie habe *ein Meisterstück der Diplomatie* verfasst – acht volle Seiten! Von Varnhagen forderte sie, der *Brillenfrau* aus Karrieregründen ebenfalls einen *verführerischen Brief* zu schreiben.[22]

In den Tagen kriegerischer Ereignisse erkundigte sich Rauch besorgt nach Theodor, der bei der Garde kämpfte. Die Nachricht, dass der Sohn verwundet sei, traf die Mutter wie ein Schlag. Kurz zuvor war der zweiundzwanzigjährige Dichter Theodor Körner, der in Wien zum Freund der Humboldt-Töchter geworden war, durch eine französische Kugel getötet worden. Er hatte als Freiwilliger bei den Lützow'schen Jägern gekämpft, war mitten durch die Feinde von Stendal nach Bayreuth geritten; sein Gedicht von »Lützows wilder verwegener Jagd« entstand, bevor er tödlich getroffen starb.[23] Als Caroline erfuhr, dass ihr Sohn leicht verletzt in einem Hirschberger Lazarett lag, beruhigte sie sich. Doch die Angst, auch noch den dritten Sohn zu verlieren, weckte ihre patriotischen Gefühle. *Die Zeiten drücken einen jeden auf recht furchtbare Weise, und uns arme Deutsche und Preußen zumal. Doch hoffen wir, daß aus der tiefen Nacht, die uns umgibt, noch ein schöner Morgen hervorbrechen wird,* schrieb sie dem Maler Reinhart nach Rom. Ihren Mann mahnte sie, sich für Preußen einzusetzen, das Land, das ihr wegen der *schönen, wahren und heiligen Gefühle, womit Tausende seiner Bürger in den Tod gegangen sind oder ihr Liebstes dem Schicksal dargebracht haben, unbeschreiblich lieb geworden ist.*[24]

Am 19. Oktober 1813, einem schicksalhaften Tag, schickte Humboldt aus Rötha in Böhmen seiner Frau die Siegesbotschaft: Napoleon war bei Leipzig geschlagen und über den Rhein zurückgedrängt worden. Caroline benachrichtigte Varnhagen: *Der große Schlag an der Elbe ist geschehen. Deutscher Sinn hat sich in allen Klassen ausgesprochen. ... Furchtbar war der Kampf, er dauerte 3 Tage. Was sagen Sie zu der ehrenvollen Preußischen Nation, wie und auf welche Weise sie aufgestanden ist. Ach ich muß mich mit I h n e n freuen, Sie sind ja mein Landsmann. Sie haben recht, teure Freundin, mit Stolz und Freude von Ihrem Lande und Ihrem Volke zu sprechen,* erwiderte er. *Deutschland, ach Deutschland ist befreit!*

Humboldt, der dem preußischen König nach der Niederlage von Jena und Auerstedt ins Exil gefolgt war, begleitete ihn jetzt nach der gewonnenen Völkerschlacht zu den Friedensverhandlungen nach Paris. Farbig und feurig beschrieb er Caroline den königlichen Einzug, die Truppenaufmärsche, die Rückkehr der vier Pferde vom Brandenburger Tor, äußerte sich ironisch zum selbsternannten Kaiser Napoleon, der sich gebärde wie *ein Schauspieler, der eine Tragödie gespielt hat.* Sie antwortete glücklich: *Man kann sich nie genug freuen, das erlebt zu haben. Deutsche Ehre wieder obenauf. Das ist mir die Hauptsache. Möge man doch nur sich recht würdig und schön betragen, schön, wie man gefochten hat. Um etwas Höheres zu retten, davon ist alles Gute ausgegangen.*[25] Zu seiner Freude traf Wilhelm in Paris seinen Bruder wieder und Carolines Freund aus römischen Tagen, Alexander von Rennenkampff, der sie, wie Humboldt versicherte, tief verehre – *wirklich mit einer Treue, die mir ihn doppelt lieb macht. Ich habe eine natürliche Zuneigung für jeden, der fühlt, was Du, liebe Li, eigentlich bist.*

Caroline antwortete seltener, schrieb weniger lange Briefe. Sie hatte sich verliebt, und ihre jähe Leidenschaftlichkeit lässt das Mysterium ihrer Ehe noch rätselhafter erscheinen. Der gesamte Lebensbriefwechsel zwischen ihr und Wilhelm ist von Zärtlichkeit und Liebeserweisen geprägt wie kaum ein zweiter. Bei der Lektüre der siebenbändigen Korrespondenz fällt auf, dass keiner den anderen jemals kritisierte oder zurechtwies. Sie unterstützte ihren Mann, respektierte seine Haltung und seine Ansichten, wechselte ihm zuliebe die Wohnorte; er wiederum pries ihre *weibliche Güte* und bleibende Jugendlichkeit, schrieb ihr am letzten Tag des Jahres 1813: *Gute Nacht, süßes Kind. Ich werde mit Dir einschlafen und im neuen Jahre mit Dir zuerst erwachen. Erhalte mir auch Deine Liebe. Auch der am stärksten und selbständigsten aussieht, ist immer der Liebe bedürftig, und niemand kann für die Deinige dankbarer sein als ich. Ich küsse in Gedanken Dich und die Mädchen, die nun tief schlafen, und Hermann neben Dir...* Schon Varnhagen bemerkte die Einzigartigkeit dieses Ehebundes: *mit größerer Grazie* sei niemand verheiratet als die Humboldts, *völlige Freiheit gebend und nehmend.*

Dennoch brachte eine neue Leidenschaft Caroline an den Rand des Abgrunds. Sie nannte die Liebe *die wunderbarste*

*Der Arzt und Freund Ferdinand Koreff.
Bleistiftzeichnung von Wilhelm Hensel, 1820.*

Gewalt, litt aber zugleich unter der Unentrinnbarkeit dieser Gewalt. Wieder war es die zuverlässige Rahel, von der sie Verständnis und Verschwiegenheit erwartete. *Sie konnte mit durchdringendem Scharfsinn die verborgensten Gesichter aufschließen,* hat Varnhagen von Rahel bemerkt.²⁶ Caroline vertraute sich ihr an. Ob sie einen Doktor Koreff kenne? Als Rahel bestätigte, schüttete Caroline ihr übervolles Herz aus. *Mit Koreff bin ich sehr nah gekommen,* bekannte sie im Januar 1814, *er hat eine unbeschreibliche Tiefe des Gemüts, und es neigt sich Alles in Liebe und Sehnsucht einem andren Leben zu.* Die Art, wie sie den Dreißigjährigen kennen lernte, war abenteuerlich genug. Eine Bekannte aus Rom, Frau von Ramdohr, war im Juli 1813 krank zu Caroline gekommen, um sich bei ihr zu erholen – bis sich herausstellte, dass sie ein Kind erwartete. Der Arzt, der ihr während der lebensgefährlichen Entbindung beistand, nach der sie *7 Tage lang zwischen Leben und Tod schwebte,* und dem es auch gelang, Carolines Herzkrämpfe zu beheben, war kein anderer als Dr. David Ferdinand Koreff.

Dieser Mediziner, der durch sensationelle ärztliche Erfolge bereits einigen Ruhm geerntet hatte, war ebenso intelligent wie charmant, ein Frauentyp und Belesprit. Sein gutes Verhältnis zu Caroline sollte seine Karriere entscheidend beeinflussen. Er widmete ihr ein Gedicht, in dem er sie mit *Du unaussprechlich Gute* ansprach. Als sie, beide im Februar geboren, gemeinsam ihre Geburtstage feierten, entstand vermutlich Carolines Gedicht, in dem sich ihr Verzicht schon andeutet.

> *Eines Mondes dunkles Walten*
> *Hat dem Dasein uns geweiht,*
> *Doch von feindlichen Gewalten*
> *Fern und ewig fern gehalten*
> *Floh' die heil'ge Jugendzeit . . .*[27]

Caroline bekannte Rahel: *Er ist mir unendlich teuer geworden, und ich denke und fühle, daß ich ihm auch lieb bin.* Sogar bei Rauch zog sie Erkundigungen ein. *Herrn Dc. Koreff kenne ich allerdings,* antwortete der Bildhauer bereitwillig aus Berlin, *einmal war ich bei ihm, wo er aus seinen Dichtungen vorlas.* Koreff sei eitel und arrogant, seine Verse unverständlich, sein Gespräch aber äußerst geistreich.[28] Schließlich befragte sie auch Varnhagen, dessen Klatschsucht bekannt war, weshalb sie ihre Sympathie hinter politischen Motiven verbarg. *Eine teure, mir sehr liebe Bekanntschaft hat das Glück mir zugeführt, einen Mann, den Sie wohl auch kennen, Koreff . . . Wir freuen uns unter andrem auch daran, Preußen zu sein – das kann man nicht mit einem jeden . . . Wer sich mit Liebe und Vertrauen jetzt ergreift und erkennt, den besitzt man für das Leben.* Varnhagen berichtete stolz, dass Koreff als Student mit ihm und Fouqué, mit Hitzig, Neumann und Rahels Bruder, dem Theaterdichter Ludwig Robert, den Bund der »Nordsternbrüder« begründet, gefühlvoll-ernste Gedichte verfasst und durch seine Erzählgabe auch Chamisso und E.T.A. Hoffmann begeistert habe. *Er war nicht schön,* meinte Varnhagen von Koreff, *aber sein sprechendes Auge, sein starker Haarwuchs, seine feinen Hände und Füße, seine Entschiedenheit in allem, was er sagte und tat, machten den günstigsten Eindruck. Er sprudelte von Geist und Witz, denen seine gründlichen, alles umfassenden Kenntnisse unerschöpflichen Stoff gaben.* Koreff verstehe mit *unwiderstehlichem Ausdruck* zu erzählen – *man glaubte, einen Italiener vor sich zu haben.*[29] Auch das könnte Carolines Sympathie erklären. Wilhelm erfuhr, dass sie mit Koreff seine Pindar-Übersetzung studiert habe, wobei sie ihre Schilderung mit der doppeldeutigen Bemerkung schloss: *Allein süß und wohl das Allersüßeste ist es überhaupt, alle Liebe als reines Geschenk zu empfangen. Wer hat je die Liebe v e r d i e n t!*[30] Koreff muss überaus mitreißend gewesen sein. Caroline versicherte Rahel noch einmal: *Er ist ein Mensch in dem vollen Sinne des Wortes. Die Kinder hängen an ihm, wie wenn er immer mit uns gelebt hätte.* Offensichtlich war er zum Familien- und Intimfreund geworden. Er habe sie gepflegt *mit einer Liebe und Treue, die sich nicht beschreibt. Ich liebe ihn noch weit mehr wie sonst,* bekannte sie. *Ich kann über ihn nichts sagen als: ich liebe ihn, wie gewiß nie ein Mensch einen Menschen mehr geliebt hat.*[31]

Einst hatte sie ausgerufen: *Mein Herz ist unersättlich in dem Genuß der Liebe und Freundschaft.* Jetzt war sie sechsundvierzig, und Schwermut quälte sie. Sie könne *unendliches Glück im Anschaun einer solchen Natur* wie Koreff empfinden, sagte sie zu Rahel, *aber sie zieht mich zu sehr an, um nicht geliebt seyn zu wollen. Das ist eine fürchterliche Klippe in dem Schmerzensleben des Herzens. Geschicklichkeit hat mir eigentlich die Natur versagt, und ich tue oft weh, wenn mir das Herz innerlich vor Liebe und Sehnsucht vergeht.* Rahel dürfe es keinem erzählen: *sage das alles Niemand, hörst du, Niemand.* Eines der unveröffentlichten, erst im Nachlass gefundenen Gedichte Carolines könnte auf diese Leidenschaft – und ihre Entsagung – gemünzt sein.

Mit Blüten durft ich nicht dein Leben schmücken,
Wie heiß die Sehnsucht mir den Busen schwoll,
Wie zauberisch mit wachsendem Entzücken
Mir unsrer Wesen Einklang auch erscholl...[32]

Caroline litt unter dem unkontrollierbaren Einbruch der Liebe in ihr mühsam organisiertes Leben. Sie habe *beständiges Herzweh*, meldete sie Rahel, stehe *auf dem Rande* des Abgrunds, strebe *aus dem Leben hinaus*. *Du und dein Leben sind dir nicht viel wert?*, antwortete Rahel entsetzt. Caroline war entschlossen, Wien Anfang Mai zu verlassen und nach Berlin zu ziehen, wo Wilhelm mit einem Ministerposten rechnen konnte. Mitten im Tumult des Packens – *jede Schraube am Wagen, jedes Paar Schuhe für die Kinder und Alles muß von mir bestellt werden* – klagte sie Rahel, zwei Menschen sehr ungern zu verlassen, Dorothea Schlegel und David Ferdinand Koreff. *Das ist die wunderbarste Gewalt, die mich je ergriffen hat... es gibt überhaupt nichts Liebenderes, Teilnehmenderes, Erbarmenderes wie diesen Menschen.* Er liebe sie und sei ihr gut – *aber, um alles laß Dir nie merken, daß ich Dir gesagt, wie unaussprechlich ich es ihm bin.*

Freiheitskriege und Freundschaften
Leben in Berlin

> *Es gibt vielleicht kein Land, das so selb-
> ständig und frei zu sein verdient als
> Deutschland.*
> (Wilhelm an Caroline)

Der Abschied von Wien war Caroline zuletzt schwerer gefallen als gedacht. Sie verließ einen Mann, der ihr nicht nur als Arzt, sondern auch als Freund wichtig geworden war. *Er vereinigt in sich eine Fülle von Geist und Empfindung, daß man ihm jeden Tag mehr gut wird,* hatte sie Wilhelm in gewohnter Aufrichtigkeit gebeichtet. Am 8. Mai 1814 bestieg sie mit den drei Töchtern und dem fünfjährigen Hermann, mit Hauslehrer Grossing, Kindermädchen Emilie, der Erzieherin und dem Diener Rochus die Kutsche nach Berlin. Über Linz, Salzburg, Innsbruck und Zürich wurde die Route bis Bern festgelegt, wo sie ihren Mann, der aus Paris kam, endlich wiedersehen wollte. Doch sie war unendlich erschöpft. Wohnungsauflösung, Möbelverkauf, Packen hatten Kräfte gekostet. Ihr Brief sprach vom Tod. Zum ersten und einzigen Mal äußerte sie das Ungeheuerliche. *Allein das selbstgewählte Gehen aus dem Leben hat etwas so Geheimnisvolles... Ach Gott! Es gibt Schmerzen und Verworrenheiten im Menschenleben – daß doch ja keiner richten wolle über den anderen!* Wilhelm ahnte nicht, wie verzweifelt sie war, als sie scheinbar von den Töchtern, in Wahrheit aber von sich selbst sprach. *Zwar kann auch das leidenschaftlichste Gemüt geläutert hervorgehen aus dem Labyrinth von Qualen, das ein unergründlich Schicksal neben das Paradies gestellt hat, allein wie viele gehen auch unter darin!*[1] Sie war nicht untergegangen im Labyrinth der

Leidenschaften, aber sie erlitt *ein schweres Blutbrechen* und erkrankte so lebensgefährlich, dass Line von Wolzogen gerufen werden musste, um sie zu pflegen. Wilhelm erlebte sie in Bern nur traurig und krank.

Über Vevey am Genfer See, wo sie sich bei Madame de Staël und August Wilhelm Schlegel erholte, und Straßburg, wo sie das berühmte Münster bewunderte, erreichte Caroline am 26. September Heidelberg. Sie besuchte die Brüder Sulpiz und Melchior Boisserée – und vor ihr stand Goethe, der sie *aufs herzlichste, zärtlichste möchte ich sagen,* in die Arme schloss. Er wollte auf dem Weg nach Frankfurt, wo er Marianne von Willemer treffen würde, die Gemälde begutachten, die die Brüder Boisserée aus den von Napoleon geschlossenen Klöstern und Kirchen gerettet hatten. Dass es Meisterwerke waren, erkannte Caroline, noch bevor man wusste, dass es sich um Künstler wie van Eyck, Holbein und Cranach handelte. *Schöneres kann man in der Tat nicht sehen,* erklärte sie dem Maler Riepenhausen. Mit ihrem Blick für Qualität stellte sie bei Rauch sogar die kühne Behauptung auf: *Das ist eine Sammlung altdeutscher Bilder, die neben jeder italienischen prangen kann.* Fünf Tage blieb sie mit Goethe zusammen. Auf der Weiterfahrt besuchte sie ihre thüringischen Güter und war im vertrauten Rudolstadt Gast der Fürstin Caroline Louise auf Schloss Heidecksburg, wo sie die inzwischen verwitweten Freundinnen Lotte Schiller und Line von Wolzogen traf. Man nahm sich beim Reisen Zeit. Es dauerte länger als ein halbes Jahr, bis sie Anfang November 1814 in der preußischen Residenzstadt eintraf.

Zwölf Jahre war sie nicht mehr in Berlin gewesen! Der erste Besuch galt dem Jugendfreund Carl von La Roche. *Seine Offenheit, seine Liebe und tiefes, inniges Zutrauen zu mir haben mich unaussprechlich gerührt,* berichtete sie Wilhelm.

Der Liebe! ich kann nicht sagen, wie's mich freut und rührt, ihn nach so langer Zeit endlich wiederzusehen und ihm so nahe zu stehen, ihm so lieb zu sein. Burgsdorff, den sie einst über die Maßen geliebt hatte, stand nun als Vater von vier Töchtern vor ihr. Er sei äußerlich zwar unverändert, innerlich aber ewig unzufrieden; das konnte sie schon seinen chaotischen Klagebriefen während der Kriegsjahre entnehmen. Ihre Verbindung war nie abgerissen. Noch vor einem Jahr hatte er bekannt: *Oft habe ich mich zu Ihnen hingewünscht, zur liebsten Freundin meiner Jugend, mit der die Fähigkeit zur höchsten Freude, die Übereinstimmung der Empfindungsweise mich vor allem verband.*[2] Burgsdorff besaß keine Aufgabe und kein Ziel, sein Stern war im Sinken begriffen. Dafür trat am ersten Tag des Jahres 1815 überraschend der Mann in die Tür, dessen Stern zu leuchten begann: Freund Rauch war da. *Sein Wiedersehen hat mir die größte Freude gemacht, und er selbst war wie außer sich vor Vergnügen. Er traf mich mit allen fünf Kindern im Zimmer, wie wir ganz allein Tee tranken.*

Im Gegensatz zu Wien waren die Berliner ungemein motiviert und politisch auf der Höhe. *Die Schönheit der Stadt, der freudige Geist, der einen jeden belebt, den man sieht und der seinen Platz ausgefüllt hat, erquickt das Gemüt* – von Berlin war sie begeistert. Es herrschte ein liberales Klima, das die preußische Hauptstadt zu einem geistigen Zentrum in Europa machte. Eine moderne, ständeübergreifende Gesellschaft brachte künstlerische, wissenschaftliche und handwerkliche Leistungen auf höchstem Niveau hervor. Die neue städtische Selbstverwaltung förderte den Bürgersinn; die Gewerbefreiheit, welche die alte Zunftordnung ablöste, nützte der Wirtschaft. In der »Hauptstadt der Geselligkeit« schlossen sich die Bewohner – unabhängig von Konfession, Herkunft oder Stand – in zahlreichen Lese- und Tischgesellschaften, Clubs, Logen und »Ressourcen« zusammen. Es gab die »Gesellschaft der Humanität«, den von Fouqué und Koreff gegründeten Nordsternbund, die Privattheatergesellschaft Urania mit eigener Bühne, den Schach- und den Montagsclub, seit 1808 auch Zelters »Liedertafel«. Buchhändler und Verleger stellten ihre Häuser zur Verfügung, in denen intellektuelle und künstlerische Interessen gepflegt wurden wie bei Reimer in der Wilhelmstraße.[3] Als Caroline nach Berlin kam, gründete Schadow den Künstler-Verein, der heute noch besteht. Scheußlich sei nur der Straßenzustand, seufzte sie im Dezember, man tappe im Dunklen *wie Irrlichter in einem Sumpf... Für die Leute, die zu Fuß gehen* – wie Bettina von Arnim, die keine Kutsche besaß –; *ist Berlin abends unbequem und bei der ewigen Nässe dieses Winters höchst schmutzig.* Sie meinte dieselbe Bettina, die Wilhelm zuletzt als unbändige junge Frau erlebt und deren »Singen und Springen« ihn nachhaltig verwirrt hatten. Inzwischen war sie Mutter der Söhne Freimund, Siegmund und Friedmund aus ihrer Ehe mit Achim von Arnim, der auf Gut Wiepersdorf lebte und seine wachsende Familie – vier Söhne, drei Töchter – nur selten besuchte, nämlich dann, wenn er seine Schulden regeln und Carl von La Roche besuchen wollte, Bettinas Onkel, bei dem er *Frau von Humboldt traf und Schinkel, der ein herrliches Bild zeigte, wo unter einem Baum ein Ritter dem Kaiser zwei Söhne vorstellt.*[4]

Was Arnim hier beschrieb, war der Beginn der neuen, am Mittelalter orientierten »romantischen« Malerei. Wilhelm, der Kosmopolit, hielt nichts von deutschtümelndem Patriotismus, und auch Caroline galt eher als Anwältin der klassischen Kunst. Auf sie traf zu, was sie bei Schiller gelernt, bei Goethe gehört hatte: Die Antike stand für Schönheit und Vollendung, war Teil des humanistischen Erbes, unverzichtbar zur Bildung des Menschen. *Gestern Abend hatte ich einen Tee sehr kluger Leute bei mir,* berichtete sie im Februar, *die Ehepaare Niebuhr und Schleiermacher, Rauch, Burgsdorff und Nicolovius. Niebuhr interessierten ganz besonders die neuesten Ausgrabungen im Kolosseum in Rom.* Rauch habe ihnen seine Zeichnungen der neu entdeckten »Amazonenschlacht« präsentiert, *Frauengestalten von unerhörter Schönheit und Kühnheit.* Die Antike war keine Form von Nostalgie, sondern die Möglichkeit, eine moderne Gesellschaft zu bilden, ohne das Christentum oder den wissenschaftlichen Fortschritt zu vernachlässigen. *Nichts soll von der langen Vorzeit bleiben, / was nicht lebend trägt die Gegenwart,* sagt Wilhelm in seinem Rom-Gedicht.[5] Gerade in diesen Tagen wurden die von Napoleon geraubten Kunstwerke – die Quadriga vom Brandenburger Tor, die Skulpturen aus Potsdam und die Gemälde aus Sanssouci – unter dem Jubel der Bevölkerung nach Berlin zurückgebracht. Die neuen Bauten Schinkels orientierten sich an der griechischen Klassik. An der Universität entwickelte sich die Altertumskunde als neue Disziplin. Man plante die Einrichtung eines Museums, um die königlichen Antikensammlungen auch der breiten Öffentlichkeit zugänglich zu machen. Humboldt, der das Projekt unterstützte, gehörte später zur maßgeblichen Kunst-Kommission. Für Schloss Tegel waren auch Carolines Ankäufe bestimmt, die noch in Rom lagerten, der große »Grazientorso«, den sie für 370 Scudi erwarb,[6] der »Calixtus-Brunnen«, die »Schreitende Nymphe«, das von ihr entdeckte »Parzen-Relief«, Tischplatten aus ägyptischem Granit, vor allem aber die für 1000 Scudi erworbenen Sarkophage aus der Villa Negroni, wovon sie den schöneren als Grab für die Königin Luise vorgesehen hatte. *Erschrick Dich nicht!,* bat sie Wilhelm nach dem Kauf der tonnenschweren Sarkophage, *von dem großen, schöneren gibt's nur e i n e n bekannten in der Welt.* Sie sei auf diese Erwerbung besonders stolz. Beide Sarkophage befinden sich heute im Alten Museum in Berlin.

Das Glück bescherte Caroline in Berlin eine interessante und begabte Freundin. Es war die Schriftstellerin Caroline de la Motte-Fouqué, Tochter des Rittergutsbesitzers Philipp von Briest, eine ebenso kluge wie elegante, durch Kenntnisse und Erfolge selbstbewusste Frau, mit der das Schicksal allerdings nicht eben sanft umgegangen war. Das Fräulein von Briest hatte im gleichen Jahr wie Caroline von Dacheröden geheiratet, doch Ehemann Friedrich von Rochow entpuppte sich als fanatischer Spieler, der wegen hoher Schulden sogar die eigene Frau an seinen Kontrahenten Graf Lehndorff verwettete. Aus dieser Liaison ging – laut Varnhagen – die Tochter Clara hervor. Rochow nahm sich mit einem Pistolenschuss das Leben. Die beeindruckend schöne junge Witwe heiratete den Dichter Friedrich de la Motte-Fouqué, Verfasser romantischer Rittergedichte und nordischer Heldendramen. Caroline liebte seine Zaubererzählung »Undine«, die in der Vertonung von E.T.A. Hoffmann in Berlin 1817 als Oper uraufgeführt wurde. Der Dichter hatte in Schloss Nennhausen im Havelland einen »Musenhof« begründet, wohin seine Poetenfreunde Wilhelm Neumann, E.T.A. Hoffmann und Chamisso pilgerten, um gemeinsam den Roman »Die Versuche und Hindernisse Karls« zu verfassen. Darin wird auch die Hausherrin erwähnt. *Einzig ist diese Frau darin, daß sie gleichsam einen Zauberkreis um sich her zieht, den keine Trauer, kein Verdruß überschreiten kann... Sie hat das herrliche Talent, allen die sie umgeben, ihre frohe Laune mitzuteilen.* Varnhagen, der sie schon deshalb nicht mochte, weil die schöne Dichterin sich während Fouqués Abwesenheit in ein amouröses Verhältnis mit dem russischen General Czernitscheff einließ, erklärte Rahel kategorisch: *die ist und bleibt mir zuwider, ihre Sinnlichkeit, ihr Verstand, ihr Geist, alles ist wie ein Gypsabguß mit wohlerhaltenen Nähten...* Er verabscheute ihre sinnliche Ausstrahlung und empörte sich über die anstößige Art, mit der sie *ein wunderschönes Bein* kokett zu präsentieren pflege. Derselbe Varnhagen schrieb jedoch an Caroline: *Sie ist eine großartige Frau, eine scharfe Denkerin und mit den glücklichsten Gaben der sinnlichen und geistigen Energien ausgestattet,*[7] woraufhin sie sich verwundert nach seinem plötzlichen Sinneswandel erkundigte.[8] Die gefeierte Autorin galt als Meisterin des historischen Romans. Ihre Themen waren die großen Ereignisse der Geschichte: Reformation und Glaubenskämpfe, Krieg und Vertreibung, die sie in ihren Büchern »Magie der Natur«, »Feodora«, »Die Vertriebenen«, »Vergangenheit und Gegenwart« geschildert hat. Ihre Romane fanden einen solchen Anklang, dass es sogar bei Hof üblich wurde, »Die Frau des Falkensteins« oder »Die Herzogin von Montmorenci« in »Lebenden Bildern« nachzustellen.

Als Caroline sie kennen lernte, arbeitete Frau von Fouqué an einem Roman über die Folgen der Französischen Revolution: »Das Heldenmädchen aus der Vendée«. Ihre »Briefe über griechische Mythologie für Frauen« waren durch Humboldts Bildungsreform angeregt worden – es fehlte demnach nicht an gemeinsamen Interessen. Die Freundschaft spiegelt sich auch in ihren Briefen, die wiederum ein eigenes Schicksal hatten. Zusammen mit Briefen Heinrich von Kleists waren sie 1945 vergraben worden; bei ihrer Entdeckung erwies sich, dass sie durch Nässe und Moder nur noch schwer entzifferbar waren.[9] Briefe hatten für Caroline zeitlebens einen hohen Stellenwert: *...nah bleibt man sich ja zum Glück nicht nur durch den Zauber des Sehens und Hörens,* schrieb sie an Frau von Fouqué, *nahe auch durch die dem Brief innewohnenden Gedanken.* Man teilte sich Familienereignisse und Neuigkeiten von den Kindern mit, so berichtete Caroline von einem Unfall, der Adelheid bei einem Manöver fast tötete: *in dem Gedränge von Wagen durchstieß die Stange*

*Die Schriftstellerin Caroline de la Motte-Fouqué,
Freundin der Humboldts in Berlin, porträtiert (vermutlich)
von Philipp Veit, um 1813 in Schloss Nennhausen.*

einer Kalesche ihre Chaise, ging dicht über sie hinweg, der Schock habe sie fast krank gemacht. Auch als Adelheid das Haus verließ, klagte sie der Freundin ihr Leid. *Wenn nicht ein jeder Schmerz eine tiefe Ergebung im Herzen entfaltete, wie ertrüge man, was einem die Tage bringen und nehmen!*[10] Sie kündigte ihren Besuch an *im alten Reisewagen, fast ein Haus,* und schrieb dazu: *Zerreißen Sie mir nicht das wunde Herz mit Bitten und Ihrem freundlichen Wesen um ein längeres Bleiben, es geht ja nicht.* Sie schickte zwei Marmorbüsten ins Schloss Nennhausen und versprach ein Mosaikarmband aus Rom. *Behalten Sie mich im Herzen, geliebte Freundin. Nur die Liebe tröstet eine so nahe Zuneigung wie die meine zu Ihnen*[11]. Beide Carolinen mochten den witzigen, weltgewandten Ernst von Pfuel, Gutsbesitzer von Schloss Jahnsfelde bei Berlin, der als Jugendgefährte des Dichters Kleist die Schweiz mit ihm bereist und sein Drama

Der Schriftsteller und Dichter Friedrich de la Motte-Fouqué, Schöpfer der »Undine«, Freund der Humboldts, im Alter von 31 Jahren. Zeichnung von Wilhelm Hensel, 1808.

»Robert Guiscard« vor der Vernichtung bewahrt hatte.[12] Beide schätzten auch den Mediziner Koreff, dem Caroline eine Wohnung in ihrem Haus besorgte und den sie – zu Varnhagens eifersüchtigem Ärger – fast täglich zum Essen einlud. Durch sie lernte Koreff den Staatskanzler Hardenberg kennen, dessen Leibarzt er wurde; drei Jahre später war er ein Mann, *von dessen Allmacht die ganze Welt sprach,* wie Schleiermacher grollend bemerkte. *Er hielt sich Wagen und Pferde und wohnte Unter den Linden 21 in einem vornehmen Hause.*[13] Seinen Aufstieg zum Professor und Geheimen Medizinalrat hatte David Ferdinand Koreff letztlich seiner guten Beziehung zu Caroline zu verdanken.

Der materielle und moralische Druck der französischen Besatzung, die Lasten der Kriegskosten und die Leiden der Bevölkerung hatten in Berlin eine patriotische Stimmung entstehen lassen, wie es sie vorher nicht gab. Viele Familien hatten Männer oder Söhne verloren; die Opfer sollten nicht umsonst gewesen sein. Auch Carolines Leben hatte sich, solange sie denken konnte, vor politischen Wirren und Kriegsszenarien abgespielt, von der Französischen Revolution bis zur Niederlage Preußens und dem Einmarsch Napoleons in Berlin. Ihre Güter in Thüringen waren geplündert, das Schloss in Tegel ausgeraubt, Besitztümer und Briefschaften zerstreut worden. Kriege und Gegenkriege hatten sie über Jahre von ihrem Mann getrennt, Angst um Kinder und Freunde sie krank gemacht. Ihr Vater und Großvater standen in preußischen Diensten, ihr Ehemann war preußischer Gesandter, der Sohn kämpfte für Preußen, so kann ihr Patriotismus kaum verwundern. Zugleich mit dem Aufruf des Königs »An mein Volk«, in dem er alle Männer zwischen sechzehn und sechzig Jahren zum Kampf gegen die Besatzer aufrief, erließ Frau von Fouqué einen »Ruf an die deutschen Frauen«: *Der Riesengeist der alten Germania schreitet durch unsere Provinzen.*[14]

Das entstehende Nationalgefühl veränderte auch die öffentliche Meinung hinsichtlich der Juden, die durch das Emanzipationsedikt vom März 1812 den Bürgern Preußens an Rechten und Pflichten weitgehend gleichgestellt worden waren. Es entstanden zahlreiche Vereine, darunter die »Christlich-Teutsche Tischgesellschaft«, deren Gründungsmitglieder, darunter Achim von Arnim und Adam Müller, sich exklusiv und intolerant gaben: Nur Christen waren zugelassen, Franzosen, Juden, Frauen ausgeschlossen – obgleich man gern auch weiterhin jüdische, von Frauen geführte Salons besuchte –, ebenso wie die von Brentano angeprangerten »Philister«, gegen deren Borniertheit und »selbstverschuldete Unmündigkeit« er in wütenden Reden zu Felde zog. Die Mitgliederlisten des Vereins, der nur zwei Jahre bestand, lassen keine politische Übereinstimmung erkennen. Neben Vertretern des Staates wie Innenminister Graf Dohna, Staatsrat von Staegemann und Friedrich von Raumer war ein regierungskritischer Verleger wie Andreas Reimer ebenso Mitglied wie der Architekt Genelli, der Komponist Reichardt, der Arzt Wolfart und der Jurist Wilhelm von Gerlach, neben Patrioten wie Clausewitz, Fichte und Fouqué fanden sich unpolitische Männer wie Eichendorff, Carl von La Roche, Schleiermacher und Schinkel. Von ihren Freunden nicht unbeeinflusst, erklärte Caroline nach einer Abendeinladung am 3. Januar 1815, ein möglicher Krieg mit Sachsen werde allgemein gefürchtet, *allein, soviel ich beurteilen kann, mehr unter der Klasse der Niedriggesinnten, wenn ich mich so ausdrücken darf, der Wuchernden, der Juden. Es gibt auch christliche Juden. Apropos von Juden. Wohlunterrichtete Menschen behaupten, daß alles Geld des Landes, alle Ressourcen in ihren Händen sind.* Wilhelm antwortete, auch er habe in Wien Beschwerden über das »Judenedikt« gehört, er bleibe aber wie Hardenberg bei seiner Überzeugung: *Es kann unmöglich vernünftig sein, den alten Unterschied zwischen Juden und Christen ewig bestehen zu lassen und das Vorurteil noch zu vermehren.* (13. Januar 1815) Nach einem Besuch mit Fouqués bei Generalfeldmarschall Blücher am Brandenburger Tor Anfang Februar äußerte Caroline: *Mit den Juden gehe doch vorsichtig um. Ich finde es nicht angemessen, so alle Zustände mit ihnen zu überspringen, man hätte sie schrittweise und nicht überstürzt in den Genuß aller bürgerlichen Rechte auf einmal setzen sollen. Alles, was sich natürlich macht, geht schrittweise. Warum sollen denn die Juden* Salti mortali *machen?* Im gleichen Brief lobte sie jedoch »Libussa«, das neue Werk von Koreff, und war vermutlich empört über den Widerstand, mit dem die medizinische Fakultät die Professur des Freundes verhindern wollte. Im Jahr darauf beklagte sie sich über den Erwerb alter Landgüter durch Juden, wie es ihr Graf Itzenplitz berichtet habe: *Juden sind Patronatherren von Christen und christlichen Kirchen*, das sei doch unsinnig. *Das Vermögen des Staats ist größtenteils in ihren Händen*, fügte sie hinzu, *wie jetzt, wo ein großer Häuserverkauf wieder stattfindet, unter vieren gewiß drei von Juden akquiriert werden*. (29. März 1816) Wilhelm nahm ihre Beschwerden offenbar nicht ganz ernst. Er selber war es, der in einer großen Denkschrift schon 1810 die Gleichstellung der Juden gefordert hatte: *Auch soll der Staat... die inhumane und vorurteilsvolle Denkungsart aufheben, die einen Menschen nicht nach seinen eigentümlichen Eigenschaften, sondern nach seiner Abstammung und Religion beurteilt, denn dies widerspricht jedem Begriff von Menschenwürde.* Caroline gegenüber begründete er seine Haltung mit Erlebnissen aus der Kindheit. *Es ist überdies eine Jugendidee bei mir, denn Alexander und ich wurden noch, wie wir Kinder waren, für Schutzwehre des Judentums gehalten.*

Die Töchter Adelheid und Gabriele, an die Prachtbauten Roms gewöhnt, kritisierten das Schlösschen Tegel als klein und altmodisch und spotteten über den »sogenannten« Weinberg (worüber ihr Vater sich ärgerte), doch für Caroline wurde Tegel mehr und mehr zum Ort der Gastfreundschaft, und die töchterliche Kritik hinderte sie nicht daran, sowohl die Radziwills als auch die Kinder von Friedrich Wilhelm III., die seit dem Tod der Königin Luise mutterlos aufwuchsen, dorthin einzuladen. Der vierzehnjährige Prinz Carl berichtete seinem Vater voll Freude, ihm stehe wieder ein herrlicher Tag *mit Tee und Abendbrot* in Tegel bevor.[15] Wilhelm hatte Caroline oft von seiner Jugend in Tegel erzählt. *Wie ich ein Kind war, waren mir die Berge da wie Gebirge und der See wie ein Meer...* Ohne Wehmut dachte auch sie nicht an die Stelle im Park, *wo Wilhelm einmal einen kleinen Vogel begrub, den er so lieb hatte und der ihm starb.*

Die Leute reißen sich um mich, schrieb sie ihrem Mann belustigt. Die Berliner Geselligkeit besaß viele Facetten, und sie zählte einige Gastgeber auf: Gräfin Voß, Frau von Lippe, Goeckingk, Gneisenau, Madame Herz, Prinzess Luise, Carl von La Roche, Parthey... Gustav Parthey war der Schwiegersohn des berühmten Verlegers Nicolai; im alten Haus setzten er und seine Familie die Tradition kultivierter Geselligkeit fort. Der damals übliche »Salon« war vor allem für Frauen ein Weg zur Emanzipation, da er ihnen die Möglichkeit bot, am politischen und kulturellen Leben teilzuhaben und eigene Netzwerke zu knüpfen, die bisher Männern vorbehalten waren. Jede Geselligkeit trage zur Bildung des Menschen bei, sagte Schleiermacher. Bei Partheys wurde Fouqués »Zauberring« gelesen, man musizierte und improvisierte Singspiele – die Familie war für ihre Hauskonzerte so bekannt wie später die Familie Mendelssohn. Aus den Tagebüchern der Tochter Lili Parthey erfährt man, dass Frau von Humboldt, Rauch und Niebuhr, Frau von Ramdohr, Ehepaar Bloch und Juliane von Bechtolsheim den Arzt Kohlrausch feierten, der für seine Verdienste vom König das Eiserne Kreuz erhielt. Hier traf Caroline Elisa von der Recke und deren Schwester, Herzogin Dorothea von Kurland, die in ihrem Palais Unter den Linden Nr. 7, am Platz der heutigen russischen Botschaft, zu glänzenden Festen einlud. Ihre vier schönen Töchter erregten durch internationale hocharistokratische Heiraten Aufsehen: Wilhelmine Herzogin von Sagan, Johanna Herzogin von Acerenza-Belmonte-Pignatelli, Pauline Fürstin von Hohenzollern-Hechingen und Dorothea Gräfin von Talleyrand-Périgord, Herzogin von Dino. Vor allem Wilhelmine und Pauline liebten Caroline, besuchten sie in Rom und begleiteten sie in die böhmischen Bäder.

Einen anderen »Salon« pflegten die Radziwills, deren barockes Palais von Rauch als schönstes Haus der Stadt bezeichnet wurde. In ihren Erinnerungen berichten Fouqués Töchter: *hervorstechend war das Haus der Prinzessin Luise Radziwill, einer geborenen Prinzessin von Preußen* und schildern auch das Schicksal der unglücklichen Prinzessin Elisa Radziwill, die den geliebten Prinzen Wilhelm nicht heiraten durfte. Die vierzehnjährige Adelheid von Humboldt wirkte mit, als im Palais Radziwill auf einer von Schinkel entworfenen Bühne die Epochen der deutschen Geschichte in »Lebenden Bildern« dargestellt wurden. Unter den Zuschauern waren der Freiherr vom Stein und Opernintendant Graf Brühl, die Schriftstellerin Elisa von der Recke und ihr Freund, der Dichter Tiedge, Graf von der Goltz, dessen Frau ihrerseits ein offenes Haus pflegte, die Künstler Schinkel, Rauch, Wach und Beuth. Fürst Anton Radziwill war eine Persönlichkeit von hohen Graden, der *durch seine lebhaften geistigen Interessen und seine künstlerische Tätigkeit den Spitzen der Berliner Geistesaristokratie* angehörte.[16] Als Cellist, Komponist und Mitglied der Singakademie hatte er Szenen aus Goethes »Faust« vertont, und Caroline erlebte sowohl die Proben als auch die Aufführung mit, die beim Besuch von Goethes Sohn und Schwiegertochter im Schloss Bellevue stattfand.

Ohne Wilhelm verbrachte Caroline das Weihnachtsfest in ihrer Stadtwohnung »Friedrichstraße, Ecke Unter den Linden, eine Treppe hoch«. *An zwei Enden eines langen Tisches brannten zwei kleine Weihnachtsbäume,* berichtete sie ihm nach Wien. Sie gehörte zu den Ersten, die in Berlin einen Tannenbaum im Zimmer entzündeten. *Ach, nur Du fehltest mir dabei, einzig liebes Herz!,* schrieb sie ihrem Mann, den sie seit zwei Jahren nicht gesehen hatte. Er antwortete am 1. Januar 1815 deprimiert: *So hat denn das Jahr heute begonnen, für unser häusliches Leben war es kein glückliches. Wir haben uns eigentlich kaum gesehen. Es gehört sehr viel Geduld dazu, das Leben so abzuwinden, und man verliert indes kostbare Jahre und das schönste und einzig belohnende Glück.* In einem großen Brief zu ihrem neunundvierzigsten Geburtstag setzte er ihr die Schwierigkeiten der politischen Situation auseinander. Er hatte sich dafür eingesetzt, dass Sachsen an Preußen abgetreten würde. Metternich verhinderte es, allerdings erhielt Preußen erhebliche Gebiete Sachsens, darunter den Kreis Naumburg sowie die Festungsstadt Torgau und die Lutherstadt Wittenberg.[17] Preußen sei nun *die größte deutsche Macht, ungefähr acht Millionen Deutsche, also eine Kriegsmacht in Deutschland von 240 000 Mann,* meldete Humboldt. Caroline ließ sich eine Karte zeichnen, auf der die Preußen zugeschlagenen Rheinprovinzen zu sehen waren, und warnte ihn, sich dort zum Gouverneur ernennen zu lassen: *man sieht es der bloßen Landkarte an, daß bald wieder ein blutiger Krieg sein muß... Preußens weit alle anderen überstrahlender Waffenruhm muß Neid, bittren Neid erregen.* Das Land solle sich lieber auf seine geistigen Kapazitäten konzentrieren.

Einen Tag später, am 7. März 1815, ereignete sich eine Katastrophe, auf die niemand vorbereitet war. Erregt meldete Humboldt: *Napoleon ist mit seiner ganzen, freilich nur 1000 bis 1500 starken Armee von der Insel Elba verschwunden.* Die Nachricht war für alle ein Schock. Noch von Wien aus rief der preußische König zu den Waffen. *Gott, mein liebes Herz, in welchen Zeiten leben wir! Mit welchen Sorgen legt man sich abends nieder, mit welchem Druck erwacht man am Morgen,* klagte Caroline. Ihre Freundin Line von Wolzogen schrieb: *Was ist dies für eine schreckliche Begebenheit, das Ungeheuer wieder losgekettet zu wissen!* Napoleon erreichte unter dem Jubel seiner Anhänger Paris.

Der Krieg stand unweigerlich bevor. Thema aller Zusammenkünfte war die Befreiung des Vaterlandes. Bei Gneisenau, wo Caroline *die allerbedeutendsten Menschen* sah, nämlich Kriegsminister von Boyen, Marwitz und Ernst von Pfuel, Savigny, Rühle, Schinkel, Caroline von Berg und die Gräfin Voß, deren Salon antifranzösischen Widerständlern offen stand, sei bereits die Frage erörtert worden, wer das preußische Heer befehligen solle. Blücher? Gneisenau? Wellington? Caroline galt als diplomatisch erfahren: *Boyen sprach lange und vertraut mit mir.*

Es war grotesk: Mitten in den größten Kriegssorgen musste sich Caroline mit Hochzeitsvorbereitungen befassen. August von Hedemann verlangte die Vermählung mit Adelheid, bevor er als Adjutant des Prinzen Wilhelm in den Krieg ziehen musste, und obwohl Caroline ihre knapp fünfzehnjährige Tochter viel zu jung fand, konnte sie dem Druck, den die Verliebten auf sie ausübten, nicht standhalten. Als Wilhelm nach einigem Zögern seine Bereitschaft signalisierte, das junge Paar mit 500 Talern zu unterstützen, gab sie ihre Einwilligung. Zuvor hatte sie mit Carl von La Roche gesprochen, dessen Tochter Bertha aus dem gleichen Grund vor Kriegsbeginn Leo von Lützow heiraten durfte. Adelheids Hochzeit wurde am 24. April 1815 auf Wunsch von Prinzessin Marianne, Schwägerin des Königs, im Berliner Schloss gefeiert. Alle Kinder der Königin Luise und des Hauses Radziwill, sämtliche Geschwister und Freunde nahmen teil. Es wird Humboldt gefreut haben, dass der von ihm bevorzugte Prediger Schleiermacher, den er für einen vorzüglichen Theologen hielt, seine Tochter traute.

Die entscheidende Schlacht bei Waterloo endete am 19. Juni 1815 mit der Niederlage Napoleons, den die Engländer auf die Insel St. Helena verbannten, wo er sechs Jahre später starb. Ganz Deutschland jubelte über einen Sieg, der einen Schlussstrich unter zwanzig Jahre Krieg und Verwüstung setzte. Die Sehnsucht nach Frieden und Stabilität war groß. Zur Neuregelung der europäischen Grenzen reiste Wilhelm mit König Friedrich Wilhelm III. zu Friedensverhandlungen nach Paris, wo er seinen Bruder Alexander und Gustav Graf Schlabrendorf wiedersah. Er lud Caroline ein zu kommen und mietete vorsorglich ein Haus in der Rue de Lille Nr. 53. Sie hatte ihn schon im Jahr zuvor stürmisch gebeten: *Umarme Schlabrendorf für mich trotz des langen Bartes. Wie sehr, wie unaussprechlich gern ich den wiedersähe – kann ich nicht sagen!... Diese herrliche Natur, selbst ihr Untergehn in dem Wust des Lebens, das darüber hinflutet, hat für mich einen eignen, tiefen, obgleich schmerzlichen Reiz. Spielt nicht alles Tiefe um Schmerzensgefühle?* Damals war die Reise nicht zustande gekommen, sie hatte Schlabrendorf vertröstet und beteuert: *Du weißt, wie ich immer dieselbe bin, wie ich nie und nimmer aufhören kann, Dich auf das innigste zu lieben, und auch ich weiß, daß Du mich treu im Herzen behältst... Dich, mein Gustav, umarme ich auf das innigste und treueste. Ewig Deine Caroline.*[18] Jetzt war sie bereit, dem Lockruf zu folgen und abzureisen. Bedingung war allerdings, dass die kranke Tochter und der sechsjährige Hermann bei Adelheid bleiben konnten. Doch Schwiegersohn Hedemann lehnte ab. Der junge Ehemann wollte mit seiner Frau allein sein. Caroline blieb nur der Verzicht. Unendlich enttäuscht sprach sie vom Frühjahr, wenn Wilhelm zum preußischen Gesandten in Paris ernannt werde. Doch da er sich bei den zähen Verhandlungen scharf gegen Talleyrand und die französischen Hegemoniebestrebungen aussprach, wurde ihm das Amt nicht übertragen.

Caroline hat Schlabrendorf nicht wiedergesehen.

Unter dem Vorsitz von Metternich begann der Wiener Kongress zur Neuordnung Europas, auf dem Humboldt neben Hardenberg die Belange Preußens vertrat. Sein Hauptanliegen war die Gründung des Deutschen Bundes, sein Ziel die Überwindung der deutschen Kleinstaaterei und die Verwirklichung der versprochenen demokratischen Rechte. *Die wahre Freiheit Deutschlands muß jetzt errungen werden... Es gibt vielleicht kein Land, das so selbständig und frei zu sein verdient als Deutschland,* hatte er schon früher zu Caroline gesagt. Doch die von den Bürgern errungenen freiheitlichen Rechte wurden rückgängig gemacht, liberale Tendenzen unterdrückt und die deutschen Kleinstaaten in ihrer Zersplitterung erneut besiegelt. Unter Metternichs Führung begann eine Periode der Restauration und Stagnation. Wilhelm, der alle seine Intentionen zum Scheitern verurteilt sah, empörte sich, dass die Opfer, die in den Freiheitskriegen gebracht worden waren, von unfähigen Politikern wieder verspielt würden. Seine politischen Ansichten standen denen des Staatskanzlers zunehmend entgegen. Vergeblich forderte er, dass das zugesagte Verfassungsversprechen eingehalten werden sollte. *Alle Sünden werden einmal ihre Strafe finden, und die der Regierungen sind hoch gestiegen,* klagte er Caroline im Mai 1815. Als Konferenzpartner hatte er sich zwar geduldig, aber auch allzu kompromissbereit verhalten und wurde nun von allen Seiten kritisiert, vom Militär, den Demokraten und den preußischen Patrioten. Seine Briefe klingen resigniert. Statt wie erhofft als Gesandter nach Paris wurde er als preußischer Vertreter zur Territorialkommission nach Frankfurt beordert.

In den drei Jahren, in denen sie getrennt waren, hatte sich die Krankheit der ältesten Tochter für Caroline als große Belastung erwiesen. Der jungen Frau ging es miserabel, obwohl Koreff sie mit anfänglichem Erfolg magnetisch behandelt hatte. Vieles erkläre sich durch ihre *tief verborgene Leidenschaftlichkeit,* meinte Caroline rätselhaft in einem Brief an Friederike Brun. Sie vermutete eine psychopathologische Ursache. Wie war es möglich, dass die vierundzwanzigjährige Tochter jeden Heiratskandidaten abwies? Ein schwedischer Diplomat bewarb sich, Wilhelm war bereit, ihr auf Rügen ein Landgut zu kaufen – sie lehnte ab. Man hatte ihr die Ehe mit Alexander von Rennenkampff nahegelegt, den ein Zeitgenosse sehr sympathisch schilderte: *Das ganze Wesen verriet Aristokratie, ein seelenvolles Auge, die hohe Stirn von schwarzem lockigem Haar umkränzt, deutete auf Geist, das Benehmen und die Rede auf Bildung, um den Mund spielte edle Ironie.*[19] Nichts hätte Caroline lieber gesehen als seine Verbindung mit ihrer ältesten Tochter. Schon von Rom aus hatte sie auf seine Vorzüge hingewiesen: *er ist ein sehr lieber und sehr nobler Mensch. Mich liebt er unbeschreiblich. Ich hätte wohl gemocht, er hätte an Caroline gedacht, aber ich glaube, sie war ihm zu barsch.* Liegt nicht gerade hier die Erklärung, warum er abgewiesen wurde? Musste die Tochter nicht annehmen, er heirate sie nur der Mutter zuliebe? Ihre Gesichtsschmerzen nahmen erschreckend zu, Koreff drängte auf eine Kur in Karlsbad, wohin er selber ebenfalls mit Hardenberg aufbrach. Wilhelm lebte in Frankfurt allein. Mit schlechtem Gewissen beichtete Caroline ihrer Freundin Fouqué: *er entbehrt in dieser Lage recht eigentlich aller Häuslichkeit.* Dennoch folgte sie Koreff und blieb zwei volle Monate in Böhmen, bis sie endlich im August 1816 nach Frankfurt kam.

Ganz ungetrübt kann das eheliche Beisammensein dort nicht gewesen sein. Caroline sprach sich in einem langen Brief an Frau von Fouqué ungewöhnlich offen über das Verhältnis von Mann und Frau aus. Jede Ehe, erklärte sie, sei zugleich *ein Eden und ein unabsehbarer Abgrund.* Während jedoch eine Frau, selbst wenn sie sich verirrt habe, *immer den liebenden Faden, der aus diesem Labyrinth herausführt*, wiederfinde, sei es mit den Männern völlig anders. *Das Leben verwirrt sie unbeschreiblich mehr denn uns – die Natur gab ihnen weniger das Vermögen der Liebe, und doch soll man ihnen seine Tochter überlassen!* Sie selbst habe Glück gehabt: *Mir hat das gütige Schicksal mehr, tausendfältig mehr gegeben als ich verdiene. Es kommt mir nicht zu, H.* (Humboldt) *zu loben, doch glauben Sie mir, es ist ein seltener Mensch.* Ihre eigentlichen familiären Probleme erwähnte sie nicht. Theodor machte Sorgen, der achtjährige Hermann fehlte ihr, die vierzehnjährige Gabriele hatte sich in Heinrich von Bülow, den Legationssekretär ihres Vaters verliebt, und die Leiden der Tochter Caroline nahmen dramatische Formen an. Sie beratschlagte sich mit Ärzten, forschte nach neuen Kur- und Heilbädern, verfolgte aber insgeheim zielstrebig ihren Plan, nach Italien zu gelangen. Als man die Nachricht erhielt, Humboldt werde zum Gesandten in London berufen, war ihr Entschluss gefasst. Auf diese *Nebelinsel* würde sie ihm nicht folgen. Musste sie nicht immer schon nach eigener Maßgabe handeln? Obgleich sie den Sommer endlich mit Wilhelm gemeinsam hätte verbringen können, erklärte sie, in den Süden fahren zu müssen. *Die Sorge, die Pflege Carolines... sie füllt, sie bestimmt mein Leben,* lautete ihre Begründung.

Besserung war nur in Italien zu erwarten.

Noch einmal im Paradies

> *Von hier, wo meines Herzens Heimat ist,*
> *schreibe ich Ihnen zum letztenmal. Viel-*
> *leicht fürs Leben zum letzten Mal.*
> (Caroline an Christian Daniel Rauch, 1819)

Wilhelm sollte erst im Herbst seinen Posten in London antreten. Er für sein Teil hatte das Frankfurter Zusammensein genossen. *Es war in all Deinem Wesen, in jedem Deiner Blicke, Deiner Worte ein unnennbar fesselnder Reiz...* Noch lag ein gemeinsamer Sommer vor ihnen. Doch Caroline hatte nur eines im Sinn: Italien. *Werd' ich Rom wiedersehen und die teuren Gräber meiner Lieben, und die zauberisch beleuchtete Gegend, wenn Berge und Täler in den Gluten der Abendsonne erglänzen?* War es die Sehnsucht nach dem Ort, wo sie unendlich glücklich gewesen war? War es eine Flucht in die Freiheit? Sie besaß enorme Willenskraft und muss von ihrer Durchsetzungsfähigkeit überzeugt gewesen sein, denn lange vor der Abreise erklärte sie Rauch mit der von ihr geliebten Redewendung: *In Berlin setze ich den Fuß nur leicht auf, diesmal. Seien Sie ruhig, ich komme gewiß. Ich freue mich auf Alles, Natur und Kunst und Menschen. Was mir zum vollkommenen Glück fehlen wird, ist H.* (Humboldts) *Gegenwart, der das Alles, das Wiedersehen dieses Paradieses so unbeschreiblich genießen würde – aber es kann ja nicht sein!*[1]

Italien ist die Heimat meiner Seele – deutlicher als mit diesem Wort im Brief an Goethe konnte sie es kaum ausdrücken.[2] Offizieller Grund zur Reise war die kranke Tochter, der allerdings Seebäder verordnet worden waren – damit konnte Rom nicht aufwarten. Doch es ging ihr auch um eigene Wünsche. Wilhelm *freut sich ungemein, mich in das herrliche Land zu senden,* behauptete sie bei Rauch – in Wahrheit hatte er ihr höchstens zwei Monate zugestehen wollen und wenig begeistert bemerkt, sie sei in ihrer Ehe schließlich *nicht gefangen.*[3]

An ihrem einundfünfzigsten Geburtstag am 23. Februar 1817 übernahm sie es als Gutsherrin von Burgörner, *die ganze Schuljugend des Dorfes zu beschenken.* Anschließend fanden anstrengende Rundreisen statt: von Burgörner nach Weimar, wo man Goethe besuchte, wieder zurück nach Berlin, wo man, da die Wohnung schon aufgegeben war, im »Römischen Kaiser« wohnte, um Theodors sechzehnjährige Braut Mathilde von Heineken in Augenschein zu nehmen. *Wir haben uns gegenseitig sehr lieb gewonnen und ich hoffe, sie wird Theodors Leben eine gute Richtung geben,* so an Friederike Brun. Bisher hatten sie mit diesem Sohn nur Enttäuschungen erlebt, und es macht stutzig, dass der schwierige Neunzehnjährige sich plötzlich völlig verändert haben sollte. *Seine Frau ist ein gar schönes, holdes, engelgutes Wesen,* begründete Caroline die wundersame Verwandlung – die leider keinen Bestand hatte. Die Abreise nach Italien war auf Mitte April 1817 festgesetzt worden. Wilhelm begleitete sie bis Potsdam. *Der Abschied von Hermann war mir der traurigste, den ich je gehabt habe,* gestand sie Friederike Brun. Sie ließ den achtjährigen Jungen in seiner Potsdamer Pension zurück. Ein Trost war die Begleitung von Adelheid und August von Hedemann, der zum ersten Mal Italien sehen sollte. Die sechzehnjährige Gabriele aber war todunglücklich. Sie hatte sich gegen den ausdrücklichen Willen ihrer Eltern acht Wochen nach dem Kennenlernen mit Heinrich von Bülow verlobt und wurde nun buchstäblich aus seinen Armen gerissen. Gabrieles Tränen belasteten wiederum ihre ältere Schwester, die lieber sterben wollte, als schuld an der Trennung zweier Liebender zu sein![4] Die Beharrlichkeit, mit der Caroline allen Widerständen zum Trotz ihren Plan verfolgte, zeigt spätestens jetzt ihren Wandel von der *gehorsamsten Tochter* und nachgiebigen Gefährtin zu einer in jeder Hinsicht eigenständigen Frau. Ihr Mut und ihre Unerschrockenheit angesichts einer Reise, bei der man sich *jedem impertinenten Gastwirt und Fuhrmann ausgeliefert* sah, waren bewundernswert. Die Überquerung der Alpen erwies sich als ebenso riskantes wie halsbrecherisches Abenteuer. Auf dem Brenner lag hoher Schnee, zweimal mussten die Wagen auf Schlitten gesetzt und zwischen Lawinen, Felsen und ausgerissenen Baumwurzeln zu Tale befördert werden. Über Venedig, Bologna und Florenz erreichten sie schließlich nach fünfzehn Tagen Rom.

Rom – die Briefe sind ein einziger Jubel. *Wir lachten und weinten zugleich, wie wir jedes Haus, jedes Fenster erkannten. In seiner Herrlichkeit lag Rom ausgebreitet vor unseren Blicken. Wir fuhren in die Via Felice hinein,* meldete Caroline Friederike Brun, *die Butis stürzten die Treppe herunter und konnten es vor Freude kaum glauben.*[5] Wie berauscht schrieb sie an Welcker: *Ich hätte die Erde küssen können, und nie hatte ich lebhafter die Empfindung, wie Schmerz und Freude doch nur eigentlich Eins sind, die zurückführen in den großen Ozean des Lebens, dem Alle Gestalten entsteigen, in den auch Alle zurücksinken.*[6]

Sie zogen im dritten Stock in der Via Sistina Nr. 51 ein; Familie Buti aus dem Nachbarhaus würde wie früher für sie sorgen. Mitbewohner im Haus war der Bildhauer Thorvaldsen, der Humboldts Büste geschaffen hatte: *Unstreitig ist er der größte Bildhauer seit Michelangelos und Donatellos Zeiten.* Hausgenossen waren auch Wilhelm Schadow, der ihre Töchter malte, Kupferstecher Senff und Wilhelm Wach, späterer Berliner Akademiedirektor, der ihr letztes Porträt schuf. Sie habe ihre alten Möbel vorgefunden, sitze auf demselben schwarzen Sofa wie früher, am alten Schreibtisch mit ihren Büchern, meldete sie Welcker. *Humboldt läßt mir übrigens völlige Freiheit,* fügte sie aufatmend hinzu.

Caroline war nicht nur zufrieden – sie war beseligt. Mit ihren drei Töchtern wanderte sie durch die schattigen Rosen- und Jasminbüsche an der Villa Borghese, besichtigte die aus Paris zurückgeholten Skulpturen der Villa Medici und besuchte die Museen des Vatikans, wo sie und Gabriele volle fünf Stunden in Raffaels Stanzen und Loggien verbrachten. Schon am Ankunftsabend hatte sie die toten Söhne an der Cestius-Pyramide *bei einbrechender Nacht in aufgehender Mondeshelligkeit* aufgesucht. Wilhelm erwiderte aus Berlin: *Umarme alle Kinder und denke an mich bei der Pyramide, die ich vielleicht nie wieder sehe.* Es war der Ort nicht heilender Wunden. Dass auch Goethes Sohn 1830 an der Pyramide bestattet wurde, hat nur noch Wilhelm erlebt.

Der Dispens von Haushaltsdingen, Einladungen und offiziellen Verpflichtungen, der Zauber der Freiheit verliehen Caroline Heiterkeit und ungeahnte Impulse. Das Land der Kunst und Kultur war ihre Wahlheimat, war Inbegriff von freiem Lebensgefühl und reinem Glück. Die Schöpfungen der Künstler, erklärte sie Gabriele, seien *der eigentliche Reichtum der Menschheit und der Reiz des Lebens, das Band, um das Vergängliche mit dem Unvergänglichen zu verknüpfen, das Irdische mit dem Ewigen.*[7]

Weil Tochter Caroline die heißen Quellen anwenden sollte, reiste man nach einem Monat nach Ischia, wohnte unter Pinien und Oleander, sah eine *herrliche und großartige Gegend, schönes Meer, tiefe Stille, am Hause schöne Terrassen, einen Weingarten. Nachts ein von Millionen Sternen erglänzender Himmel.*[8] Schon nach vier Wochen konnte die Tochter ohne Gesichtsschmerzen schlafen und mit ihren Schwestern den Vesuv erklettern, während Caroline ihrer Hustenanfälle wegen auf halber Strecke zurückbleiben musste. *Eine kolossale Feuersäule stieg alle 5 bis 6 Minuten aus dem Crater mit Donnergetöse. Mit Fackeln gingen wir nachts um 2 Uhr herunter*, berichtete sie Rauch. Dafür hatte sie das Glück, in Pompeji an Ort und Stelle die sensationelle Entdeckung antiker Bronzen mitzuerleben. Mit Problemen der Archäologie war sie vertraut, ihre Kenntnisse über die Kunst des Mittelmeerraumes waren durch den Altertumskundler Wolf, der ihr in Berlin von neuen Ausgrabungen berichtet hatte, noch vertieft worden, ihre Verbindung mit dem Archäologen Welcker und dem Kunsthistoriker Friedrich von Rumohr ermöglichten ihr den Zugang zu Fragen der Datierung, der Restaurierung, der Deutung. Wilhelm klärte sie über die aeginetischen Skulpturen auf: *Sie waren bemalt, Verzierungen daran vergoldet, und alles scheint auf die höchste Eleganz und Schmuck Anspruch gemacht zu haben. Dir geht immer etwas Neues und noch Höheres auf*, staunte er. *Daher bleibst Du auch immer jung und wirst es immer bleiben*. Von ihren Kenntnissen überrascht war auch der junge Maler Schnorr von Carolsfeld, später Professor an der Münchner Kunstakademie. *Jetzt bin ich sehr oft bei der Baronesse Humboldt, welche eine sehr gescheite, sinnvolle Frau ist*, berichtete er seinem Vater.[9] Unter dem Eindruck der antiken Funde beurteilte Caroline die Entwürfe ihrer Bildhauerfreunde mit einem neuen, verständnisvollen Blick für Skulpturen. Im Gegensatz zu anderen Zeitgenossen begeisterte sie sich für Michelangelo, der den meisten Kunstinteressierten grob, ja brutal erschien. Schon vor Jahren hatte sie Welcker bestätigt: *Ihre Gedanken über die Grabfiguren Michel Angelos haben mich tief ergriffen. Sie gehören für mich zu dem Grandiosesten, was die Kunst hat.*[10] Sie beeinflusste nicht nur den Geschmack und die Ankaufspolitik von Italienreisenden, sondern auch die kulturelle Bildung ihrer Zeit. *Schrieb ich Dir schon von einer jugendlichen weiblichen Figur, die Thorwaldsen gemacht hat?*, fragte sie Wilhelm an Weihnachten 1817. *Von modernen Bildhauern hat man nie so etwas gesehen.* Das musste auch Rauch erfahren. Es handle sich bei Thorvaldsens Figur um die »Hoffnung«, *mit der Granatblume in der Rechten, mit der Linken hebt sie ein wenig ihr schönes Gewand. Sie ist in dem zarten Sinn gearbeitet – leicht, graziös, als schwebe sie eben vom Fußgestell, trefflich drapiert, bis auf die Ärmel, die mir nicht gefallen, schön in allen Linien, schön in jeder Wendung.* Ihrer Begeisterung ist anzumerken, dass sie die Marmorskulptur gern erwerben würde, wenn nur die Mittel dazu reichten.

So nachdrücklich sie sich mit der Antike befasste, so interessiert beobachtete sie auch die Fortschritte der sogenannten »Nazarener«, die, von Dürer und Raffael beeindruckt, eine neue Form christlicher Kunst anstrebten. Andere, auch Humboldt, verhielten sich skeptisch, während Caroline Verständnis für die jungen Künstler wecken wollte, die im Kloster St. Isidoro auf dem Pincio wohnten, sich »altdeutsch« kleideten und als »Lukasbund« Themen wählten, die ihre Opposition zur napoleonischen Kirchenpolitik zum Ausdruck brachten. Kunst war für Caroline kein Religionsersatz, diese Bilder aber standen in ihrer Wahrhaftigkeit Schleiermachers Predigten durchaus nahe. Sie hatte ebenso den Höhepunkt der literarischen Klassik erlebt, wie sie die Dichtungen der Romantiker Tieck, Fouqué und Brentano kannte, denen es um die seelischen Abgründe des Menschen und die »Nachtseiten« der Natur ging. Nun beschäftigte sie sich mit romantischer Malerei und zählte Friederike Brun die noch unbekannten Namen jener Künstler auf, von deren Können sie überzeugt war. Ihr frühes Urteil sollte sich bestätigen. *Wil-*

helm Schadow hat ein seltnes Talent und Gefühl für die Farbe, schrieb sie, er habe Gabriele *im roten Merinokleid* gemalt, am Rand einer Fontäne zwei Tauben fütternd, Adelheid in dunkelblauem Samt vor einer geöffneten Tür, durch die man *eine deutsche Landschaft und Nordische Tannen sieht...*[11] *Overbeck zeichnet und componiert mit außerordentlicher Reinheit und Correktheit,* fuhr sie begeistert fort, *Philipp Veit, der Sohn der Schlegel, hat die außerordentlichsten Fortschritte hier gemacht, die man noch je an einem Künstler bemerkt hat...*[12]

Gerne hätte Caroline auch ihren Mann von der neuen Malerschule überzeugt, doch Wilhelm lehnte die Madonnen-, Engel- und Heiligenbilder, die heute in jedem bedeutenden Museum zu finden sind, ebenso ab wie Goethe, dem die ganze Richtung *verhaßt* war. Der Dichter habe aber *mit großer Lebendigkeit* von ihrem wohltätigen Einfluss gesprochen, berichtete Wilhelm. Niemals kritisierte er seine Frau bei ihren Ankäufen, war vielmehr stolz auf Einsichten, die sich meist als richtig erwiesen.

Carolines Einsatz war für die Künstler von größtem Wert. Doch die Aufträge, die sie erteilte, die Unterstützung, die sie gewährte, selbst die aus Butterbrot und Tee bestehenden Mahlzeiten, zu denen sie einlud, mussten schließlich bezahlt werden, und sie verfügte nicht über ein üppig fließendes Kapital. Der Nachlass von Humboldts Mutter war geteilt worden; Alexanders Forschungsreisen und Publikationen hatten eine Hälfte verschlungen, Wilhelms Anteil lag im Grundbesitz fest, war also nicht verfügbar. Die doppelten Lebenshaltungskosten, die Reisen, die Kinder, die Lehrer, das Internat für Hermann und die Londoner Verpflichtungen zehrten am Einkommen.[13] Caroline musste vorsichtig kalkulieren, um mit dem Geld, das ihr zur Verfügung stand, auszukommen. In ihrer Ehe war sie diejenige, die die Einkünfte

Die Malerin Luise Seidler, deren Tagebücher das Leben Carolines in Rom schildern. Gezeichnet von Carl Christian Vogel von Vogelstein.

verwaltete. Vor ihrer Italienreise hatte Wilhelm sie dringlich um eine exakte Vermögensaufstellung gebeten, weil er dazu nicht in der Lage sei. *Was ich an Pfandbriefen habe, was Alexander mir schuldig ist, weiß ich gar nicht... Du mußt, wenn Du es machst, die Kapitalien mit ihrem Betrage sowohl als mit dem der Zinsen, von den Gütern die festen Einkünfte (auch von Tegel), die Äcker- und Mühlenpachten aufführen.* Er werde danach die nötigen Baukosten berechnen und 2500 Taler vorsorglich zurücklegen: *1000 Taler Theodor, 500 Adelheid, 500 Hermann und 500 für Unvorhergesehenes.*[14] Aus London schickte er ihr zuverlässig alle Abrechnungen seiner monatlichen Ausgaben, zählte den Haushofmeister, den Koch, zwei Bediente, drei Mädchen

Carolines Freundin Henriette Herz auf einer Bleistiftzeichnung von Wilhelm Hensel, Berlin 1823.

und den Jäger auf und klagte: *Das Regiment des Hauses macht mir viel Not. Es ist wirklich viel leichter, einen Staat zu regieren.*[15] Von den Kosten für die unverzichtbaren Freudenmädchen, die er Tag für Tag benötigte wie jene »Miss Dent«, die er lange bevorzugte, so dass ihretwegen Fürst Esterhazy, Graf Lieven, Graf Münster, Graf Bülow und der Prinz von Hessen-Homburg im Palais Cumberland mit dem Essen auf ihn warten mussten, schrieb er ihr allerdings nichts, ebenso wenig von den anderen Prostituierten – »Miss Rosa«, »Miss Maria« und »Miss Eliza«, die er mit kleinen Geschenken und Geldmitteln versorgte und laut Tagebuch während des gesamten London-Aufenthalts mit pünktlicher Regelmäßigkeit vormittags von zwölf bis zwei

Uhr aufsuchte, bevor er seinen dienstlichen Verpflichtungen in den Häusern der Herzöge von Kent, von Clarence und von Cumberland nachkam.

Über Carolines Leben in Rom sind wir durch den glücklichen Zufall informiert, dass die Malerin Luise Seidler, die im Oktober 1818 mit einem bescheidenen Stipendium aus Weimar nach Rom kam, Tagebuch führte. In den Erinnerungen der damals zweiunddreißigjährigen Künstlerin wirkt noch das Staunen nach über *die Gattin des preußischen Ministers* und deren anspruchslose Lebensweise. *Frau von Humboldt hielt keine Equipage, war alle Abend zu Haus und empfing Künstler, Gelehrte und Fremde.* Luise Seidler, die von ihrem Gönner Goethe anderes gewohnt war, macht aus ihrer Verwunderung keinen Hehl. *Die daheim durch jede Bequemlichkeit verwöhnte Frau aß mit der ganzen Hausgenossenschaft – darunter der Maler Schadow und Thorvaldsen – in dem Wohnzimmer der Vermieterin, welches gleichzeitig als Waschküche und Baderaum sowie für sonstige häusliche Zwecke diente... Die Unterhaltung bei Tisch war gewöhnlich lebhaft und fröhlich.* Carolines Wohnung wurde mit prüfendem Blick begutachtet. *Ihre drei Treppen hoch gelegenen Zimmer befanden sich im einfachsten Zustand, die Backsteinfußböden waren schadhaft, die Wände nur mit Kalk getüncht; man sah weder Vorhänge noch einen Schreibtisch noch ein Sofa; das Mobiliar bestand aus Strohstühlen, mit Ölfarbe angestrichenen Tischen und Kommoden sowie zwei kleinen Toilettespiegeln.* Die bescheidene Lebensweise erstaunte die Besucherin auch deshalb, weil *die Gesandtin* mit höchsten Namensträgern, Fürsten und Diplomaten intensive Kontakte pflegte, sogar mit Kronprinz Ludwig von Bayern, der jeden Abend kam, um mit ihr über die Bilder der Nazarener zu verhandeln. *Ich fürchte, wenn wir noch lange trödeln, so fischt er uns alle*

Dorothea Schlegel-Veit. Pastell um 1800 (anonym).

unsere Künstler weg, schrieb Caroline an Wilhelm.[16] Auch die schöne, dreimal verheiratete Wilhelmine von Sagan, geborene Prinzessin von Kurland, zählte zu ihren Gästen. Dass Caroline in Rom eine *Excellenca* war, eine hochgestellte Persönlichkeit, wird von ihr selbst nie erwähnt. Nur bei Henriette Herz findet sich ein Hinweis auf die herausgehobene Stellung, die sie innerhalb der höchsten Kreise Roms innehatte. Titel und Rang waren für Caroline ohne Bedeutung. *Ich bin gut mit allen,* versicherte sie Friederike Brun, *sie mögen neu- oder Altkatholisch sein oder Protestanten, wenn sie nur gute Menschen und gute Künstler sind.*[17]

Im Archiv von Schloss Tegel hat sich ein Ausgabenbuch im Folioformat erhalten, worin Caroline in langen Zahlenkolonnen Rechenschaft ablegte über ihre Ausgaben. *Einkäufe von Kunstgegenständen in Rom* lautet die Rubrik, die Auskunft gibt sowohl über *Commissionen,* also Aufträge, als auch über die Kupferstiche und Zeichnungen, Gipsabdrücke und Marmorarbeiten, die sie persönlich erwarb. Die Listen bezeugen, mit welchem Einsatz sie, gemessen an den eigenen Bedürfnissen, Künstlern half, die ohne sie oft nicht hätten überleben können.[18] Alle Ausgaben wurden in Scudi angegeben; der Wert eines Scudo entsprach etwa dem eines Reichstalers. Friedrich Tieck erhielt beispielsweise 41,50 Scudi für zwei »Marmormedaillons« von Schlabrendorf. 450 Scudi erhielt Wilhelm Schadow für die drei Porträts der Töchter Caroline, Adelheid und Gabriele. 400 Scudi bekam Eggers für eine Kopie der »Krönung der Maria«, 110 Scudi Freund Wilhelm Wach für eine Kopie von Raffaels »Vision des Propheten Ezechiel«, 100 Scudi der Maler Senff für die Kopie einer »Madonna« *aus dem Palazzo Borghese* sowie dieselbe Summe für ein »Porträt der Helena Buti«. Der Maler Eggers, der später als Kopist auch für König Friedrich Wilhelm IV. arbeitete, erhielt 55 Scudi für eine Kopie von Raffaels »Glaube, Liebe, Hoffnung«.[19] Etliche Aufträge erteilte sie den Brüdern Riepenhausen und dem in Geldnöten befindlichen dänischen Maler Johann Lund, der für eine Kopie von Leonardos »Heiliger Catharina« 44 Scudi erhielt. Zu jedem Werk hatte Caroline eine persönliche Beziehung, wusste sogar, wenn sie Kopien nach Filippo Lippi, Rembrandt und Perugino in Auftrag gab, wo sich die Originale befanden, ob beim König von Spanien in Madrid oder im Palazzo Pitti in Florenz. Wenn bedeutenden Kunstwerken nicht die gebührende Anerkennung zuteilwurde, war sie empört, so auch darüber, dass die herrliche Gemäldesammlung der Brüder Boisserée nicht nach Berlin, sondern nach München verkauft wurde, wo sie heute den Grundstock der Alten Pinakothek bildet. Ihr ging es um höchste Qualität; in dieser Hinsicht setzte sie Maßstäbe. Freund Rauch erfuhr als Erster von den neuen Werken seiner römischen Bildhauerkollegen. *Thorvaldsen hat eine sitzende Jünglingsgestalt gemacht, die meinem verstorbenen Wilhelm so ähnlich sieht, daß ich vor Verwunderung stehen blieb. Es ist ein nackter, auf einem Steinblock sitzender Hirtenknabe.*[20] Auch seine »Tänzerin« sei rühmenswert. *Wenn sie nicht 2000 Scudi kostete, könnte ich sie mir nicht versagen. Thorvaldsen hat seinen Merkur fertig,* meldete sie weiter. *Die Blüte aller seiner Arbeiten. Man muß dies Götterbild sehen. Das ist die Krone seiner Arbeiten, das Göttlichste Bild eines Gottes, ein Ebenmaß der Glieder, eine Leichtigkeit sowie Bewegung, eine Schönheit, daß man verstummend davor stehen bleibt,* erfuhr Friederike Brun. Wenigstens einen Abguss von diesem *Götterbild,* den sie im Mai 1819 nach Berlin expedierte, konnte sie erwerben. Sie berichtete Rauch von Kochs herrlichen Tivoli-Bildern, Philipp Veits Fresken im Dante-Saal, von Ridolfo Schadows Gruppe »Achill und Penthesilea« und Thorvaldsens »Grazien mit Amor« – wovon sie immerhin den bezaubernden Amor erwarb.

Der großen Liebe zur Kunst entsprach ihr Überwältigtsein durch das schöpferische Vermögen der Künstler. *Man weiß gar nicht: soll man die Menschen, die das alles hervorbrachten, soll man ihre Werke mehr lieben? ...welche ergreifende Wahrheit spricht einen daraus an. Nein, die sind nicht gestorben, die solche Spuren ihres Daseins hinterließen. Was sie in Wahrheit und Liebe dachten, das berührt mit lebendigem Geist in Wahrheit und Liebe wieder das Gemüt.*[21] Sie besuchte die Künstler in ihren Ateliers, begutachtete Skizzen und halbfertige Marmorblöcke. Ihr Mäzenatentum hat Luise Seidler stark beeindruckt. *Frau von Hum-*

boldt bewies sich wie eine Mutter für alle besseren Künstler; wo sie von einem Kunstwerk hörte, versäumte sie nie, es zu sehen. Hatte ein Maler kein Geld, vermittelte sie bei einem Fürsten den Verkauf seiner Arbeit oder die Erneuerung seines Stipendiums. Auch für sie, die junge Malerin, wurde Caroline aktiv. Sie schrieb nach Weimar und bewirkte die Verlängerung des Stipendiums. Der Einsatz lohnte sich: Luise Seidler wurde Hofmalerin und Kustodin der Weimarer Gemäldesammlungen.[22]

Die Dankbarkeit der Künstler zeigte sich an Carolines Geburtstag, an dem sie reich bedacht wurde: von Wach mit einer Raffael-Kopie, von Lengerich mit einer Ölstudie nach Giorgione, von den Brüdern Schadow mit vier Zeichnungen, von Ruscheweyh mit dem Titelblatt zum »Faust« und von Thorvaldsen mit einem antiken Ring. Die Künstler führten ein Lustspiel auf und musizierten, selbst Tochter Caroline tanzte zur Feier des Tages. Das Zimmer von Signora Buti war in einen Orangengarten verwandelt, Humboldts Büste mit Lorbeer bekränzt worden. Thorvaldsen hatte auch mit ihrer Büste begonnen, aber die Arbeit misslang, entstanden sei *ein altes männliches Gesicht mit weiblichen Locken*, berichtete sie Wilhelm enttäuscht, der das Werk ebenfalls nicht ähnlich fand und wegstellte.[23]

Bevor sie Rom verlassen musste, wollte Caroline unter allen Umständen Thorvaldsens Meisterwerk besitzen, »Die Hoffnung«. Sie wartete Wilhelms Zustimmung gar nicht erst ab, sondern handelte. *Nun noch eine Nachricht zum Schluß. Ich habe mit Thorwaldsen den Kauf der eben fertig gewordenen* Hoffnung *in Marmor besprochen. Sie wird, sagt er mir, nah an 1000 Scudi kosten. Du wirst die größte Freude daran haben, es ist wirklich eine himmlische Figur, etwas noch nie Gekanntes und im edelsten Stil.*[24] Sie konnte nicht

Carolines Künstlerfreunde: Der Maler Wilhelm Schadow (rechts) porträtierte sich selbst, seinen Bildhauer-Bruder Ridolfo Schadow und Bertel Thorvaldsen um 1815/16 in Rom.

ahnen, dass diese Figur sich einst über ihrem eigenen Grab erheben würde.

Wilhelm, dessen London-Aufenthalt sich dem Ende näherte, erwartete ihre Rückkehr. Noch einmal fuhr sie im Juni nach Ariccia an den Ort, an dem ihr neunjähriger Sohn starb. *Ich will Dir nicht sagen, was in mir vorging,* schrieb sie ihrem Mann im Juni 1818, *wie ich diesen Boden und diese Zimmer wieder betrat und die kleine enge Treppe hinaufging. Auf der Stelle, wo Wilhelm die tödliche Ohnmacht bekam, stand wieder ein Bett wie damals da, wo er das Leben aushauchte.* Sie beklagte, kein Bild von ihm zu besitzen – ein doppelter Kummer. *Wilhelm liegt so tief im Schoß der Erde, daß keine Stimme der Liebe zu ihm dringen kann, und von Theodor reicht keine zu mir.* Die Herzenskälte dieses Sohnes, der jetzt einundzwanzig Jahre alt und verheiratet war, blieb eine offene Wunde. Er meldete sich nicht, schrieb nicht mehr. Stattdessen traf kurz vor der Abreise Post von Rahel Varnhagen ein, deren Ehemann preußischer Geschäftsträger am badischen Hof in Karlsruhe geworden war. Caroline versprach ihr, den empfohlenen Maler Navez einzuladen, was nicht schwierig sei, *da ich alle Abend alle unsre und auch fremde Künstler bei mir empfange... Wir Preußen dürfen uns sagen, daß wir die vorzüglichsten besitzen. Sie verlasse jetzt Rom – ach! wie man vom Leben scheidet, so reiße ich mich von diesem Boden los.* Ein Jahr später sahen sich die ehemaligen Freundinnen in Berlin zwar wieder, doch seit es zwischen Rahel und der jungen Charlotte Brun zu einem Streit kam, den Caroline als *widerwärtig und empörend* Rahel übel nahm, war die Korrespondenz abgebrochen. Das Verhältnis blieb kühl, was einerseits an Wilhelms wachsender Ablehnung,[25] andererseits an Varnhagen lag, dem Caroline ins Gesicht sagte, er sei nicht aufrichtig. Rahel hat sich später bei Gentz beklagt, sie wohne nur sechs Häuser von Humboldts entfernt und sähe sie dennoch nie.[26] Die Gründe lagen wohl im persönlichen Bereich; antijüdische konnten es kaum sein, da Caroline gerne die Erzählungen und Gedichte von Rahels Bruder Ludwig las, David Ferdinand Koreff über die Maßen schätzte und niemanden so sehr liebte wie ihre Freundinnen Dorothea Veit und Henriette Herz.

Gedenken Sie mein den 1. July, da scheide ich von Rom, wie man von seinem wahren Leben scheidet!, schrieb Caroline auch an Friederike Brun. Die Tochter sei gesund, *schon 3 Monate sind es, wo sie nun ganz frei von dem Schmerz im Unterleibe ist (die rheumatischen Gesichtsschmerzen meldeten seit Ischia sich nie wieder)* – doch ihr selbst ging es miserabel. Sie unterzog sich notgedrungen einer Kur in Nocera, einem hässlichen Badeort in den Apenninen mit vielgepriesenen Heilquellen: *26 derselben habe ich genommen und 16 Duschen, und mein Fuß ist wieder ebenso krank wie vorher.* Caroline litt unter Rheuma und einem fürchterlichen Krampfhusten – war es der Abschied, der die dramatische Verschlechterung bewirkte? In einem Monat würde sie Wilhelm wiedersehen – da schickte er die Nachricht, dass sein Aufenthalt in England verlängert worden sei.

Kaum dass die Botschaft eintraf, beschloss sie schon: zurück nach Rom! Am 6. August 1818 war sie mit den Töchtern wieder da, wo sie Abschied genommen hatte, freudig empfangen von Henriette Herz und Dorothea Schlegel, die aus unterschiedlichen Gründen nach Italien gekommen waren und durch Caroline eine Wohnung im Palazzo Zuccari in der Via Sistina fanden, wo einst Winckelmann und die berühmte Angelika Kauffmann lebten. Jetzt wohnten im gleichen Palazzo die Maler Friedrich Overbeck und Peter Cornelius gemeinsam mit Dorotheas Künstlersöhnen Johannes und Philipp Veit, die von ihrer zum Katholizismus konvertierten Mutter zu strenger Gläubigkeit angehalten wurden. Philipp gehorchte ihr allerdings nicht in jeder Hinsicht: Gegen ihren Willen heiratete er die dreizehnjährige Carolina Pulini, Tochter seiner italienischen Wirtsleute, und bekam fünf Kinder mit ihr. Im Oktober verschaffte Caroline auch der Malerin Luise Seidler drei Zimmer im gleichen Palazzo Zuccari – auf diese Weise entstand eine schöpferische Koexistenz unter einem römischen Dach. Dorothea Schlegel, Übersetzerin und Verfasserin des Romans »Florentin«, von Luise Seidler als hässlich, aber tüchtig bezeichnet, liebte Caroline, wie sie ihrem Mann Friedrich schrieb, von Herzen, *da sie überaus freundlich und liebreich wie immer gegen mich ist,* außerdem ihren Sohn durch Aufträge unterstütze und Mut mache. Es gebe viele ordinäre Menschen, betonte sie, *die Humboldt ist die Einzige, die in der rechten Art etwas tut, schade, daß sie nur beschränkte Mittel hat.*[27]

Der zweite Teil eines beglückenden Aufenthalts begann. Caroline war bezaubert von Tagen, die für sie ihre ganze Leuchtkraft zu entfalten schienen. Abends las sie Grillparzers »Sappho« vor, unter den Zuhörern waren der preußische Gesandte Barthold Georg Niebuhr, Heinrich Schlosser aus Frankfurt und August Kestner, Sohn von Goethes »Lotte«. Bei schönstem Wetter genoss man die Herrlichkeiten der Ewigen Stadt, besah die Triumphbögen, die Fontänen, die Kaiserthermen, machte Ausflüge in die Campagna. Für eine Woche mieteten die Freundinnen ein Haus in Genzano, wo ihnen der Dichter Rückert über den Weg lief.[28] Sie wanderten, lachten, genossen das Leben in freier Natur und amüsierten sich wie Schülerinnen in den Ferien. *Schön ist die Erde auch bei uns,* schrieb Dorothea ihrem Mann, *aber Luft, Licht, Farbe, Himmel, das lernt man nur hier kennen.*[29]

Über die Monate Mai bis November 1818 hat Tochter Caroline Tagebuch geführt.[30] Demnach spazierte man jeden Morgen über den Pincio, aß mittags bei Familie Buti und erwartete abends Gäste. An den Nachmittagen wurden zuweilen in Begleitung der Freundinnen Herz und Schlegel Ausflüge unternommen. Man besuchte den Petersdom, die Villa Borghese und die Kirche Santa Maria Maggiore, fuhr in der Kutsche zur Porta Angelica hinaus und zur Porta del Popolo wieder herein, ließ sich von Thorvaldsen, Peter Cornelius und Wilhelm Schadow neue Arbeiten zeigen; auch Einkäufe werden vermerkt. Am 30. Oktober ging man zur Villa Ludovisi, *wo der Abend göttlich schön war,* am 10. November *nach Villa Patrici vor Porta Pia, wo es sehr schön war.* Was die Tochter regelmäßig vermerkte: *den Abend waren wir zu-*

haus, wo einige Leute kamen, oder: *...den Abend kamen sehr sehr viele Menschen.*

Sie sei vollauf mit den Tempeln, Ruinen und unerschöpflichen römischen Kunstschätzen beschäftigt, berichtete Caroline Friederike Brun, *und abends von 8 bis 11 mit den Künstlern und einigen Freunden. Wir sprechen dann von nichts, als was wir Neues oder Altes gesehen. Die Welt mit ihrem Treiben liegt so fern...*[31]

Aus der »Welt mit ihrem Treiben« schickte Humboldt hinsichtlich seiner politischen und beruflichen Zukunft unbefriedigende Nachrichten, die keinerlei günstige Aussichten erkennen ließen. Im Herbst 1818 war er aus London abberufen worden, doch seine Hoffnung auf ein Wiedersehen mit Caroline zerschlug sich, da sie zu diesem Zeitpunkt schon wieder so krank war, dass sie unmöglich ans Abreisen denken konnte. Sie bekam eine Lungenentzündung, die man mit Aderlässen und »spanischen Fliegen« zu bekämpfen suchte. *Die Folgen so heftiger Mittel waren eine nicht zu beschreibende Schwäche* – sie müsse den Winter in Rom bleiben. Humboldts zwiespältige Nachrichten bedeuteten eine zusätzliche Belastung. Sie vermutete, dass Staatskanzler Hardenberg ihn trotz scheinbarer Versprechungen kaltstellen wollte, und sie hatte recht: Statt seiner wurde der dänische Gesandte Graf Bernstorff zum Außenminister ernannt – für Humboldt eine schwere persönliche Kränkung.

Caroline war dermaßen empört, dass sie nicht ganz bei der Wahrheit blieb, als sie Friederike Brun erklärte, Humboldt habe diesen Posten früher schon abgelehnt. Erbost und mit einer für sie ungewöhnlichen Schärfe fügte sie hinzu, ihr Mann wäre der bessere Außenminister gewesen, denn er sei *fleißig, ausdauernd, unermüdlich, praktisch wie kein andrer Geschäftsmann* und habe Bernstorff voraus, *daß er über dem Treiben um Stellen, Ehrenbezeugungen, Geld und Gut dieser Welt steht.*[32] Das bezog sich auf Bernstorffs Eitelkeit. Zur gleichen Zeit appellierte sie an Wilhelm: *An Deiner Stelle faßte ich den Entschluß, noch sechs bis sieben Jahre dem Staat zu dienen.*

Humboldt, *am Scheideweg des Lebens,* teilte dem Staatskanzler unzweideutig mit, dass er für die Zukunft jeden weiteren Gesandtenposten ablehne. Ihm sei es zuwider, *seine Tage an Höfen, in frivolen Gesellschaften und mit interesselosen Besuchen zu verlieren.* Er nahm als Beobachter am Aachener Kongress, als Vertreter Preußens bei der Territorialkommission in Frankfurt teil, wo er gemeinsam mit dem Freiherrn vom Stein die »Denkschrift über Preußens ständische Verfassung« niederlegte. Im Januar 1819 wurde er zum Minister für Ständische Angelegenheiten im Innenministerium in Berlin berufen.

Nun schlug endgültig die Abschiedsstunde. *Von hier, wo meines Herzens Heimat ist, schreibe ich Ihnen zum letztenmal. Vielleicht fürs Leben zum letzten Mal,* klagte Caroline Rauch. Das Wetter war mit strömendem Regen und Kälte ungewöhnlich schlecht gewesen, sie hatte einen neuen Krankheitsschub erlebt. *Rom grüße ich noch aus tiefster Seele von Dir in diesen Tagen,* so an Wilhelm, *wo ich hingehe, wo ich hinblicke, sage ich Lebewohl ... Und es ist, als umflösse der Himmel mild und wehmütig meine tränenschweren Augen.* Bis zuletzt hatte sie noch an einer Ausstellung deutscher Künstler mitgewirkt, die im Palazzo Caffarelli organisiert worden war. Anfang Mai 1819 verließ sie Rom zum zweiten Mal, begleitet von Henriette Herz, deren Verehrer Immanuel Becker und dem Gesandtschaftsattaché Dr. Brandis. *Die edle, schöne Henriette Herz war der allgemeine Liebling geblieben; viele Tränen flossen ihr nach,* notierte Luise Seidler. *Vier mit Künstlern dicht besetzte Wagen* gaben den

Damen das Geleit bis vor die Tore der Stadt. *Mit Frau von Humboldt war eine Centralsonne aus dem Himmel des römischen Lebens geschieden; die Lücke, welche sie hinterließ, blieb lange schmerzlich fühlbar,* bemerkte die Malerin. Es habe nach ihr andere Kunstinteressierte und neue Geselligkeiten gegeben, *doch ohne das helle geistige Licht, welches Frau v. Humboldt unbewußt und deshalb doppelt wohltuend ausstrahlte.*[33]

Voll Ungeduld wartete Wilhelm auf den Augenblick, in dem er seine Frau nach zweijähriger Trennung in die Arme schließen konnte. *Ich denke an nichts als die schöne Zukunft, die uns zusammenführen und ungetrennt beisammen lassen wird,* sagte er. *Mir ist es immer gewesen, als gäbe es zwei ganz verschiedne Arten der Leidenschaft, eine heftige, mehr äußere..., und eine heiligere, innere – sie hat der Jugend nichts zu beneiden und hüllt sich still in die scheinbare Ruhe der späteren Jahre.* Ein Liebesbekenntnis als Lebensresümee. Bewegt antwortete Caroline, er habe ihr *aus der Seele geschrieben.* Sechs Wochen nach der Abreise überquerte sie die Alpen. Über Mailand, Bern, Stuttgart, Bruchsal und Heilbronn gelangte sie nach Heidelberg, wo ihr Wilhelm, begleitet von Sohn und Tochter, bereits entgegenkam.

Schloss Tegel und das klassische Berlin

> *Fest und unwandelbar steht eigentlich nur die Zeit. Denn die Zeit ist Ewigkeit, und an ihr bricht sich das wogende Leben, das Wollen, das Vermögen der Geschlechter und der Nationen.*
>
> (Caroline von Humboldt, 1823)

Im August 1819 trat Humboldt den Ministerposten für Ständische und militärische Angelegenheiten an. Das neue Ressort war freilich zwischen ihm und Innenminister von Schuckmann geteilt worden, ein Kompromiss, der ihn nicht zufriedenstellte. Enttäuscht von Hardenbergs restaurativer Politik, die die Hoffnung auf eine demokratische Erneuerung zunichtemachte, ging er offen in die Opposition. Auf Carolines Unterstützung konnte er zählen, wie er dem Freiherrn vom Stein versicherte: ... *ihre Ansichten, ihre Grundsätze, ihre Gesinnungen leiten, stärken, befestigen, ermuntern im Ganzen; man sieht das Ziel, wohin man gelangen soll, reiner und klarer.* Gemeinsam mit Justizminister von Beyme und Kriegsminister von Boyen, die die Reformen in Preußen maßgeblich eingeleitet hatten, protestierte er in einer schriftlichen Resolution gegen die Karlsbader Beschlüsse, wonach eine *Zentral-Untersuchungs-Kommission* jederzeit gegen *revolutionäre Umtriebe* eingreifen konnte. Ihm, der sich immer für die Freiheit der Presse einsetzte, war die Zensur ebenso zuwider wie die *Demagogenverfolgung.* Oppositionelle Bürger wurden überwacht, Professoren verhört und verhaftet, gegen den Verleger Reimer wegen »aufrührerischer« Lieder ermittelt, Schleiermachers Wohnung durchsucht, Burschenschaften verboten, Druckschriften zensiert.

Humboldt brauchte nicht lange auf die Wirkung seiner Resolution zu warten: Schon am Jahresende 1819 wurde er seines Postens enthoben. Die vom König angebotene Fortzahlung seines Ministergehalts von 6000 Talern lehnte er ab. Wenn er kein Amt ausübe, wolle er auch kein Gehalt. Man kann annehmen, dass Caroline seine Auffassung teilte; es wird ihr aber auch klar gewesen sein, dass er durch sein Schwanken zwischen patriotischem Einsatz und persönlicher Unabhängigkeit, vorsichtiger Diplomatie und privatem Gelehrtentum seine Widersacher auf den Plan gerufen hatte.

Am Tag nach seiner Entlassung ordnete Humboldt seine Bücher und vertiefte sich in das Studium des Sanskrit. Jetzt konnte er sich ganz seinen Interessen widmen, der vergleichenden Sprachforschung. Seine Kenntnisse auf diesem Gebiet waren enorm. Er beherrschte Französisch, Englisch, Italienisch und Spanisch in Wort und Schrift, las Latein und Griechisch, Baskisch, Provenzalisch, Ungarisch, Tschechisch und Litauisch. Er erforschte die Sprachen der Eingeborenen von Mittel-, Süd- und Nordamerika, befasste sich mit koptischer und altägyptischer Schrift und seit seiner Entlassung eingehend mit Sanskrit. Seine letzte Arbeit behandelte die Kawi-Sprache Javas. Er empfand die Entlassung als Vorteil. Einsamkeit ohne Staatsdienst war nichts anderes als endlich gewonnene Freiheit. Humorvoll meldete Tochter Gabriele ihrem Verlobten Heinrich von Bülow: *Der Vater ist liebenswürdiger denn je und froh, in der lang entbehrten Freiheit sich nach seinem Gefallen beschäftigen zu können..., wo er uns in stetem Lachen erhält mit seinen witzigen Einfällen. Wir haben wirklich nur gewonnen durch diese Veränderung.*[1]

Was Caroline über die Entlassung ihres erst zweiundfünfzigjährigen Mannes dachte, erfährt man eher zufällig durch eine Bemerkung im Brief an Alexander von Rennenkampff: Sie war wenig begeistert. *Damals 1820 sah ich diese Entlassung mit Schmerz,* bekannte sie und fügte, weil Humboldts arrogant wirkende Unabhängigkeit und spöttische Ironie ihm Feinde gemacht hatten, ein beredtes Plädoyer an. *Humboldt ist wirklich ein seltner und vortrefflicher Mensch,* beteuerte sie. *Große, ernste und so milde Gerechtigkeit machen einen Hauptzug in seinem Wesen, dann diese Entfernung von allem Effektmachenden, mit einem Wort, von aller Eitelkeit; so weit irgend ein Mensch frei von ihr sein kann, ist er es.* Darin unterscheide er sich übrigens von seinem Bruder. *Mit Alexander ist es schon anders. Seine Eitelkeit ist liebenswürdig, wohltuend, hilfreich, brillant, aber sie bleibt nie aus... Wie man zuletzt an allem ermüdet, worin nicht Liebe ist, so ist Alexander endlich auch an dem G a n z e n des Pariser Lebens ermüdet.*

Man beschloss, nicht in Burgörner zu wohnen, wie Caroline es einmal vorgeschlagen hatte, sondern im Schlösschen Tegel, das einerseits nahe an Berlin, andererseits in der landschaftlich reizvollsten Umgebung und in einem Park lag, den Caroline besonders liebte. Schon Wilhelms Vater hatte sich gartenkünstlerisch betätigt, indem er die von Friedrich II. zur Förderung der Seidenraupenzucht befohlene Maulbeerplantage pflanzen, den Weinberg erneuern und einen großen Garten anlegen ließ, in dem sich noch heute zwei alte Eichen finden: die achthundert Jahre alte »Dicke Marie« und die vierhundertjährige »Humboldt-Eiche«. Die Natur zu veredeln, indem man, wie in Tegel, die Ideenwelt der Antike einbezog, galt als klassisches Ideal. In seiner »Beschreibung Berlins« von 1786 lobte Friedrich Nicolai *den offenen Tempel, worin eine Statue der Diana steht,* und auch das *Lusthäuschen,* in dem Wilhelm seinen Tee zu nehmen pflegte. Der Erzieher Kunth, mittlerweile Staatsrat, hatte aus der

Das Wein- und Jagdgut Tegel, erbaut im 16. Jahrhundert am Tegeler See bei Berlin.

Schloss Tegel seit dem Umbau 1822-1824 durch Karl Friedrich Schinkel.

Tegeler Baumschule des Herrn von Brabeck wertvolle Bäume wie Zuckerahorn, Roteichen und amerikanische Weymouthskiefern in den Park setzen lassen, an denen die Brüder sehr hingen. *Ich habe eine besondere Liebe zu den Bäumen, und ich lasse nicht gern einen wegnehmen,* mahnte Wilhelm. Als einen einzigen großen Garten betrachtete auch Caroline die Umgebung. *Tegel,* schrieb sie an Friederike Brun, *das Gütchen hier unweit Berlin auf dem Weg nach Hamburg, ist beinah nichts wie Gartenanlage. Ein See mit schön eingeschnittenen Ufern und sehr viel Anpflanzungen machen es ungemein freundlich, grün und blumenreich.*[2]

Graf Bernstorff, an Humboldts Stelle zum Außenminister ernannt, besuchte Schloss Tegel im Sommer 1819. Seine Frau Elise berichtete, die Fahrt mit vier Postpferden sei so rasend schnell gegangen, *daß wir die Unannehmlichkeiten des Wühlens durch das tiefe Sandmeer während der letzten dreiviertel Meilen weniger empfanden.* Allerdings habe sie sich *mitten in diesen gottverlassenen Sandsteppen eine schöne Oase* kaum vorstellen können und umso mehr gestaunt, die Hausherrin, die sie vom kaiserlichen Hof in Wien als elegante Gesandtengattin kannte, hier auf dem Land *in abgelegener Gegend* ebenso selbstverständlich *in einem Schlößchen zu finden, welches vor hohem Alter mit Einsturz drohte. War man nur erst die enge Wendeltreppe hinaufgeklommen, so fand man oben ein schönes Zimmer mit einem Erker, der so hübsch von alten, zwar beschnittenen, aber doch schönen Linden beschattet war…*[3]

Da nicht nur die Besucher, sondern auch die Besitzer das alte Gemäuer für einsturzgefährdet hielten, wurde der Umbau beschlossen. Den Auftrag übernahm der berühmte Karl Friedrich Schinkel. Seine Ideen stimmten aufs Schönste mit Humboldts Wünschen überein. Der Architekt schlug vor, den Turm an der Eingangsseite zu belassen, an der Gartenseite aber eine Fassade im klassischen Stil zu errichten, in der er vier große Nischen für die Skulpturen vorsah, die man besonders liebte: die Diana, die Amazone des Vatikans, den Faun des Praxiteles und die Athena aus Velletri, auf die Caroline ihr Gedicht »Pallas von Velletri« schrieb:

Ja, alles hat dem Menschen s i e gegeben,
In seine Nacht trug sie des Denkens Licht…

Seine Entwürfe, die er in großformatigen Tafelwerken veröffentlichen ließ, kommentierte Schinkel selbst: *Das Schlößchen Tegel, eine Besitzung des Königl. Preuß. Staats-Ministers Baron von Humboldt, liegt 1 ½ Meilen von Berlin in einer von schönen Waldungen, Hügeln, Wiesen und Seen gebildeten Gegend, welche von den Einwohnern Berlins auf ihren Landpartien häufig besucht wird.* Bei der Umgestaltung habe ihm der alte Turm die Idee eingegeben, das Haus an jeder Ecke mit einem Turm zu versehen, für welche Rauch nach römischem Vorbild die Reliefs der acht Winde schuf. *Mit seiner heiteren Mauerfarbe und den hellen bläulichen Zinkdächern ist das Gebäude in der Umgebung der dunkeln Baumgruppen von der freundlichsten Wirkung und aus weiter Ferne bemerkbar. Der Bau ward im Jahre 1822 angefangen und im Jahre 1824 vollendet.*[4] Schinkels Können erwies sich auch im Inneren des Hauses: Die Treppe erschien optisch durch Bögen und Fresken im pompejanischen Stil vergrößert, und er schuf den Antikensaal, um dort die in Rom erworbenen großen Skulpturen aufstellen zu können.

Ich befinde mich hier auf einem kleinen Gute, auf dem mein Bruder geboren ist, und wo wir beide unsere Kindheit und einen großen Teil unserer Jugend zugebracht haben, berichtete Humboldt im März 1822 dem Altertumsforscher Friedrich Welcker. *Ich baue jetzt eben ein neues Haus hier, das vorzüglich den Zweck hat, unsere Marmor und Gypse zu stellen, doch nicht in einer Art Museum, wozu die Sammlung zu klein ist, sondern so, daß die Kunstsachen sich mit dem häuslichen Wesen verbinden,* Welcker möge kommen und sich überzeugen. ... *in den Flur stelle ich die antike Brunneneinfassung, in welchem der heilige Calixtus ertränkt sein soll, zu der Wolf eine Inschrift gemacht hat.* Damals wie heute steht der antike Brunnen an der gleichen Stelle. Im Antikensaal, wo »Orest und Elektra«, »Der Gallier und sein Weib«, »Der Ares Ludovisi«, der kolossale Kopf der »Juno« und ein zeitgenössisches Werk, Thorvaldsens »Merkur«, aufgestellt wurden, fand auch die »Medusa Rondanini« ihren Platz, von der Goethe sagte: *Nur einen Begriff zu haben, daß so etwas in der Welt ist, macht einen zum doppelten Menschen.*[5] Wie zufrieden Wilhelm mit seinem Zuhause war, erfuhr auch Caroline, die zur Kur nach Karlsbad gefahren war. *Ich bin gestern Nacht noch nach ein Uhr um das Haus herumgegangen, es im Mondschein zu sehen,* schrieb er glücklich. *Die Schatten der vielen Ecken und Vorsprünge und die helle Weiße dabei machen sich sehr gut. Du wirst über mich lachen, mein süßes Kind, daß ich mich so mit unserm eigenen Hause amüsiere. Aber ich kann nicht leugnen, daß ich es sehr gern habe.*[6]

Das vollendete Haus wurde zum Spiegel ihrer Kunstbegeisterung und sichtbaren Ausdruck ihres Lebensgefühls.[7] Neugierig strömten die Besucher herbei. Es kamen Kronprinz Friedrich Wilhelm und Prinz Carl von Preußen, die Tegel seit ihrer Kindheit kannten. Bettina von Arnim wurde in Begleitung ihres Schwagers Savigny eingelassen, obgleich sie den Hausherrn durch erotische Aufdringlichkeit ordentlich in Be-

Der große Antikensaal in Schloss Tegel beherbergt bis heute die Sammlungen von Wilhelm und Caroline von Humboldt.

drängnis brachte.⁸ Später erschien auch König Friedrich Wilhelm III. mit seiner zweiten Frau, der Fürstin Liegnitz, die er zehn Jahre nach dem Tod der Königin Luise geheiratet hatte. Das Schloss wirkte von außen trotz der strengen Linienführung heiter – innen war schon das Atrium mit den dorischen Säulen und dem antiken Brunnen eine Überraschung. Theodor Fontane, der es bewundernd durchschritt, sah sich einer solchen Fülle von Kunstwerken gegenüber, dass es ihm den Atem verschlug. Die Zimmer seien *zu reich ausgestattet mit Kunstschätzen und Sehenswürdigkeiten aller Art, als daß eine Aufzählung gestattet sein könnte.*⁹

Das Haus in Tegel ist vollendet und ist schön, einfach und geschmackvoll geraten, meldete Caroline nach Kopenhagen. Ihre römischen Sammlungen waren für Tegel gedacht, seit Wilhelm ihr einmal versichert hatte: *Denn es macht mir eine erstaunliche Freude, Dir Tegel ganz allein übergeben zu können und nicht mehr fürchten zu dürfen, daß es uns doch einmal aus den Händen ginge.*[10] Allerdings war sie nicht mit allem hundertprozentig zufrieden. *Unser Landhaus hat in seiner Art viel Liebliches und ist einfach und geschmackvoll,* berichtete sie Alexander von Rennenkampff. *Es stehen schöne Sachen, einige Marmorfragmente und ausgezeichnete Gipse darin.* Doch dann seufzte sie über Fehlentscheidungen: *...für unser Haus- und Familienwesen ist gar nicht gesorgt worden. Eine sehr schöne helle Küche hat das Haus bekommen, allein eine ganz miserable Speisekammer, ein Waschhaus gab es von jeher auf dem Hofe, alt, jedoch brauchbar, und ich bat und flehte um einen Trockenboden – in unserem Klima eine unerläßliche Sache – allein vergebens. Wir haben dafür ein plattes Zinkdach...* Sie schilderte ihr Schlafkabinett mit dem Fenster nach Süden, *die schöne Umgebung prachtvoller Bäume und die Aussicht nach dem See,* beschrieb den blauen Salon mit der anmutigen Quellnymphe, die der Freund noch aus Rom kenne, die Skulpturen im Antikensaal. *Villa Ludovisi!! Ach, wie könnt' ich je den Namen nennen, ohne daß alle Zauber, die Erinnerung zu geben vermag, mich umfingen.*[11]

Aus der preußischen Residenzstadt war das »klassische Berlin« geworden, eine Stadt der Schönheit und Eleganz, woran Schinkels Prachtbauten keinen geringen Anteil hatten. Das Schauspielhaus, die von Säulen getragenen Giebel der tempelartigen Kirchen, Kreuzbergdenkmal und Singakademie boten einen grandiosen Anblick, Schlossbrücke und Neue Wache wurden vollendet, Schloss Glienicke und Schloss Charlottenhof nach italienischem Vorbild gestaltet, Rauchs Denkmäler für Scharnhorst, Blücher und Bülow aufgestellt und in der Stadtmitte ein neues Museum im klassischen Stil, bekrönt durch die Rossebändiger von Tieck, gegenüber dem königlichen Schloss errichtet. Der Aufschwung der Künste und Wissenschaften war unübersehbar. Universität und Akademien, öffentliche Ausstellungen und Konzerte, Theater und Literatur ließen ebenso wie ein aufgeschlossenes Bürgertum Berlin zu einer kultivierten, geistbewegten Stadt werden. Bei Hofe fand 1821 vor fünftausend Zuschauern das große »Lalla Rookh«-Fest nach dem orientalischen Märchen von Thomas Moore statt, wobei Opernkomponist Spontini die Musik, Oberbaumeister Schinkel die Dekorationen schuf; Regie führte der Maler Wilhelm Hensel, der bei dieser Gelegenheit seine spätere Frau Fanny Mendelssohn kennen lernte, Tochter des Bankiers Abraham Mendelssohn, der so reich war, dass er seinem genial begabten Sohn Felix ein eigenes Orchester und Fanny eine hervorragende musikalische Ausbildung ermöglichen konnte. Auch Humboldts wurden zu den Privatkonzerten im Hause Mendelssohn gebeten, wobei Fanny eigene Kompositionen und die ihres Bruders vortrug.

Auch wenn Rahel Varnhagen klagte, die besten Freunde seien tot und im Erdgeschoss der Häuser finde man neuerdings nur noch Läden und Boutiquen, blühte das gesellige Leben auf. Im Haus des Staatsrats von Staegemann und seiner musikalischen Frau Elisabeth, Tochter eines Königsberger Komponisten, traf sich die künstlerische Welt. *Wenn auch bei Hofe einzelne Festlichkeiten in voller Pracht gefeiert wurden, so blieb das alltägliche Leben in Privathäusern zu jener Zeit doch einfach*, schrieb ihre Tochter Hedwig.[12] Caroline sah hier die Maler Begas und Bendemann, Schadow und Wach, der ihr letztes Bildnis schuf, die Schriftstellerinnen Henriette Paalzow, Amalie von Helvig und Luise Hensel, Dichterin des Liedes »Müde bin ich, geh zur Ruh'«, und begegnete den Musikern Spontini und Carl Maria von Weber, dessen »Freischütz« in Berlin eine umjubelte Uraufführung erlebte – seine Melodien pfiff die halbe Stadt, wie Zelter Goethe berichtete. Im Hause Staegemann entstand aus einem improvisierten Singspiel von Wilhelm Müller und Luise Hensel die von Schubert vertonte »Schöne Müllerin«. Koreff und Schleiermacher sah sie bei Henriette Herz, die, noch immer beeindruckend schön, vom Grafen Dohna, Humboldts Vorgesetztem in Königsberg, und dem Philologen Immanuel Becker umworben wurde, obwohl sie eine neue Heirat standhaft ablehnte. Durch Alexander von Humboldts Vermittlung erhielt sie später eine Pension aus der königlichen Schatulle.

Den Salon von August und Rahel Varnhagen besuchten Humboldts selten, obgleich sie im Winter ihre Nachbarn waren. *Man fühlte sich bei Varnhagens immer ganz im Elemente der vorzüglichsten Geistesinteressen*, berichtete die mit Fouqués und Arnims befreundete Porträtistin Caroline Bardua. *Rahel saß auf dem Sopha und führte das Wort. Sie sprühte Geistesfunken. Alles, was sie sagte, war aphoristisch, entschieden und litt keinen Widerspruch. Sie hatte lebhafte Gesten und war sehr rasch im Ausdruck. Alles wurde durchgesprochen, was in Kunst und Literatur die Zeit bewegte. Goethes neueste Schöpfungen und Altersleben beschäftigten sie vor allem... Varnhagen dagegen war stets sanft und geschmeidig in seinem Wesen, voll ehrerbietiger Schätzung der Rede Rahels, sonst aber leicht beißend, wenn auch immer geistreich, in seinem Urteil über Menschen und Dinge. Seine Stimme klang weich, leise, verbindlich; die Rahels laut, tief herrschend. Man sah, daß das Paar sehr verschiedenen Alters war. Varnhagen war ein großer, zu jener Zeit noch stattlicher, fast jugendlicher Mann; Rahel eine schon etwas vorgerückte kleine Frau von dicklicher Gestalt.*[13]

Am häufigsten traf man sich mit dem einfallsreichen Ernst von Pfuel, inzwischen Vater von fünf Söhnen und einer Tochter. *Wenig Menschen sind mir im Gespräch und gesellschaftlichen Sein angenehmer,* bemerkte Caroline. *Sein Scherz ist der Wehmut verwandt, die einen durchs Leben begleitet, und sein Ernst von der Freude überstrahlt.* Der sportliche Offizier, der die erste Schwimmanstalt Berlins ins Leben rief, machte jedes Zusammensein zum doppelten Vergnügen. Kam er nach Tegel hinaus, wanderte oder ritt man um den See und veranstaltete Wettkämpfe zu Fuß und zu Pferde, die der Vierzigjährige mit Bravour gegen die anwesende Jugend gewann – Wilhelm hat es humorvoll geschildert.[14] Pfuels Bruder Friedrich heiratete Fouqués Stieftochter Clara, wodurch die gegenseitigen Beziehungen noch enger wurden.

Ihre Kunstinteressen verfolgte Caroline in Berlin eigenständig wie zuvor. Ihr Freund und Berater war und blieb der vielbeschäftigte Rauch, den sie häufig in seinem großen Atelier aufsuchte, einem umgebauten Lagerhaus, in dem sich auch die Werkstätten von Friedrich Tieck, Wilhelm Wach und Wilhelm Schadow befanden – alle mit ihr befreundet und für sie tätig. *In Berlin regt sich ein Kunstleben, wie es noch nie war,* jubelte Caroline bis Kopenhagen. *Rauch, Tieck, Johann Veit, Wach, Wilhelm Schadow sind aus Italien zurück, und alle haben schöne Arbeiten mitgebracht und regen sich im frischen Leben der Kunst. Den Berlinern ist eine neue Welt aufgegangen* – wobei sie sich einer kleinen Spitze gegen das Wesen der Berliner nicht enthalten konnte: *Da sie aber eine überwiegende Lust und Liebe zum Critisieren haben, so hat sich damit auch ein weites neues Feld eröffnet.*[15]

Mit dem eleganten Maler Wilhelm Wach, dem Diplomaten unter den Künstlern, der ihre schöne Schwiegertochter

Der Maler und Porträtist Wilhelm Wach, Freund des Hauses Humboldt, gezeichnet von Wilhelm Hensel in Berlin.

Mathilde porträtierte, war sie seit Rom befreundet. In Berlin lernte sie seine Schwester Henriette Paalzow kennen, die mit ihrem im Mittelalter spielenden Roman »Godwie Castle« den Geschmack der Zeit traf. Die zwanzig Jahre jüngere, nach kurzer Ehe geschiedene Schriftstellerin war eine eindrucksvolle Erscheinung: groß mit schwarzen Augen und dunklen Haaren, »mittelalterlich« gekleidet wie ihre Heldin-

Die zu ihrer Zeit viel gelesene Schriftstellerin Henriette Paalzow, Schwester des Malers Wilhelm Wach, mit dem sie zusammenlebte. Zeichnung von Wilhelm Hensel, Berlin 1844.

nen, in dunklem Samt, das Schlüsselbund am Gürtel. *Ihre liebenswürdige, poetische Erscheinung ebenso wie ihre geschmackvolle und blumenreiche Umgebung erinnerten an die Eigentümlichkeiten ihrer Dichtungen,* notierte Hedwig von Olfers, die mit ihr im gleichen Haus wohnte. Henriette Paalzow war *groß und schlank gewachsen, die Formen ihres Gesichts waren schön zu nennen,* allerdings war sie bei aller Warmherzigkeit sehr auf Effekt bedacht und trat stets *feierlich und theatralisch* auf, was kaum zu Caroline gepasst haben dürfte.[16]

Nach Jahren der napoleonischen Kriegs- und Beutezüge, der Trennungen und wechselnden Wohnorte genoss man in Berlin ein kunstbegeistertes Leben. Caroline lud ihren ehemaligen Lehrer, den siebzigjährigen Zacharias Becker, mit seiner Frau in die Singakademie ein.[17] In der Oper hörte sie Rossinis »Othello« mit Schinkels Bühnenbildern, erlebte im Schauspielhaus »Don Carlos« von Schiller und verglich sein Genie mit dem Raffaels. Sie bewundere den Dichter wie den bildenden Künstler, schrieb sie Wilhelm, dem es gelinge, *dem rohen Stein Form, Leben, beinah Odem einzuhauchen.*[18] Auf Wunsch des preußischen Königs, den er durch Italien begleitet hatte, kam Alexander nach Berlin, verbrachte Weihnachten und Neujahr bei seinem Bruder in Schloss Tegel, wo er im verschneiten Park wehmütig seiner Kindheit gedachte, und hielt in der Akademie der Wissenschaften einen Vortrag über Vulkanismus. Auf der Rückfahrt nach Paris schrieb er an Caroline: *Wie kann ich Dir, liebe Li, nur für die große Freundschaft danken, die Du mir während des letzten Besuches in Berlin bewiesen hast? Die Erinnerung an diese glückliche Zeit wird mich niemals verlassen. Wo ließe sich eine Familie finden, die so wundervoll durch Glück, Tätigkeit und Lebensfreude vereint ist?*[19]

Hätte Caroline nicht jetzt, da man sie in Berlin beansprucht, die Verbindung zu Rom kappen können? Dass sie sich auch weiterhin für die deutschen Künstler in Italien zuständig fühlte, beweisen die bisher unveröffentlichten Briefe an den Kupferstecher Ruscheweyh. Sie bat seinetwegen Heinrich Schlosser in Frankfurt um Vermittlung von Aufträgen, wandte sich ebenso an Salomon Bartholdy, den preußischen

Generalkonsul in Rom, ja, sie belebte sogar die abgebrochene Beziehung zu Friedrich Wilhelm Riemer in Weimar, um die Künstler in Rom zu unterstützen.[20] Auch für ihre römische Wirtin Anna Maria Buti hat sie weiterhin gesorgt; im Ausgabenbuch findet sich wiederholt der Eintrag: *an Madame Buti 100 Taler.*

Lebendig wie zuvor war die Freundschaft zu der vielgelesenen Caroline von Fouqué, deren Schwiegertochter erklärte, sie fessele die Zuhörer beim abendlichen Vorlesen *durch eine große Kenntnis des menschlichen, insbesondere des weiblichen Herzens, ein sehr erregbares Gefühl und lebhafte Phantasie.* Die Schriftstellerin befasste sich mit Themen, die Caroline besonders interessierten, gab eine Schilderung der »Bildergalerie von Dresden« heraus, berichtete in »Briefen über Berlin im Winter 1821« über das kulturelle Leben der Hauptstadt und arbeitete an einer »Geschichte der Moden«, worin sie am Wandel der Kostüme, Kleider und Perücken die politischen Veränderungen der letzten Jahrzehnte aufzeigte. Ihr Schloss in Nennhausen war ein weithin beliebter »Musenhof«. Selbst General von Gneisenau bemerkte: *Von dem Zauber des Nennhauser gastfreien Hauses höre ich oft reden. Poesie, Literatur, Landleben, welch' schöner Verein.*[21] Als Wilhelm einmal am späten Abend überraschend in Nennhausen ankam, fand er die Familie mitsamt Arzt und Postmeister, zwei jungen Offizieren aus der nahen Garnison und den »drei Fräulein« von Rochow, von Briest und von Fouqué am Esstisch an; sie amüsierten sich bei Scharaden aus dem Rathenower Wochenblatt, während mitten auf dem Tisch eine große Schüssel Kartoffelsalat prangte. Fouqué beeilte sich zu versichern, dass dort sonst die Figur eines Herkules stehe, den er auch herbeischleppte, bevor er den Gast in sein eiskaltes Schlafgemach führte.

Nach vierjähriger Warte- und Verlobungszeit konnte im Januar 1821 die Trauung der neunzehnjährigen Gabriele von Humboldt mit Heinrich von Bülow, Jurist im Departement des Außenministers Graf Bernstorff, durch Schleiermacher stattfinden. Während ihre Schwester Adelheid keine Kinder bekommen hatte und Theodors Frau Mathilde fünf Fehlgeburten erlitt, brachte Gabriele schon ein Jahr nach der Hochzeit ihr erstes Kind zur Welt. Danach aber war sie lange krank. *Eine sehr schwere Entbindung, ungeheurer Blutverlust, daraus entstehende ganz unglaubliche Schwäche und eine böse Brust,* klagte Caroline, die sie monatelang pflegen musste.[22] Bis zum letzten Atemzug sollte Caroline in Freude und Sorge mit ihren Kindern beschäftigt sein.

Caroline, Theodor, Adelheid, Gabriele und Hermann von Humboldt
Die Kinder

> *Es gibt ja doch nichts Schöneres wie Kinder, und nichts Süßeres als sie zu bekommen.*
>
> (Caroline von Humboldt)

In Carolines Leben waren ihre fünf so ganz verschiedenen Kinder, die von acht Geburten am Leben geblieben waren, ein großes, aber auch schwieriges Kapitel.

Die älteste Tochter Caroline, am 16. Mai 1792 durch eine lebensgefährliche Zangengeburt zur Welt gekommen, wurde entgegen der väterlichen Prognose, sie sei besonders kräftig und gesund, ein Sorgenkind. Mit ihrem Lerneifer und ihrer Sprachbegabung war sie dem Vater ähnlich, der ihrem ehemaligen Lehrer Welcker stolz von der Sechzehnjährigen berichtete: *Caroline endigt eben die Odyssee. Sie liest den Homer mit viel Fertigkeit, und ich suche sie nun schneller zu führen, nachdem sie in den grammatikalischen Elementen ziemlich sicher ist. Ich unterrichte sie auch jetzt in der Geschichte.* Diese Tochter war überdies sehr musikalisch, spielte Gitarre und Klavier und hatte eine melodische Stimme, war aber scheu, introvertiert und wenig mitteilsam. Sie war elf, als ihr neunjähriger Bruder an Malaria starb. Um ihn wurde lange getrauert, und vermutlich litt auch die Schwester unter dem Verlust – möglicherweise aber auch unter dem Gefühl, weniger geliebt zu sein. Sie bekam Krankheiten, deren Ursachen organisch nicht diagnostizierbar waren. Die Heranwachsende wurde durch nicht endende Krankheitsattacken in ihrer Entfaltung gehindert. Sie litt unter Migräneanfällen, die sie ins dunkle Zimmer zwangen, an quälenden Unterleibsschmerzen und Gesichtsneuralgien, die zum »Tic douloureux« auszuarten drohten, an Blutarmut und einer Schwäche, die befürchten ließ, sie sei dem Tod nahe. Gegen die Blutarmut wurden Mineralbäder mit hohem Eisengehalt verordnet, denn man glaubte irrigerweise, das Eisen würde von der Haut absorbiert. Erfreut berichtete die Mutter von Erfolgen, wenn etwas Besserung in Sicht, die Achtzehnjährige in Wien *doch etwas communikativer, erschließender* war. *Sie hat etwas Starres und Weiches zugleich und ähnelt ihrem Vater,* meldete sie Rahel im August 1813. *Ihr Leiden bricht mir das Herz... Sie ist sehr verändert, und ich kann sie nicht ohne Wehmut ansehen,* so im April 1815. Vor lauter Sorge wurde das Mädchen kaum einen Tag allein gelassen; ihr zuliebe verzichtete die Mutter sogar auf ein Wiedersehen mit Schlabrendorf. *Ich habe sehr teure Pflichten gegen Caroline und will sie wahrhaftig nicht nachlässiger erfüllen als gegen die anderen. Carolines lange Kränklichkeit kann sie vielleicht für andere weniger liebenswürdig machen, mir legt sie eine doppelte Pflicht auf, ihr das Leben süß und angenehm zu machen, und es ist auch ganz bei ihr durchgedrungen, daß sie von mir unaussprechlich geliebt wird,* erklärte sie Wilhelm im September 1815. Wirkte die übertriebene mütterliche Vorsorge und rigorose Bevormundung auf die Tochter nicht eher belastend? Vielleicht haben die gut gemeinten Maßnahmen sie eher bedrückt als erfreut. *Mit Caroline geht es gar nicht gut, ach gar nicht! und mir wird immer bänger und bänger um sie. Ich könnte sie nicht verlieren, ohne mitzusterben.* Dabei bemerkte die Mutter durchaus, dass das töchterliche Leid auch eine psychische Komponente hatte. *Carolines Hingeben an den Schmerz ohne allen Widerstand deutet doch eine beinah mehr wie zarte, auf eine schrecklich schwache Konstitution.*

Es stellt sich die Frage, was von der Ältesten erwartet und wie sie im Vergleich zu den jüngeren und hübscheren Schwestern beurteilt wurde. Dass sie wenig attraktiv war, bemerkte sogar Dorothea Schlegel. *Caroline hat fortwährend Gesichtsschmerzen,* hieß es aus Rom. *Mein Herz ist in einer Wehmut über Carolines Zustand, die alles übersteigt.* Dabei sei zu bewundern, dass sie angesichts der glücklichen Schwestern nicht verbittere. Rätselhaft blieb ihre tiefe Abscheu gegen die Ehe. Nicht nur eine Heirat mit Alexander von Rennenkampff, auch eine Verbindung mit Adolf von Wolzogen war erwogen worden – sie lehnte brüsk ab.[1]

Offenbar ging es der Sechsundzwanzigjährigen seit der Rückkehr aus Italien besser, jetzt aber hatte sie sich als Pflegerin der Mutter zu bewähren, eine Aufgabe, die auch andere Töchter bedeutender Frauen – bei Bettina von Arnim, Clara Schumann und Cosima Wagner – pflichtschuldig übernahmen. Nach dem Tod der Mutter stand Caroline auch ihrem Vater in Schloss Tegel treu zur Seite. Sie starb zwei Jahre nach ihm am 19. Januar 1837 mit vierundvierzig Jahren. Ihrem Lehrer Welcker hatte sie geschrieben: *Ich habe viel Gutes und Herrliches im Leben genossen, und das größte und schönste Glück war, solche Eltern zu besitzen.*

Theodor, nach Wilhelm und Caroline das dritte Kind der Humboldts, wurde am 19. Januar 1797 in Jena geboren. Die glückliche Mutter meldete Rahel: *Ich habe ein schönes und starkes Kind... Theodor ist unendlich liebenswürdig und zart organisiert..., es ist das graziöseste Kind das man sehen kann..., und ich hoffe gewiß, ihn groß zu ziehen. In den Kindern lebt meine Seele, das fühlen Sie wohl.* Ihre Begeisterung für seine Schönheit wurde allerdings von Caroline Schlegel nicht geteilt; reichlich boshaft verkündete sie Luise Gotter: *Die Humboldten hat ein drittes Kind seit drei Wochen, so häßlich wie die beiden ersten.* Vom sechsjährigen Theodor bemerkte die Mutter: *er ist auffallend schön,* aber auch *sehr unartig und eigenwillig.* Der elfjährige Junge, den der Maler Gottlieb Schick in Rom auf einem Porträt wiedergab, wurde wegen seiner goldblonden Locken und schönen Augen *auch jenseits der Alpen* sehr bewundert.

Die Hoffnung auf gute, tüchtige Kinder, die die Zeit zu Menschen bilden wird, ist immer eine der süßesten, schrieb Caroline ihrem Mann. Damit hatte sie es bei Theodor schwer. »Kleiner Teufel« nannten ihn die Schwestern. *Wenn man nur etwas auffinden könnte, seine grenzenlose Lebhaftigkeit zu mildern, denn sie ist ordentlich furchtbar und droht ihn zu zerstören,* bemerkte Caroline vom Siebenjährigen. Dabei fällt auf, dass diese Eigenschaften sich unmittelbar nach dem Tod des älteren Bruders zeigten, den Theodor vielleicht mehr vermisste, als seine Umgebung ahnte. Er lernte schlecht beziehungsweise gar nicht, *er ist in seiner eigenen langsamen Manier wie eine Art retardierender Ballast,* beschwerte sich sein Vater 1808 bei Welcker, sei dickköpfig, jähzornig und unlenkbar, weshalb man den Elfjährigen in die Obhut von Freund Carl von La Roche gab, mit dessen Sohn Hellmut er in Berlin das Gymnasium besuchte, während Mutter und Schwestern in Rom blieben. War dieser Schritt falsch? Der Vater jedenfalls bedauerte die frühe Trennung vom Elternhaus. *Schon für Theodor ist mir jetzt manchmal sehr bange, daß er selbst durch kurze Abwesenheit von Dir mehr verliert, als er sonst durch andere Umstände gewinnen kann,* klagte er. Sein Kummer war, dass Theodor nicht lernen wollte *und das Lateinische so verabscheue, daß er oft verwünscht, daß es je Römer gegeben hat.* Als sein jüngerer Bruder Gustav mit zwei Jahren starb, sollte Theodor statt seiner vom Großvater adoptiert werden, da sonst der Name aussterben würde. *Die Kabinettsorder zur Annahme des Dacherödenschen Namens* war schon fertig. Fortan führte Theodor den Namen *von Humboldt-Dacheröden*.

Der ungebärdige Sohn blieb innerhalb der Familie ein Außenseiter. Die Eltern waren schließlich froh, dass Theodor, der unter der Aufsicht von Karl von Roeder in Heidelberg mit dem Jurastudium begann, als Freiwilliger in den Befreiungskrieg zog. In Paris war Wilhelm entsetzt über den Leichtsinn, die Spielsucht und die Schulden des Sohnes, für die er aufkommen musste. Früher hatte er Caroline beteuert: *Derselbe Geist, denke ich, soll auf unseren Kindern ruhen. Aus einer so vollen Liebe entsprungen, von Dir mit dieser Innigkeit gepflegt und genährt, können sie Dir nicht unähnlich sein.* Jetzt meldete er enttäuscht: *Was Du von Theodors Müßiggang sagst, der ihn trüb und unlustig mache, ist sehr wahr. Woher er jene Unlust und jenen Müßiggang hat, weiß ich nicht. Von Dir gewiß nicht und gleich wenig von mir.* Es folgte der schwerste Schlag: Theodor zettelte ein nicht gerechtfertigtes Duell auf Pistolen an mit einem Leutnant, den er verwundete. Wilhelm hatte es Caroline verheimlichen wollen. *Warum mir etwas ersparen, was eins der Kinder betrifft? Sie sind meinem Herzen alle gleich teuer*, erwiderte sie empört. *Wenn Theodor getötet worden wäre, ich wüßte gar nichts, was mich so zerstört, so zerrissen haben würde.* Bitter bemerkte Wilhelm, dass sich Theodor offenbar nur auf sein Geld und seine guten Beziehungen verlasse. Der Neunzehnjährige hatte sich ohne elterliche Zustimmung mit der noch nicht sechzehnjährigen Mathilde von Heineken verlobt. Über ihre Vorhaltungen verärgert, brach er den Kontakt zu seiner Mutter ab und heiratete ohne ihre Anwesenheit. Erst als ihm nach fünf Fehlgeburten der einzige Sohn geboren wurde, den er Wilhelm nannte, kam er häufiger nach Burgörner und Tegel, wo er die mütterliche

Fürsorge genoss. Dennoch blieb Caroline bei ihrer Meinung, er sei nicht glücklich und könne deshalb auch andere nicht glücklich machen.

Sie behielt im Grunde recht. Theodor, der die militärischen Vorschriften seines Regiments starrsinnig ablehnte, wurde zu zwei Monaten Festungshaft verurteilt. Dennoch schrieb Wilhelm, um sie zu beruhigen: *Theodor macht uns allerdings Sorge und Kummer, aber wir müssen auch bedenken, daß es das einzige ist, was unser sonst sehr glückliches Leben moralisch stört.* Er vermachte Theodor das Gut Ottmachau in Schlesien, das er vom König als Dotation für seine Verdienste erhalten hatte. Seine fünf Nichten empfanden den unberechenbaren Theodor später als merkwürdig und skurril. *Onkel Theodor, der in seiner sechs Fuß hohen, düsteren Mannesschönheit öfters überraschend im Familienkreise auftauchte, (war) den Kindern durch seine absonderlichen Einfälle ein Gegenstand des Schreckens.*[2] Theodor Freiherr von Humboldt-Dacheröden, Leutnant und Erbherr auf Ottmachau, verheiratet mit Mathilde von Heineken, mit der er zwei Kinder bekam, starb am 26. Juli 1871 mit 78 Jahren in Berlin. Sein einziger Sohn Wilhelm, verheiratet mit Hermine von Werder, setzte das Geschlecht, das sich Humboldt-Dacheröden nannte, durch drei Söhne und eine Tochter fort.

Das vierte Kind, Aurore Raphaela Adelheid, wurde am 17. Mai 1800 nach einer komplizierten Niederkunft in Paris geboren. Als die Mutter drei Jahre später noch einmal nach Paris reiste und Adelheid nebst der einjährigen Gabriele bei Wilhelm in Rom zurückließ, wurde sie unterwegs doch von Angst um die Kinder gepackt und schickte Anweisungen, wie der Vater sich zu verhalten habe. Er dürfe Adelheid *nie und unter keinem Vorwande allein am offnen Fenster stehen lassen.* Er solle eine hölzerne Badewanne machen lassen, damit sie bei Hitze lauwarm baden könne. Sie vermisste die Kleinen mehr als gedacht, kaufte Puppen und Schachteln mit Spielzeug, *ein Bauspiel aus Häusern und Bäumen und eine Menage mit Tieren.* Alles sei in bester Ordnung, meldete der Vater, *Theodor allein macht mir Sorge...*³

Die Tochter entwickelte sich zu einem klugen und hübschen Mädchen. *Man kann der Adelheid nichts abschlagen,* bemerkte die Mutter von der Achtjährigen, *sie wird auf eine unbegreifliche Weise immer mehr der Liebling aller Hausgenossen und aller Menschen, die sie kennen. Mich ergreift oft, ich kann wohl sagen eine unaussprechliche Rührung, wenn ich das Kind ansehe, das alle Tage lieber und inniger und geschickter wird. Werd ich sie wohl groß sehen?* Adelheids Pate Gustav Graf Schlabrendorf erhielt die Nachricht, die Neunjährige sei ihr, der Mutter, sehr ähnlich, *hat aber den Vorzug einer schönen Gestalt und verspricht sehr groß und schlank zu werden...* Von der Zehnjährigen schuf der Bildhauer Rauch die liebliche Figur »Adelheid als Psyche«. Sie müsse aufpassen, dass sie Adelheid nicht zu sehr bevorzuge, schrieb Caroline aus Wien an Friederike Brun in Kopenhagen. Die Elfjährige spreche fließend Deutsch und Französisch, tanze und singe und spiele gut Klavier. Sie war aber auch wild und im Verein mit den Schwestern nicht immer leicht lenkbar. *Ach ja, es wird wohl gut sein, wenn ich wieder bei Dir bin,* schrieb Caroline an Wilhelm, *sonst kriegen sie mich unter.*⁴ Dass Adelheids früh geschlossene Ehe mit August von Hedemann, der es zum preußischen Generalleutnant brachte, kinderlos blieb, tat der Mutter leid. Sie fuhr deshalb mit der Tochter zur Kur nach Bad Ems. Es war bekannt, dass man dort *auch Krankheiten der Sexualorgane, besonders der Frauen,* heilen könne.⁵ Die Dänin Gräfin Elise Bernstorff schildert in ihrem Tagebuch die achtzehnjährige Adelheid: *Sie war... ein lebendig frisches Bild der jugendlichen Teutonia, durch und durch eine edle Deutsche, kräf-*

*tig in Wort und Tat, kräftig im Willen und Wirken, kräftig im Wuchs und in der Gesundheit.*⁶ Adelheid von Hedemann, die zusammen mit ihrer älteren Schwester Burgörner erbte, starb am 14. Dezember 1856 mit sechsundfünfzig Jahren kinderlos in Berlin; ihr Mann August von Hedemann, zum Generalleutnant befördert, überlebte sie nur um drei Jahre. Burgörner ging nach Adelheids Tod an Gabriele über, deren Enkel August von Loen das Schloss im Jahre 1885 verkaufte.

Gabriele von Humboldt, das fünfte Kind, wurde am 28. Mai 1802 in Berlin geboren. Sie kostete Caroline fast das Leben, Wilhelm rechnete bereits mit ihrem Tod. Als Gabriele später selbst ein Kind als Zangengeburt bekam, erinnerte sich Caroline an ihr eigenes Wochenbett: *Auch ich wurde mit der Zange entbunden, auch ich mußte über zwei Monate lang ein andres, etwas älteres Kind neben dem meinen nähren.* Von Anfang an war *Gabrielle*, wie Caroline sie nannte, ein besonders zartes Mädchen. Doch gerade sie erwies sich als stabil und war selten krank, ein ruhiges, sehr naturliebendes Kind, darin ihrem Vater ähnlich. Als sie vierzehn wurde, meldete Caroline Rauch: *Gabriele ist auffallend hübsch, unter uns gesagt höchst lieblich*. Und an Wilhelm: *Du fragst nach Gabriellen? ... sie sieht so blühend wie nur irgend in Deutschland aus ... Gabrielle hat unter andern die Weltgeschichte von Becker in zehn Teilen dort gelesen ... Sie hat auch ein sehr liebevolles Gemüt. Hier wird sie nun wieder Musikstunden nehmen, und ich will sie auch bitten, sich mit dem Italienischen zu beschäftigen.* Caroline war stolz auf Adelheid, aber mehr noch liebte sie Gabriele, und als wolle sie nicht den Neid der Götter erregen, schilderte sie deren alle bezaubernde Lieblichkeit immer nur sehr zurückhaltend. Weil Adelheid keine Kinder bekam, was die Mutter auf ihre allzu frühe Eheschließung zurückführte, war sie unglücklich darüber, dass sich auch Gabriele viel zu jung mit dem Sekretär des Vaters verlobte. Heinrich von Bülow, unter elf Geschwistern in einer ärmlichen mecklenburgischen Familie aufgewachsen, hatte früh seine Mutter verloren und kannte nicht einmal seinen Geburtstag. Für ihn war das geistgeprägte Leben der Humboldts eine neue Erfahrung. Gabriele schrieb ihm: *wie ich es denn überhaupt als ein großes Glück ansehe, daß wir so in inniger Liebe und Anhänglichkeit aufgewachsen sind und daß diese Gefühle uns lebenslang begleiten werden.*[7]

Am 10. Januar 1821 wurde die neunzehnjährige Gabriele mit dem zehn Jahre älteren Heinrich von Bülow, späterem preußischen Außenminister, von Schleiermacher getraut. Als sie und Adelheid das Elternhaus verließen, antwortete Caroline ihrem Freund Rennenkampff auf seine Frage: *Das Losreißen der Kinder von uns... Wie man's überlebt, fragen Sie? Darum, weil die Liebe größer ist als die Lust am eignen Genuß, weil es für die Liebe keinen anderen Genuß gibt als den, das Geliebte glücklich und befriedigt und erfüllt im innersten Gemüt zu sehen.*[8]

Gabriele bekam sieben Kinder. Die Geburt der drei ersten Enkelinnen hat Caroline noch miterlebt, wobei sie glücklich bemerkte: *etwas Schöneres als ein gesundes, wohliges Kind gibt's in der Schöpfung nicht.*[9] Auf fünf Mädchen – Gabriele, Adelheid, Caroline, Therese und Constanze – folgte der ersehnte Sohn, der jedoch schon nach fünf Monaten starb. Erst Bernhard von Bülow, das siebte Kind, blieb am Leben. Ferienparadies der Familie war Burgörner, das die Mutter den beiden älteren Töchtern vermacht hatte, während Gabriele Schloss Tegel erhielt.[10] Nach ihrem Tod erbte es ihre Tochter Constanze von Heinz, deren Nachkommen das Haus bis heute bewohnen. Gabriele von Bülow starb nach vierzigjähriger Witwenzeit mit fünfundachtzig Jahren in Berlin. Sie wurde, wie später auch ihre sieben Kinder, im Park von Tegel begraben.

Weniger als von Theodor und den Töchtern ist im elterlichen Briefwechsel von Hermann die Rede, dem achten und letzten Kind der Humboldts, geboren, nachdem Tochter Luise schon im Säuglingsalter gestorben war. Er kam am 23. April 1809 in Rom in Abwesenheit des Vaters zur Welt und wurde auf die Namen Carl Friedrich Georg Heinrich Hermann getauft. *Ein kleines Kind zu haben, wird sehr viel zu meiner Frau ihrer Heiterkeit beitragen*, schrieb Wilhelm an Welcker. Caroline hat nicht nur aus Gründen der damals hohen Kindersterblichkeit, sondern auch aus dem Gefühl einer engen Bindung alle Kinder selbst gestillt. In Wien war die Damenwelt schockiert, dass sie den fast zweijährigen Hermann noch stillte. Wilhelm aber dachte wie sie. *Auf alle Weise spricht sich in den Kindern eine reine, gute und vielversprechende Natur aus. Es ist die, liebe Seele, die Du den Kindern einhauchst, wenn Du sie in einsamen Nächten und Tagen liebevoll auf Deinem Schoß hältst und stillst.* Der Junge war meist gesund bis auf die Fieberattacken, die er als Vierjähriger in Wien erlitt, als er *wochenlang an der gleichen Krankheit darniederlag wie Theodor, dem Tode nahe.*[11] Der Sohn entwickelte sich problemlos, war leicht lenkbar und erhielt seit seinem sechsten Lebensjahr eine angemessene Erziehung bei Herrn von Türk, einem durch Pestalozzi und die Schriften Herders geprägten Reformpädagogen, der im Geist bürgerlicher Aufklärung in seinem Privatinternat die harmonische Ausbildung der Schüler anstrebte.

Die frühe Trennung wirft zugleich ein Licht auf das eigentümliche Verhältnis Carolines zu ihren Kindern: Von den Söhnen trennte sie sich leicht, während der Abschied von den Töchtern ihr fast das Herz brach. Hermann war selten in ihrer Nähe. Schon für den Vierjährigen hatte sie nach einem Erziehungsinstitut gesucht. Ihre Begründung bei Schlabrendorf lautete: *Es ist mein Wunsch, die Fehler, die bei* Theodor's *Erziehung vorgefallen sind, bei Hermann zu vermeiden. Unsere wechselnde Lage tut bei der Erziehung nicht gut, besonders wann man einen Knaben, wie es bei* Theodor *durch den Tod seines Bruders* Wilhelm, *und bei Hermann desgleichen durch den Tod des lieben kleinen* Gustav's *der Fall war und ist, allein und einzeln erziehen muß, so wird es sehr schwierig... Meine drei Mädchen habe ich bei mir.*[12] Mit der Erziehung durch Herrn von Türk war sie sehr zufrieden und meldete Friederike Brun über den Dreizehnjährigen: *Sie würden ihn recht lieb haben, den Hermann. Er hat ein so treues, einnehmendes Gesicht,* lerne gut, sei aber geistig kein Überflieger. Zu ihrem letzten Weihnachtsfest kam der Neunzehnjährige, der in Züllichau das Gymnasium beendete, mit den Eltern in Schloss Tegel zusammen. Als seine Mutter starb, war er zwanzig Jahre alt. Zu seinen drei Schwestern hatte Hermann, der sich laut Varnhagen dem Forstberuf widmete,[13] immer ein ungetrübtes Verhältnis. Den Vierundzwanzigjährigen, der mit seiner Garnison in Swinemünde lag, bat Gabriele um ein Lebenszeichen – *denn diesen Sommer hast Du jeden so ohne Nachricht gelassen, daß wir dachten, Du wärst im Meer ertrunken.* Hermann Freiherr von Humboldt, Erbherr auf Friedrichseck-Ottmachau, heiratete Priszilla Freiin von Reitzenstein und bekam vier Töchter. Er starb am 29. Dezember 1870 mit einundsechzig Jahren.

Caroline war offensichtlich eine »Töchtermutter« – sie liebte die drei Mädchen über alles. Ihr Umgang mit ihnen, ihre mütterliche Zuwendung, ihr Unterricht und die Erziehung durch Hauslehrer wurde von Wilhelm, der sich von Zeit zu Zeit nach dem Fortschritt der Ausbildung erkundigte, anerkannt; es findet sich keine Zeile, mit der er bessere Maßnahmen vorgeschlagen oder gar Einspruch erhoben hätte.

Bemerkenswert ist, dass auch er sich als ein Vater erwies, der seine Töchter deutlich bevorzugte. Als Theodors Frau Mathilde ein Mädchen zur Welt brachte, die kleine Mathilde, schrieb er an Gabriele: *Ich bin nun überhaupt unendlich mehr für die Töchter, man möchte noch so viele haben. Auf das Fortbestehen des Namen habe ich nie Wert gesetzt, mich gerade in einem Sohne wieder zu finden, hat mich auch nicht gereizt. Aber eine Tochter ist ein unendlich beglückendes Wesen. Man kann so ganz mit ihr fühlen und findet sich wieder von ihr begegnet. Wie ich das mit Euch jetzt empfinde, süße Gabriele, mit Dir und Deinen Schwestern, kann ich Euch nicht ausdrücken... Es ist das wieder ein Segen der lieben Mutter. Ihre Güte und ihr Sinn ruhen auf Euch.*[14]

Nach Carolines Tod las er noch einmal ihre Briefe. Schon immer hatte er sie eine geniale Briefschreiberin genannt, die *die Kunst des Schreibens wie keine andere* beherrsche. *Die Mutter trug nie etwas Exzentrisches ins Leben... Alles entsprang in ihr aus dem Gefühl, weil sie immer und mit der ganzen Fülle ihres Wesens jeden Gegenstand ergriff,* sagte er zu Gabriele. Er wusste, dass seine über dreißig Jahre geführte Korrespondenz mit Caroline menschlich, literarisch und kulturgeschichtlich von hoher Bedeutung war. *Von welcher Schönheit auch diese frühen Briefe sind, welch ein Schatz von Gedanken darin enthalten ist, welch ein unendlich reiches Gemüt, welch eine Fülle der Liebe sich darin ausspricht, das ahnt man gar nicht, ehe man diese Briefe liest.* Er äußerte den Wunsch, berichtet seine Urenkelin Anna von Sydow, dass der Briefwechsel nur an die Töchter vererbt und von ihnen wiederum nur an Töchter weitergegeben werden sollte. *Nur muß er immer in weibliche Hände kommen und unter keinerlei Umständen vernichtet werden.*

Setze den Fuß nur leicht auf
Krankheit und Abschied

> »*Setze den Fuß nur leicht auf*« *ist ein großes, tiefes Wort. Je länger man lebt, je mehr löst man sich von allem Eitlen und Zufälligen ab.*
>
> (Caroline von Humboldt)

In der Korrespondenz zwischen Caroline von Humboldt und der in Kopenhagen wohnenden Friederike Brun, Mutter von drei Töchtern und einem Sohn, stellt das Thema »Krankheiten« – neben politischen Erörterungen und Debatten über die Probleme der heranwachsenden Kinder – das wichtigste Thema dar. Nahezu einmalig in der weiblichen Briefliteratur, teilten sich die gleichaltrigen Freundinnen ohne falsche Scham freimütig alles mit, was in den Bereich »Frauenkrankheiten« fiel und ihnen das Leben erschwerte. Beide hatten sie Kinder geboren, großgezogen und verheiratet; beide fühlten sich dem aufgeklärten Zeitgeist entsprechend berechtigt, medizinische Diagnosen zu stellen und sich bei den tragischen Ereignissen ihres Lebens, dem Tod von Kindern, Schmerzen und Depressionen gegenseitig zu beraten. Oft nützten die Ratschläge der Ärzte nichts oder erwiesen sich sogar als schädlich. Unerklärliche Hitzewallungen, Fieberschübe, *gichtiges Kopfweh*, *Nervenübel* wurden ebenso mitgeteilt wie gynäkologische Erkrankungen, Unterleibsentzündungen und die Malaisen des Klimakteriums.[1] In Italien litt Caroline an unerklärlichen blutenden Entzündungen. *Die fliegenden Schmerzen werden um die Zeit der Periode unausstehlich,* schrieb sie aus Rom.[2] Zweiundfünfzig Jahre alt, wunderte sie sich in Gastein, dass ihr *die Periode wiedergegeben* werde, *obgleich es wohl mehr wie Zeit wäre, daß ich sie verlöre. War es in Wahrheit bereits eine unheilbare Krankheit, die sie damals befiel?*

Schon als junges Mädchen berichtete Caroline von *Brustkrämpfen*, die man heute als chronische Bronchitis diagnostizieren würde. Während der Lauchstädter Kur mit den Schwestern Lengefeld kam es zu *blutigem Auswurf*, sie spuckte *Brocken von geronnenem Blut*. In diesem Zustand erlebte sie Schiller, der erfuhr, dass die Ärzte die Dreiundzwanzigjährige schon aufgegeben hatten. Als junge Frau litt Caroline in Berlin an Hals- und Brustentzündungen und unter der Kälte, *wie sie vor zwei Jahren mich fast tötete.*[3] Friederike Brun wiederum litt jahrelang an *Nervenkopfweh, welches allen erdenklichen Mitteln (Blutigeln, Nervenbad, Sturzbad, Trogbad, spanischen Fliegen) widerstand.* In Wien bekam Caroline derartig heftige Kopfschmerzen, *daß ich wie bewußtlos blieb. Endlich gesellte sich ein starker, 24 Stunden dauernder Fieberanfall hinzu, der aber mit solchen Schmerzen in den Gliedern begleitet war, daß ich auf diese Zeit wie gelähmt war.*[4]

Seit sie aus Rom zurückgekehrt war, litt Caroline unter anfallartigem Rheuma in den Gliedern. Schon in der letzten römischen Zeit klagte sie über *fixe Schmerzen und Geschwulst in dem rechten Bein* mit Hautrötungen und Fieberanfällen.[5] Zu ihren immer quälender werdenden Rheumaschüben wird das feuchtkalte Klima in Thüringen und Berlin beigetragen haben. *Wenn nur der Winter erst vorbei wäre! Jedes kalte Einatmen erscheint mir in der Lunge wie eine Verletzung*, klagte sie. *Ich selbst war diesen Monat kränker wie je, der Husten unmäßig, die Stimme total erloschen, Schlaf und Eßlust ganz verschwunden*, so im Dezember 1819. *Eine Einreibung von Hyosciamen auf Hals und Brust und ein tätigerer Zustand des Unterleibes haben mich sehr erleichtert. Das übrige erwarte ich vom Frühjahr.*

Wie man aus Rahels Briefen weiß, herrschte ab November in Berlin *Schlagsregen; schwimmende Straßen, grauer, agitierter Himmel,* im Dezember *Schnee oder nasses Tauwetter.*[6] Caroline litt unter Gicht, einer Stoffwechselerkrankung, die wahrscheinlich auch durch die schlecht geheizten Räume von Burgörner hervorgerufen wurden, wo sie einen großen Teil ihrer Kindheit und Jugend verbracht hatte. 1825 schilderte sie den *stärksten Gichtanfall, den ich noch je gehabt habe.* Den Rheumaschmerzen und dem Versuch, mit zweiundvierzig Kräuterkuren dagegen anzugehen, folgte ein neuer Anfall in Armen und Händen. Ihre Berichte weisen auf eine chronische Polyarthritis hin. Die Wannen- und Kohlensäurebäder in Böhmen, durch Sprudelsalz ergänzt, sollten auch bei Herzschwäche helfen. Während der Napoleonischen Kriege und seit der Trennung von Wilhelm – der sich in dieser Zeit in eine andere Frau verliebte – klagte Caroline über Herzbeschwerden. Im Jahr 1818 bekam sie in Rom über mehrere Stunden anhaltende *Brustschmerzen,* die man heute als funktionelle Angina-pectoris-Beschwerden deuten würde. Sie schilderte drastisch, wie sie daraufhin *zur Ader gelassen wurde, und zugleich wurden mir spanische Fliegen gelegt... Das Blut ward in solchem inflammatorischen Zustand befunden, daß ich wohl nur noch wenige Tage ohne eine Brustentzündung mich hingeschleppt hätte.* Für den berühmten Arzt Hufeland gehörten Opium, Aderlass und Brechmittel zu den einzig möglichen Heilmitteln. Erkenntnisse über Nebenwirkungen lagen nicht vor. Caroline meldete: *Die Mittel helfen, haben mich aber gewaltig angegriffen und ich bin noch so matt, daß ich nichts tun kann, ohne nicht ab und zu auf dem Bett zu liegen.* Herzerkrankungen waren noch kaum erforscht. Als der junge Maler Schick tödlich erkrankte, nannte man es *Wassersucht.* Er starb letztlich an einer Lungenentzündung. In Karlsbad und Marienbad trafen sich die Ärzte mit ihren Patienten am Brunnen, wo man während des Schlangestehens mit dem Porzellanbecher in der Hand das Abendprogramm besprach. Obgleich sie bei Friederike Brun über die Trennung von der Familie und den *schrecklichen Zeitaufwand* mit *teuren Reisen in unerfreuliche Gegenden* klagte, fuhr Caroline im Sommer 1823 wieder zur Kur nach Böhmen, *um nur leidlich gesund zu sein.*

Im böhmischen Marienbad begegnete sie im August dem dreiundsiebzigjährigen Goethe, dessen Leidenschaft für die neunzehnjährige Ulrike von Levetzow sie hautnah miterlebte und ihrem Mann ausführlich beschrieb. *Das Fräulein aber, sagt die Großmama, könne sich nicht zu einer im Alter so sehr ungleichen Heirat verstehen.*[7] Zu ihr war der Dichter *ungemein freundlich und beim Abschied sehr weich,* berichtete sie Wilhelm. *Ich fand ihn wohl aussehend, besonders, wenn man seinen Zustand im Winter bedenkt, wohler und etwas voller im Gesicht als im Jahr 17, wo ich ihn zuletzt sah, und wirklich weniger alt und verfallen in den Zügen als in Rauchs Büste. Dennoch fand ich in einer gewissen Weichheit des Ausdrucks, in den leicht sich mit Feuchtigkeit füllenden Augen, in einer gewissen Unsicherheit der Bewegungen Spuren des sehr fortgeschrittenen Alters... Goethe sprach, wie ein junger Mann über sein wissenschaftliches Treiben es könnte.* »*Man muß sich die Erde,*« sagte er, »*wenigstens das Stück, das man abreichen kann, wie einen Kreis denken, in dessen Mittelpunkt man steht, und ein Dreieck nach dem anderen untersuchen.*« Begeistert äußerte sie sich zur »Marienbader Elegie«, die Wilhelm ihr schon bei seinem Besuch in Weimar ausführlich dargelegt hatte: Sie verdanke ihr Entstehen Goethes aufwühlendem Liebeserlebnis, schrieb sie, sei *tief, wahr, unbeschreiblich ergreifend, eben weil sie wahr und aus der wahrsten Empfindung in der Wirklichkeit geflossen ist.*[8]

Während im Jahr darauf Wilhelm in Tegel sein Arbeitszimmer einrichtete, musste Caroline wieder in Marienbad ausharren. Achtundzwanzig Moorbäder sollten sie vom Rheuma befreien. Doch bei jedem winterlichen Kälteeinbruch musste sie wieder mit Schmerzen in Armen, Händen und Beinen rechnen. Sie konnte nicht mehr schreiben, nicht mehr gehen. Arzt Rust riet 1826 zu einer Kur im Gebirge; man wählte Wildbad Gastein. Sie sei *sehr leidend und beinahe am ganzen Körper kontrakt angekommen,* meldete ein dortiger Patient, an Füßen und Knien geschwollen, so dass sie nicht gehen, nur schleichen konnte. Ihre Hände waren *unförmlich und unkenntlich.* Die mit aller Energie durchgeführte Kur – sie nahm dreiunddreißig Bäder – brachte erhebliche Besserung, außerdem amüsierte sie die überraschende Anwesenheit des alten, *klapprichten* Freundes Gentz und seines Kontrahenten Rühle von Lilienstern, die nun auf engem Raum miteinander auskommen mussten. Die Wirkung der heißen Quellen, die damals auch von Schubert, Grillparzer und Schopenhauer aufgesucht wurden, ist erwiesen, seit Marie Curie 1898 das radioaktive Element Radium entdeckte, das sich in den Gasteiner Thermalwassern gelöst findet und sich bei entzündlichen Gelenkschmerzen wie bei chronischer Bronchitis bewährt hat. *Meine Frau,* schrieb Wilhelm an Welcker, *war wirklich, als sie ihre Badereise antrat, recht leidend und mehr als das, wirklich bedenklich und gefährlich krank. Glücklicherweise hat das Bad kräftiger gewirkt, als wir zu hoffen gewagt hatten. Das Befinden ist seit der Rückkehr ungemein besser, das Aussehen mit dem im Frühjahr nicht zu vergleichen, und Lebensmut und Heiterkeit zurückgekehrt.* Er hoffe durch eine weitere Gasteiner Kur auf eine völlige Wiederherstellung.[9]

Doch schon im nächsten Winter häuften sich wieder die Anfälle, noch im Mai war Caroline *sehr angegriffen,* wie Agnes Rauch ihrem Vater berichtete. Am Tag zuvor habe Schleiermacher ihren Sohn Hermann eingesegnet. *Dennoch war sie sehr freundlich und bat mich doch Dienstag zum Mittagessen zu kommen.* Dort saß Agnes *am kleinen runden Tisch* mit Frau von Falkenhausen, dem Maler Wilhelm Wach, seiner Schwester Henriette Paalzow und Schwiegersohn Heinrich von Bülow. Abends um neun wurde sie im Wagen der Humboldts nach Hause gefahren. Ein Jahr später, im Juli 1827, schrieb Wilhelm an Welcker, dass er Frau und Tochter wieder nach Gastein begleite. *An meiner Frau hat das Gasteiner Bad im vorigen Jahre in der Tat Wunder bewiesen. Sie war in einem Krankheitszustande, an den ich nicht ohne wahres Entsetzen zurückdenken kann, und der ... gewiß sie in wenigen Monaten dem Tode zugeführt hätte.*

Die Besserung hielt tatsächlich an, Gabriele kam, und in Tegel fanden sich wieder viele Freunde ein. Es ist bemerkenswert, in welchem Maß Caroline gerade auch die Jugend anzog. Sie galt als Kosmopolitin, die mehr von Europa sah als jede andere Frau ihrer Umgebung. Man wusste, wie beharrlich sie ihre Ziele verfolgt und erreicht hatte, was anderen utopisch erschien: Selbständigkeit und innere Unabhängigkeit. Schiller hatte ihr Urteil geschätzt, Goethe, der ihre Arbeiten druckte, stand mit ihr im Briefaustausch. *Habe ich Dir schon geschrieben, daß ich bei Humboldts einen Besuch gemacht?*, so Tochter Staegemann im März 1827 an ihren Mann, den Museumsdirektor von Olfers. *Welch ein angenehmes Haus! Die Ministerin sieht sehr erholt aus und spricht mit einer Schärfe und Lebendigkeit des Geistes, als ob sie es nicht im geringsten ermüdete.* Im Gegensatz zu vielen Zeitgenossinnen vertrat Caroline die Überzeugung, mehr als für den Mann habe die Natur für die Frau getan,

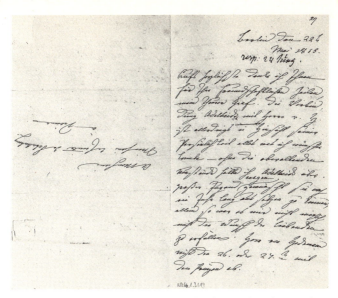

Handschrift von Caroline von Humboldt. Brief an den Grafen Friedrich Albrecht von der Schulenburg aus dem Jahr 1819.

die durch ihre natürliche Bestimmung, Geburt der Kinder und weibliche Gefühlsintensität, grundsätzlich glücklicher veranlagt sei als der Mann. Allein und auf sich gestellt hatte sie in Weltstädten wie Paris, Wien und Rom gelebt, sie kannte Madrid und London, Neapel und Bordeaux. Vermutlich waren auch ihre diversen Romanzen nicht unbekannt geblieben; man nahm verblüfft zur Kenntnis, dass sie Carl von La Roche, Burgsdorff und Rauch, Schlabrendorf und Koreff zu lebenslangen Freunden gewann, ohne über den Affären jemals ihre Ehe zu gefährden. Der ganze Fundus menschlicher Erfahrung stand ihr zur Verfügung: Ihr souveränes Denken und eigenständiges Handeln waren von emanzipatorischer Wirkung. Zu ihr kamen die Töchter von Kunth und die heranwachsende Agnes Rauch, die Söhne der Freundin Fouqué und deren Tochter Clara, es besuchten sie die kurländischen Prinzessinnen, die Kinder der Radziwills, Berta und Hellmut von La Roche, Lili Parthey und Schillers jüngste Tochter Emilie, die seit dem Tod ihrer Mutter monatelang bei ihr wohnte, so dass das Gerücht, Alexander von Humboldt habe sich mit der Dreiundzwanzigjährigen verlobt, in aller Eile dementiert werden musste. *Alexander ist sehr artig mit Emilien wie ein älterer Mann mit einem jungen Mädchen, das er sinnig und verständig findet, aber er hat nie an eine Heirath gedacht und wird es jetzt da er über 60 Jahr alt ist, noch weniger thun,* meldete Wilhelm der Rudolstädter Fürstin, die sich um Schillers Tochter sorgte.[10]

Zu Carolines Freundeskreis gehörte auch die junge Hedwig von Staegemann, die das harmonische Humboldt'sche Familienleben bewunderte. *Wann hätte ich geglaubt,* schrieb sie 1827 ins Tagebuch, *daß diese Leute, welche mir durch die vorherrschende Ausbildung ihres Geistes als gepanzert gegen alle Freuden und Leiden des Herzens schienen, mit so aufrichtiger und inniger Liebe aneinander hängen können?* Auch Karl Brun, Sohn der Freundin aus Kopenhagen, saß an Carolines Teetisch und erfreute sie durch die Feststellung, sie habe sich seit Rom kaum verändert. *Ich weiß das besser,* lächelte sie und erzählte Rennenkampff, dass sie einem Besucher, den sie dreißig Jahre nicht gesehen hatte und der behauptete, sie sehe noch genauso aus wie damals, lachend geantwortet habe, dann könne sie wohl vor dreißig Jahren nicht sehr hübsch gewesen sein! Was ihr beachtlicher erschien als jugendliches Aussehen, war die Liebesfähigkeit eines Goethe. *Das find' ich eben göttlich, daß die Flamme nicht wie der Glanz der Jugend verlischt,* sagte sie zu Rennenkampff.

Caroline vermisste Rauch, der in Rom arbeitete. *Behalten Sie uns lieb,* schrieb sie ihm, *zumal mich, denn wie mans auch macht, man nimmt sich immer gern das Beste. Und das Beste ist und bleibt mir immer die Liebe derer, denen ich etwas bin.* Auch der gewandte Dalberg, der durch Napoleons Sturz alle weltlichen Ämter verlor, war einem Schlaganfall erlegen. 1826 hatte sie vom Tod ihrer besten und liebsten Freundin erfahren, Lotte Schiller. Im gleichen Jahr starb der Mediziner Kohlrausch, der Theodor vor dem Tod bewahrt hatte. Auch Wilhelm von Burgsdorff sah Caroline nicht wieder. Er hatte zwei Jahre nach dem Tod seiner Frau die Erzieherin seiner vier Töchter geheiratet, als er plötzlich, erst fünfzig Jahre alt, starb.

Nach wie vor ständiger Gast im Hause war der zum General aufgestiegene Ernst von Pfuel, später Gouverneur des preußischen Kantons Neuchâtel, *zuzeiten täglich, oft ganz allein mit den Meinen, zuweilen in größeren Gesellschaften.*[11] Zu ihren Freunden zählten politisch kontroverse Geister, die oppositionelle Bettina von Arnim, deren mutige Schriften zu einer Gefängnisstrafe führten, ebenso wie die monarchentreuen Fouqués und die konservativen Radziwills. Wilhelm machte die Feststellung, wenn Caroline nicht da sei, kämen auch keine Besucher.

Schwager Alexander kam nach Berlin, um seine Zukunft zu planen. Er erhielt vom König das fürstliche Angebot eines Jahresgehalts von 5000 Talern als sein Kammerherr und Berater, bei freiem Aufenthalt von vier Monaten in Paris. Caroline schrieb Rennenkampff: *Erstaunenswert ist die Kraft, mit der er das verschiedenartigste Treiben der großen Welt und der Gelehrten aushält.* Der sechsundfünfzigjährige Junggeselle und weltweit bekannteste Naturforscher, Kosmograph, Geograph und Forschungsreisende, der sich zum ersten Mal in seinem Leben Möbel kaufte und in Berlin eine eigene Wohnung einrichtete, begann im Dezember 1827 mit seinen Vorlesungen über »Physikalische Geographie«. Die Schriftstellerin Caroline Bauer erlebte ihn bei Varnhagens und notierte: *Alexander von Humboldt, hoch und schlank, elegant und beweglich wie ein Franzose, tauchte oft plötzlich – blitzartig – wie ein aufregendes Irrlicht an Rahels Teetisch auf, knusperte ein paar geröstete Kastanien oder Biskuite, sagte Rahel, Henriette Herz und Bettina im Fluge die niedlichsten Schmeicheleien… plauderte mit Herrn von Varnhagen noch zwei Minuten in der Fensternische – Stoff für die Tagebücher – und war verschwunden wie ein Irrlicht.* Die Vorlesungen, die später als »Kosmos-Vorträge« berühmt wurden, fanden zunächst in der Universität, wegen des unerwarteten Andrangs dann in der Singakademie statt und versetzten die halbe Stadt in Aufregung. Vom König bis zum Maurermeister strömten die Zuhörer herbei, also nicht nur Professoren, Lehrer und Studenten, sondern auch Handwerker, Offiziere und Bürger aller Stände. Agnes Rauch schrieb ihrem Vater, der berühmte Mann halte jetzt *auf höchsten Wunsch* einen sechzehnstündigen Kursus in der Singakademie ab, *an dem alles teilnimmt, was nur einigermaßen auf Bildung und Mode Anspruch macht… Wir gingen früh hin, und dort trafen wir Humboldts schon an, die uns Plätze aufgehoben hatten und sich sehr freundlich meiner annahmen.* Es war ein ungeheurer Zulauf, vor allem Frauen drängten sich, an dem Ereignis teilzunehmen. Caroline berichtete ihrer Tochter Adelheid, dass Alexander seine Vorlesungen ohne Konzept frei und doch fesselnd vortrage. *Das Kollegium hat mit einem großen allgemeinen Beifall, mit einem gewissen Staunen über die namenlose Größe der berühmten Gegenstände angefangen… Ein so wahrhaft guter, so grenzenlos gelehrter Mensch, daß, wie er einem die unermeßlichen Räume des Weltalls mit der Gewalt seines Geistes erschließt, man zugleich in die wunder-*

bare Tiefe des menschlichen Fassungsvermögens blickt. Unter 800 Zuhörern seien mindestens 400 Frauen, meldete sie Rennenkampff. Über die Zahl der Zuhörer gingen die Ansichten auseinander. Wilhelm erklärte, sein Bruder habe 1400 Hörer, Varnhagen meldete dem Historiker Leopold Ranke, der Gelehrte habe jedes Mal vor 800 Hörern gesprochen. Durch seine sechzehn Vorträge führte Alexander die Naturwissenschaften in die allgemeine Erziehung ein.

Carolines Freude über die Anwesenheit der Tochter Gabriele, die mit ihren drei kleinen Töchtern bei den Eltern wohnte, war an dem Tag vorbei, an dem man erfuhr, dass Schwiegersohn Bülow zum preußischen Gesandten in London ernannt worden war. Schlimmer hätte es nicht kommen können. *Diese Trennung von meiner geliebten Tochter ist aber für mich das Bitterste, was mir in der Lebensepoche, in der ich stehe, begegnen konnte,* schrieb sie an Rennenkampff. Sie ängstige sich vor der *feuchten Nebelinsel*, die Tochter fürchte die unvermeidbaren offiziellen Verpflichtungen, weshalb Schwiegersohn Heinrich von Bülow zunächst allein nach London gehe, Gabriele werde mit den Eltern nachkommen.

London! Nie hätte Caroline gedacht, dass sie dorthin reisen würde. Bei ihrem Mann hatte sie »die feuchte Nebelinsel« als unzumutbar abgelehnt – der Tochter zuliebe bestieg sie das Schiff, das sie – nach einer vierwöchigen Unterbrechung in Paris – nach England brachte. Am 19. Mai 1828 erreichten sie mit Caroline, Gabriele und den drei Enkelinnen das Haus des preußischen Gesandten, Cumberland Place Nr. 10, wo Gabriele in den nächsten Jahren vier weitere Kinder zur Welt bringen sollte. Post kam von Rauch aus Berlin, worin er Caroline sein Herz ausschüttete. Seine schöne Tochter Agnes sei unmittelbar nach der Hochzeitsnacht mit dem Historienmaler Paul Mila verstört und weinend nach Hause zurückgekommen – eine mysteriöse Angelegenheit. Er erkundigte sich nach London, das er noch nicht kenne, nach den dortigen Kunstwerken. *Teuerster Freund!*, antwortete Caroline, *von London und seinen Seltenheiten, der Menge seiner Kunstschätze, von der unermeßlichen und doch einförmigen Stadt erzähle ich Ihnen bald mündlich...* Nachdrücklich empfahl sie dem Bildhauer ein Kunstwerk zum Ankauf für das Berliner Museum, den Kopf einer Proserpina *von ganz vorzüglicher Schönheit. Die Stirn, der Ansatz der Haare, die Wände der Nase sind ganz herrlich und weich und bestimmt wie nur die Natur ist. Der Mund ist üppig und doch so zart, das Kinn hat in der Mitte einen kleinen Eindruck.* Die Skulpturen vom Athener Parthenontempel, die Lord Elgin nach England gebracht hatte, seien *von solchem Leben, daß einen gleichsam ein Gefühl erhöhteren Daseins dort umfängt.* Sie habe an die neapolitanischen Ausflüge denken müssen. *Sie erinnern sich vielleicht noch, wie ich mich in dem schönen Tempel von Pästum so wohl, so harmonisch, sozusagen die Schönheit einatmend fühlte: man empfindet, wie die harte, schwer zu bearbeitende Masse der Gewalt des Gedankens in dem Künstler hat müssen untertan werden. Er wollte sie so, und sie wurden...*[12] Die Kopie einer Parthenonplatte mit den Jünglingen zu Pferde befindet sich heute im Schloss Tegel. Ihr Kunstsinn verließ sie nie, jedes Mal wurde sie neu von Leidenschaft ergriffen. Nach zwei Londoner Monaten, in denen Wilhelm vom König empfangen und vom berühmtesten englischen Porträtisten, Sir Thomas Lawrence, gemalt wurde, nahte der Abschied. Caroline wurde krank. *Der schmerzliche Riß in meinem Herzen ist geschehen,* schrieb sie an Adelheid. Gabriele begleitete die Eltern auf das Schiff zur dreizehnstündigen Überfahrt nach Calais. *Eine letzte Umarmung, dann stieg sie die Schiffstreppe hinab – dann ein*

Ruderschlag des Kahns, der sie zurückführte – und dann nichts mehr. – O, Gott, Trennung ist doch Tod! Und in schmerzlicher Vorahnung im Brief an Rennenkampff: Gabriele werde wiederkommen – *aber wird sie dann ihre Mutter noch finden?*

Auf der Rückreise verbrachte das Ehepaar vier Wochen in Paris. Anstatt es zu genießen, dachte Caroline wehmütig an Gustav von Schlabrendorf, den sie so sehr geliebt hatte und der nicht mehr am Leben war. *Alle Tage fuhr ich beim Hôtel des deux Siciles vorüber, sah die Tür, das Fenster, wo mein lieber alter Freund so viele Jahre ein- und ausgegangen, hinausgeblickt hatte. Ach, er geht nicht mehr ein und aus!* Ihr Briefwechsel mit Alexander von Rennenkampff, der nicht mehr in Riga, sondern, inzwischen verheiratet, als Berater des Herzogs von Oldenburg in Deutschland lebte, war ihr so notwendig geworden wie Wilhelm seine Korrespondenz mit Charlotte Diede. Damit hatte es eine eigene Bewandtnis. Als Göttinger Student hatte Wilhelm sich während eines kurzen Pyrmont-Aufenthaltes in die hübsche Pfarrerstochter Charlotte verliebt und ihr ein Wiedersehen versprochen, das jedoch nie zustande kam, denn bald darauf trat Caroline von Dacheröden in sein Leben. Jene Jugendliebe aber meldete sich nach Jahren wieder mit einem *romanhaften* Brief, den er Caroline zu lesen bat: *von einer Person, in die ich 1788 sehr verliebt war, und von der ich seitdem nicht das Mindeste wieder gehört hatte, ob ich gleich nicht leugne, daß ich oft an sie gedacht hatte.* Charlotte Diede, durch Scheidung in finanzieller Not, bot sich als Hausdame an; Wilhelm lehnte das Ansinnen ab mit dem deutlichen Hinweis, dass seine Frau trotz der Geburt von acht Kindern im Gegensatz zu vielen anderen ihre Tatkraft und Schönheit behalten habe. Er fügte hinzu, dass er *aus Neigung* geheiratet habe: *und es ist vielleicht nie ein Mann in einer Verbindung so glücklich gewesen.* Immerhin schickte er der einst lieblich-blonden, inzwischen anrührend-hilflosen Freundin, die sich von Handarbeiten ernährte, fortan nicht nur regelmäßig größere Summen zu ihrem Unterhalt, sondern begann eine umfangreiche Korrespondenz, die bis zum Lebensende anhielt und unter dem Titel »Briefe an eine Freundin« zum großen Publikumserfolg wurde. Darin ist der erotische Unterton ebenso wenig zu überhören wie in Carolines Briefen an den *theuersten Freund* Alexander von Rennenkampf. Beide teilten sie ihren Briefpartnern oft die gleichen Erlebnisse und Empfindungen mit, schilderten die sternklaren Nächte von Tegel, die Schönheit der Waldlandschaft, ihre Gedanken über das Altwerden, beschworen Übereinstimmung und hofften auf Erwiderung.

Die Trennung von Tochter und Enkelinnen war furchtbar und erneuerte das körperliche Übel, meldete Wilhelm nach der Rückkehr aus London Welcker. Das *körperliche Übel* Carolines sollte durch eine neue Kur behoben werden. Doch diesmal fand sie Gastein *trüb und schauerlich,* ein Eindruck, den ihr Gedicht *Die Ache bei Gastein und Lend* wiedergibt. Die Schlussstrophe lautet:

> *Schmucklos fließt er über Matten,*
> *Nimmt des Tales Quellen auf,*
> *Stürzt, sich mit dem Strom zu gatten,*
> *Durch der öden Felsen Schatten,*
> *Und vollendet ist sein Lauf.*

Kränker als zuvor kam sie nach Tegel zurück. Zwar seien im Schloss die Zimmer neu gestrichen und das Parkett spiegelblank abgezogen, es besuche sie der liebenswürdige Schwager Alexander, auch Rauch und Agnes kämen für ein paar Tage, dennoch könne sie sich nicht an das *verödete Leben*

Caroline von Humboldt, gemalt im Jahr ihres Todes (posthum) von Wilhelm Wach, 1829.

gewöhnen, schrieb sie Ende November 1828 an Gabriele. Sie fürchte sich vor einem Weihnachtsfest ohne die kleinen Enkelinnen. *Welche Totenstille dann im Hause, nein, das kannst Du kaum glauben.* Die Gesichter der Kinder würden ihr mehr helfen als alle Medizin. *Ach, ein ewiges Gesetz geht durch die Schöpfung. Der Strom der Liebe fließt abwärts und erneut sich in ewig aufblühenden Geschlechtern. So wollte es Gott, und die Liebe, die göttlichen Ursprungs ist..., die wird uns dereinst auch zurückleiten zu ihm, der solcher Liebe heiliger Urquell ist.*

Die Bäder hatten nichts gebracht. Caroline litt, wie sie Rennenkampff schrieb, an Unterleibsschmerzen mit großem Blutverlust. *Ende Dezember ward ich von einer Unterleibsentzündung befallen und dem Tode nahe. Gott hat mich noch einmal ins Leben gerufen, doch ist's ein mattes Leben.* Ihr

Wilhelm von Humboldt an seinem Schreibtisch in Schloss Tegel. Hinter ihm Bertel Thorvaldsens Porträtbüste von Caroline. Zeichnung von Luise Henry, 1826.

Arzt war der Mediziner Johann Friedrich Dieffenbach, den Caroline scherzhaft mahnte, sie gesund zu machen, zum Kranksein habe sie keine Zeit. Der bekannte Chirurg hatte die immer noch attraktive und kapriziöse Johanna Motherby geheiratet, Wilhelms einstige Liebe, die er, wie er seiner Frau mitteilte, noch immer *recht gern habe*. Johanna gehörte nun zum engeren Kreis der Freunde, die hinaus nach Tegel kamen und auch in die Französische Straße, wo man im Winter ein trübes Jahresende erlebte.

Meine Frau trägt mir die herzlichsten und liebevollsten Grüße auf, schrieb Wilhelm im Februar 1829 an Goethe. *Sie war sehr, sehr krank, und es gab im November und Dezember Wochen, wo ich mich dem schrecklichen Augenblicke, sie zu verlieren, sehr nahe glaubte... Das Zusammenleben mit meiner Frau war und ist die Grundlage meines Lebens, ich fühle mich daher in meinem Innersten angegrif-*

fen und zerstört. In seinem Antwortbrief erinnerte sich Goethe an einen bestimmten Tag, an dem er Caroline sein Gedicht »Die Geheimnisse« vorlas und es ihr so gut gefiel, dass er immer gern daran denke. Die vielen Gespräche mit Goethe haben Caroline stark beeinflusst. Eine Bemerkung des Dichters: *Wohl ist alles in der Natur Wechsel, aber hinter dem Wechselnden ruht ein Ewiges,*[13] hat sie gern wiederholt. *Wandlung Alles! Alles Leben!*, heißt es in ihrem Gedicht

Erinnerung an Sorrento

Zu dem hohen Felsgestade
Spiegelnd sich im Wellenbade
Und gekrönt mit goldner Frucht,
trägt mich oft in stillen Stunden
wenn des Tags Geräusch entschwunden
der Gedanken leise Flucht.

Wenn des Morgens Rosengluten
Sanft entzündeten die Fluten
Wie verklärt in höherm Licht,
wie verkündend aufgegangen
sah ich Erd' und Himmel prangen
Ein unsterbliches Gedicht!

Wandlung Alles! Alles Leben!
Durch die Schöpfung geht ein Beben
Ew'gen Wortes Widerhall!
Was in Liebe war verbunden,
Treu in Liebe ward erfunden,
Findet sich im Weltenall![14]

Der Arzt Dieffenbach tat, was in seiner Macht stand. Caroline dankte ihm für seine Pflege mit einem römischen Bild. Sie wollte nicht sterben. Trotz der Beschwerden war sie weiterhin wie früher an allem interessiert. *Nicht der mindeste Lebensüberdruß*, schrieb Wilhelm an Schlosser.[15] Der Arzt aber war machtlos. Unter vier Augen teilte er Humboldt mit, dass die Krankheit unheilbar sei.

Es ist ein Mensch fertig, soll Caroline gesagt haben. Der Ausspruch enthält die Quintessenz dessen, was sie sich vorgenommen und was sie erreicht hatte: ihr Leben zur Vollendung zu bringen. Mit dem Thema Tod haben sich Wilhelm und Caroline oft beschäftigt. *Es hat mich tief ergriffen und gerührt*, schrieb sie ihm Weihnachten 1826, *was Du in Deinem Briefe über das Leben, die Erinnerung der Vergangenheit und die Ahndung des l ö s e n d e n Todes sagst. Ja, lösend ist er gewiß, das ahndet mein Gemüt, mein Glaube, die Fülle innerer Liebe und Wohlwollens, die ich jugendlich glühend mir im Herzen fühle, lösend die Widersprüche, mit denen man gekämpft, die Täuschungen, denen man unterlegen, die Hülle, die das Jenseits deckt.*

Sie habe *auch in den kränksten Tagen heitre Stunden*, berichtete sie Rennenkampff. *Gottes Wille geschehe, nicht meiner!* Die Anwesenheit von Wilhelm und die Pflege der Tochter Caroline waren eine Beruhigung. Das schöne Doppelporträt der kleinen Töchter zaubere sie zurück *in eine Welt der Liebe und der Unschuld*, schrieb sie Gabriele. *O, es ist und bleibt uns nichts mehr als die Liebe. Alles fällt von uns ab, wenn solche Tage kommen, aber die Liebe bleibt.*

Am 26. März 1829 starb sie.

Ein einsamer Ehemann schrieb an den Freund aus glücklichen Tagen, den Archäologen Welcker: *Sie haben in so enger Vertraulichkeit eine so schöne Zeit mit uns durchlebt,*

Die Grabstätte der Familie von Humboldt im Park des Tegeler Schlosses, mit der Bildsäule der Spes von Thorvaldsen.

teuerster Freund, daß es Sie gewiß tief erschüttern wird, wenn ich Ihnen sage, daß meine Frau am 26. d. M. früh um ½ 8 Uhr gestorben ist. Ihr Ende war sanft und still und schmerzlos. Sie hatte bis zum letzten Atemzug das volle Bewußtsein, sprach mit uns bis wenige Augenblicke vor ihrem Einschlafen, und ihr Hinscheiden bestand nur in einem allmählichen Aufhören des Atmens. Ihr für alles Ausdrucks-

volle und Schöne immer empfänglicher Sinn zeigte sich auch noch in diesen letzten Augenblicken... Er hielt inne. *Wie mein Leben künftig alleinstehend sein wird, davon habe ich eigentlich jetzt noch gar keinen Begriff,* schrieb er. *Einsamkeit, Andenken und Selbstbeschäftigung sind es, worauf ich Hoffnung richte.*[16] Er entschied, dass die Figur der »Hoffnung«, die sie bei Thorvaldsen in Rom erwarb, auf einer Granitsäule hoch über ihrem Grab stehen sollte. *... ihr Tod war so ruhig und besonnen, daß auch ihre Ruhestätte nichts Dunkles und Finsteres haben muß.*

In seinem Brief an die alte Freundin Line von Wolzogen, deren unsteter Lebenswandel ihm bekannt war, legte er, Carolines Tod meldend, die Betonung auf eine Feststellung, die ihm offenbar besonders wichtig war: seine eigene Bedeutung für Carolines Leben. *Es ist mir ein beruhigendes Gefühl, daß ich den größten Teil der langen Zeit hindurch, in der wir verbunden durch das Leben schritten, fast ganz ihr und mit Rücksicht auf sie leben konnte,* erklärte er mit Bestimmtheit. *Es ist viel, wenn der Mensch ein reiches Leben, voll mannichfaltiger Lebensfreuden, glücklich beschließt. Das war ihr, und das ist mir die beruhigendste und am meisten trostreiche Erinnerung.*

Die Malerin Luise Seidler besichtigte nach Carolines Tod das Schloss, die Räume, das Grab. Humboldt saß über seinen Büchern, als sie kam. *Nach freundlicher Begrüßung führte er mich selbst zu der Ruhestätte seiner teuren Gemahlin, neben welcher auch für ihn ein Platz bestimmt war. Zwischen beiden stand auf hohem Piedestal die Bildsäule der Spes mit einer Lotosblume, von Thorvaldsen noch selbst in Marmor ausgeführt. Frau von Humboldt hatte sie in Rom noch selbst bestellt, ebenso hatte sie wenige Wochen vor ihrem Ende den Fleck ausgesucht, wo sie bestattet lie-*

gen wollte, gerade dem Hause gegenüber. »*Man sieht dort das Schlößchen so hübsch!*« *hatte sie gesagt.*[17] Auch Fontane besuchte die von Schinkel entworfene Ruhestätte. *Das Ganze berührt uns mit jenem stillen Zauber, den wir empfinden, wenn wir plötzlich aus dem Dunkel des Waldes auf eine Waldwiese treten, über die abwechselnd die Schatten und Lichter des Himmels ziehen,* notierte er. *Ein Lächeln spricht aus allem und das resignierte Bekenntnis: Wir wissen nicht, was kommen wird, und müssens – erwarten.*[18]

Mit Caroline verlor Wilhelm die Frau, die ihn ein Leben lang anerkannt, gestützt und bedingungslos geliebt hatte, ohne dass sie oder er sich hätten verändern, verbiegen, verraten müssen. *Mein innerstes Dasein wird durch diesen Tod noch mehr als das Leben zerstört. Das weiß ich, wie man eine Naturgegebenheit voraus weiß,* schrieb er seinem Schwiegersohn Hedemann. Der befreundete Maler Wach fertigte ein Porträt an, von dem Wilhelm sehr angetan war. *Das Gesicht der lieben Mutter war so unendlich schön, so seelenvoll und hatte etwas so tief Menschliches,* erklärte er Gabriele, *daß es unendlich schade wäre, wenn das Andenken dieser Züge mit uns Lebenden einmal hinstürbe.* Er lasse das Bild in Kupfer stechen und vervielfältigen. *Wer Sinn und Gefühl hat, wird ihr Wesen darin lesen.*

Später wurden in einem Kasten auch die Sonette gefunden, die er nach ihrem Tod gedichtet hatte.

Doppelwesen

Kennst Du wohl, Stella, jene alte Sage,
Die hold durchwaltete der Vorzeit Tage,
Daß, die fest liebend aneinander hingen,
Als Doppelwesen durch das Leben gingen?

Die Sonette meines Bruders, von ihm selbst nicht zur Veröffentlichung bestimmt, schrieb Alexander 1853 bei ihrem Erscheinen, *wurden aus einer großen Zahl ausgewählt, die er nach dem Verluste seiner hochbegabten Gattin (26. März 1829) fast jeden Tag, bisweilen in später Nacht, aus dem Gedächtnis niederschreiben ließ.*

Heimfahrt.

So sind die flücht'gen Jahre denn vergangen,
Wo meine Seele Kummer nie getrübet,
Wo, liebend, wieder inniglich geliebet,
Ich reines Glück aus güt'ger Hand empfangen...

Des Schiffes Segel ist schon aufgezogen,
Das mich zur Küste gegenüber träget,
Vom Wind umspielt sein Wimpel flatternd weht.

Ob auch die Fahrt durch nächtge Wellen geht,
Wenn nur dieselbe Hand mein Los dort wäget,
Die hier mir Seligkeiten zugewogen.

Im Sommer des Todesjahres fuhr Wilhelm allein nach Gastein. Er bezog die Zimmer, in denen Caroline gewohnt hatte, und dachte bei jedem Schritt daran, wie sie das steile Gebirge, den Wasserfall, die Felsenlandschaft beobachtet und angesichts der rauschenden Kaskade Schillers Verse aus der »Glocke« zitiert hatte: *Denn die Elemente hassen / Das Gebild aus Menschenhand.* Auch er empfinde in der Einsamkeit sehr deutlich, was den Menschen mit der Unendlichkeit verbinde, schrieb er an Tochter Adelheid. *Wenn man verloren hat, was einem das Liebste war, hat man schon eine andere und innigere Verbindung mit dem Unsichtbaren, was in und über der Natur waltet.*

In Tegel begann er, seinen Briefwechsel mit Schiller zu sichten und zur Veröffentlichung zu ordnen. Als Caroline noch lebte, hatte ihm Line von Wolzogen einen alten, vor fast vierzig Jahren verfassten Brief von Schiller gezeigt, von dessen Existenz er bislang nichts wusste. Er enthielt Schillers Erwiderung auf die Frage seines Freundes Ludwig Huber, wie es sich eigentlich mit den neuen Bekannten verhalte, jenem Humboldt aus Berlin und der jungen Dame aus Thüringen, die sich wohl vor kurzem verlobt hätten. Schillers charakteristische Antwort bezeichnete den Beginn ihrer lebenslangen Freundschaft. *Humboldt ist beides,* erwiderte Schiller, *ein äußerst fähiger Kopf und ein überaus zarter, edler Charakter. Vorzüglich lernte ich ihn bey einer Herzensangelegenheit kennen, in die er mit einem Fräulein von Dacheröden aus Erfurt verwickelt ist.* Bei dieser Gelegenheit nahm der Dichter auch das besagte Fräulein in Augenschein. *Er hat Ursache,* schrieb er in seiner schön geschwungenen Handschrift, *sich zu einer solchen Frau Glück zu wünschen. Sie ist ein unvergleichliches Geschöpf; nur fürchte ich für ihre Gesundheit, denn diesen Herbst wurde sie schon von den Ärzten aufgegeben.*[19] Wilhelm hatte den Brief Wort für Wort abgeschrieben und an Caroline geschickt.[20] *Es sind nun sechsunddreißig Jahre verflossen,* sinnierte er, froh darüber, dass sie damals trotz aller medizinischen Prognosen überlebt und seither glückliche Jahre mit ihm verbracht hatte.

Caroline nahm Schillers Brief bewegt zur Kenntnis. Dass er sie »unvergleichlich« nannte, wird ihr gefallen haben. Sie hatte immer gespürt, dass er sie mochte. *Schiller hat eine so herzliche und rührende Freude, mich täglich zu sehen, daß ich nicht gern einen Tag aussetze, ohne ihn zu besuchen,* hatte sie Wilhelm damals, als sie noch in Jena wohnten, beteuert. Jetzt antwortete sie ihm: *Der Brief Schillers an Huber, die Stelle über uns hat mich sehr gerührt.* Merkwürdig sei nur die Wortwahl. Welche Rolle doch die Sprache in all ihren Nuancen spiele, bemerkte sie kopfschüttelnd. Heutzutage würde man sich anders ausdrücken. Schiller schreibe wörtlich, dass Humboldt mit ihr »in eine Herzensangelegenheit v e r w i c k e l t« sei – *man würde das vielleicht jetzt nicht mehr sagen.*[21] Und sie hatte den Brief lächelnd zur Seite gelegt.

Nicht Schmerz ist Unglück,
Glück nicht immer Freude.
Wer sein Geschick erfüllt,
dem lächeln beide.
(Wilhelm von Humboldt)

Wilhelm von Humboldt hat seine Frau um sechs Jahre überlebt. Er starb am 8. April 1835 in Schloss Tegel, nachdem er sich durch den Gang zu ihrem Grab eine Erkältung zugezogen hatte.

Ob das Verhältnis des Paares, das aus ihren vierzig Jahre überspannenden Briefen als unzertrennliche Partnerschaft aufscheint, auch in schwierigen Zeiten so harmonisch war, wie es sich in der veröffentlichten Korrespondenz darstellt, bleibt eine ungelöste Frage. Die Herausgeberin der sieben Briefbände, Urenkelin Anna von Sydow, hat ihr unangenehme Textstellen getilgt – die Auslassungen sind nicht mehr zu überprüfen, denn die Originalbriefe sind 1945 verbrannt.

Sicher ist, dass auch in dieser scheinbar konfliktfreien Ehe Fehler gemacht und Probleme heraufbeschworen wurden. Drei Kinder starben, es gab Kontroversen mit den Erziehern, Ängste bei Krankheiten und Ärger mit den Ärzten,

Sohn Theodor geriet zu einem Problemfall, die Ehelosigkeit von Tochter Caroline und die Kinderlosigkeit von Tochter Adelheid wirkten belastend, Schloss Tegel zeigte Mängel, und Humboldts Karriere wurde frühzeitig abgebrochen – Anlass genug zu Auseinandersetzungen und Klagen. Bemerkenswert ist: Kritik blieb offenbar aus. Die tiefe emotionale Bindung wurde von Misshelligkeiten und Schwierigkeiten kaum beeinträchtigt. Weit überschwänglicher und bereitwilliger in seinen Liebesbekundungen als sie, beteuerte Wilhelm ihr noch nach fünfundzwanzigjährigem Zusammensein, dass er sich unaufhörlich nach ihr sehne. *Ich weiß, daß ich Dich sehr und unendlich liebte, als wir uns heirateten. Aber ich fühle, daß ich Dich jetzt noch mehr liebe. Wenn ich Dich nur ansehe, so wird es mir unbegreiflich wohl.* Sie, die selten auf derartige Bekenntnisse einging, erwiderte ihm: *Ich weiß, daß Du mit allen Gaben, die Du von der Natur hast, eine schönere, klügere, vorzüglichere Frau hättest haben können. Antworte mir nicht darauf! Wir wollen uns, bei Gott, keine Komplimente machen, allein ich weiß recht gut, wie wenig ich eigentlich bin und wie viel Du verdientest.* Er blieb von ihrer Bedeutung für sein Leben fest überzeugt. Noch aus London schrieb er ihr: *Es ist eine unendliche Einheit des Denkens und Empfindens in uns beiden. Ich glaube nicht, daß es noch einmal zwei Menschen auf Erden gibt, auf die das verehelichte Leben so tief und so wechselseitig gewirkt hat wie bei uns.*

Es mag Wilhelm schwer geworden sein, Carolines Leidenschaft für andere Männer und ihr Liebesbedürfnis außerhalb der Ehe zu akzeptieren. Sie hat sich nur ein einziges Mal für ihre Alleingänge bei ihm entschuldigt, wobei sie zugleich für seine Nachsicht dankte. *Glaube mir, geliebtes Herz,* schrieb sie von Rom nach London, *daß ich nur tief durchdrungen bin von der Güte, Schonung und Liebe, mit der Du immer mich getragen, gepflegt, geliebt, mir nachgesehen hast.* Den Freiheitsraum, den sie für sich beanspruchte, gestand sie auch anderen wie selbstverständlich zu. *Ehrfurcht für jede innere Freiheit* sei ein Hauptmerkmal seiner Frau gewesen, bestätigte Humboldt. Gegenseitige Sympathie und Toleranz waren elastisch genug, wechselnde Liebesaffären und schwärmerische Eskapaden souverän zu verkraften, jahrelange Trennungen zu ertragen und Meinungsverschiedenheiten zu akzeptieren. Das geistige Fundament, das diese Ehe trug, Sorge um das Land und Sorge um die Kinder, Familiensinn, Zusammenhalt und gemeinsame Interessen wurden von Unzulänglichkeiten und äußeren Störungen offenbar nicht beeinträchtigt. Unbezweifelbar bleibt, dass es sich um die großherzige Verbindung zweier gleichrangiger Partner handelte, die einander auf der Basis von Verständnis und Verstand ein Leben lang Respekt und Liebe zu geben bereit waren.

Das war es, was am Ende zählte.

Dank

Durch Forschungen, Erkundungen und Recherchen, die sich in meinen Biographien wiederfinden, mit den verschiedenen Gestalten der Goethezeit und der Romantik vertraut, ergab sich der Wunsch, mich auch der Frau zuzuwenden, die als Ehefrau von Wilhelm und Schwägerin von Alexander von Humboldt zwar häufig erwähnt, nie aber in einer zuverlässigen, auf Quellen und Dokumenten beruhenden Lebensbeschreibung geschildert worden war. Innerhalb des großen Ehebriefwechsels trat sie zwar als unverzichtbare Partnerin ihres Mannes, auch als Freundin von Rahel Varnhagen, Henriette Herz und Dorothea Schlegel in Erscheinung, doch eine fundierte Biographie gab es nicht. In der Tat sind ihre Schriften – bis auf die in sieben Bänden veröffentlichte Korrespondenz und einzeln erschienene Briefe – über diverse Archive und Bibliotheken verstreut und im Autographenhandel oder Privatbesitz nur schwer zugänglich. Die Originale der Briefausgaben sind seit dem Ende des Zweiten Weltkriegs verschollen. Insofern stellte das Vorhaben, aus Veröffentlichungen über Teilaspekte, vermoderten oder rekonstruierten Briefen, töchterlichen Tagebüchern und Briefen Dritter ein vollständiges Leben zu gestalten, zu welchem ein berühmter Ehemann, acht Geburten, fünf heranwachsende Kinder, bedeutende Freunde wie Goethe und Schiller, Reisen und schriftstellerische Versuche gehören, ein ebenso interessantes wie kompliziertes Unterfangen dar.

Für die Unterstützung, die mir dabei von vielen Seiten zuteilwurde, möchte ich meinen Dank erstatten: den Bibliothekarinnen des Goethe- und Schiller-Archivs in Weimar, des Deutschen Literaturarchivs in Marbach und des Goethe-Museums Düsseldorf, der Handschriftenabteilung der Staatsbibliothek Preußischer Kulturbesitz in Berlin wie auch den Mitarbeitern des Erfurter Kulturforums Haus Dacheröden, besonders Dr. Walter F. Achilles, der mein Vorhaben mit wohltuendem Interesse förderte, sowie Theodore Radtke, einer Burgsdorff-Nachfahrin, die mich auf dessen einziges Porträt hinwies. Danken möchte ich Professor Conrad Wiedemann, dem Initiator des Forschungsprojektes »Berliner Klassik« an der Akademie der Wissenschaften in Berlin, Dietz von Beulwitz für literarisches Material aus seinem Privatbesitz, Dieprand von Schlabrendorff und Christian von Humboldt-Dacheröden für ihre bereitwilligen Auskünfte, und nicht zuletzt danke ich meiner literaturbewanderten und erfahrenen Lektorin Heike Ochs, die zu meinem großen Nutzen und meiner noch größeren Freude jedes Kapitel ebenso kundig wie sorgfältig unter die Lupe nahm. Mein besonderer Dank gilt Dr. Rüdiger von Treskow, der mir tatsächlich das »Intelligenzblatt der Jenaischen Allgemeinen Literaturzeitung« von 1809 im Original besorgte und infolge seiner Schinkel-Studien mit weiteren Materialien aushalf. Ferner danke ich den Berliner Freundinnen, die mir zur Seite standen: Monika Peschken-Eilsberger mit dem von ihr herausgegebenen Briefwechsel des Bildhauers Rauch mit seiner Tochter Agnes, Dr. Margrit Bröhan für einen der Arbeit förderlichen Optimismus, der Literatur- und Kulturwissenschaftlerin Dr. habil. Claudia Schmölders, die alle Anfragen mit eminentem Wissen klärte, Marie-Agnes von Stechow für poetische »Musenhöfe« und Dr. Jutta von Simson, die mir die von ihr akribisch erschlossene Korrespondenz Christian Daniel Rauchs mit Caroline von Humboldt großzügig zur Verfügung stellte.

Mein größter Dank gilt Christine und Ulrich von Heinz, Nachfahren von Wilhelm und Caroline von Humboldt, die das Humboldt-Schloss in Tegel nicht nur bewohnen, sondern mit Sorgfalt pflegen und seine Schätze kenntnisreich bewahren. Ohne ihr Entgegenkommen hätte das Buch kaum entstehen können – sie gaben Hinweise und gewährten mir Einblick in das private Archiv in Schloss Tegel, in welchem trotz der Kriegsverluste wichtige Handschriften und Dokumente bewahrt sind.

Dank auch meinen drei Kindern für unterstützende Maßnahmen und meinem Mann für seinen verständnis- und liebevollen Beistand, unschätzbare Freiräume und vorzügliche Ratschläge, mit denen er mir manchen Stein aus dem Weg geräumt hat.

Dagmar von Gersdorff

Literatur

1. CAROLINE VON HUMBOLDT

Werke

Caroline von Humboldt, Ariost. *Der Rasende Roland.* Übersetzung a. d. Französischen. In: *Neue Thalia.* Hg. von Friedrich Schiller. 3. Band, 1. Stück, 1793, S. 83-107

Caroline von Humboldt, Beschreibendes Verzeichnis der in Spanien gesehenen Kunstwerke. In: Intelligenzblatt der Jenaer Allgemeinen Literaturzeitung, April 1809

Caroline von Humboldt, Über Jean-Jacques David. In: Propyläen. Eine periodische Schrift. Hg. von Goethe. Tübingen, Cotta 1800. Dritter Band, Erstes Heft, S. 1155

Caroline von Humboldt, Übersetzung eines Gedichts von Matthew Prior (1664-1721), *Der entwaffnete Amor.* Handschrift Bibliothek Erfurt. Druck: Briefwechsel Schiller und Lotte. Hg. von Wilhelm Fielitz, 1855, Bd. I, S. 292 f.

Caroline von Humboldt, unveröffentlichte Gedichte: Nachlass Friedrich Förster, K. 2,1,Mp. C. v. Humboldt, Staatsbibliothek Berlin, Handschriftenabteilung

Caroline von Humboldt, Handschriftliche Ausgabenlisten, Archiv Tegel, lfd. Nrn. 1385 b, Blatt 7-9 und Liste 1944

Briefe

Caroline von Humboldt, Briefe an Caroline de la Motte-Fouqué. Handschriften, Landeshauptarchiv Potsdam

Briefe von Wilhelm und Caroline von Humboldt an Gustav von Schlabrendorf. In: Im Neuen Reich 8, 2, 1878

Wilhelm und Caroline von Humboldt in ihren Briefen. Hg. von Anna von Sydow. 7 Bde. Berlin 1906-1916 (zitiert mit *Datumsangabe*)

Caroline von Humboldt und Friederike Brun. Ein Briefwechsel.

Briefe aus dem Reichsarchiv Kopenhagen und dem Archiv Schloß Tegel, Berlin, erstmalig hg. und kommentiert von Ilse Foerst-Crato. Düsseldorf 1975 (zitiert als *Foerst-Crato*)

Caroline von Humboldt und Christian Daniel Rauch. Ein Briefwechsel, 1811-1828. Hg. u. kommentiert von Jutta v. Simson. Berlin 1999 (zitiert als *Simson*)

Briefwechsel zwischen Caroline von Humboldt, Rahel und Varnhagen. Hg. von Albert Leitzmann, Weimar 1896 (13 Briefe von Caroline von Humboldt an Rahel 1795 bis 1799, 66 Briefe an Rahel und Varnhagen) (zitiert als *Leitzmann*)

Neue Briefe an Caroline von Humboldt. Hg. und erläutert von Albert Leitzmann, Halle 1901 (zitiert als *Leitzmann*)

Karoline von Humboldt in ihren Briefen an Alexander von Rennenkampff. Nebst einer Charakteristik Beider als Einleitung und mit einem Anhang von Albrecht Stauffer. Berlin 1904 (zitiert als *Rennenkampff*)

Caroline von Humboldt und Friedrich Gottlieb Welcker, Briefwechsel 1807-1826. Hg. von Erna Sander-Rindtorff. Bonn 1936

Gabriele von Bülow, geborene von Humboldt. Tochter Wilhelm von Humboldts. Ein Lebensbild. Aus den Familienpapieren Wilhelm von Humboldts und seiner Kinder 1791-1887. Hg. von Anna von Sydow. Berlin 1916 (zitiert als *Gabriele von Bülow*)

Gabriele von Bülows Töchter. Leben und Schicksale der fünf Enkelinnen Wilhelm v. Humboldts aus Briefen und Tagebüchern gestaltet von Anna von Sydow, geb. von Heinz. Leipzig

Tietz, Gunter, Caroline von Humboldt. Ein Leben in Briefen. Frankfurt 1991

Ungedruckte Briefe Wilhelm von Burgsdorffs an Wilhelm und Caroline von Humboldt. In: Deutsche Revue, Bd. 38, 1913, S. 46 ff.

Vor 100 Jahren. Briefe Wilhelm von Burgsdorffs an Wilhelm und Caroline von Humboldt 1812-1814. In: Deutsche Revue, Bd. 38, 1913

Wilhelm und Caroline von Humboldt. Ein Leben in Briefen. Ausgew. und eingeleitet von Herbert Nette. Düsseldorf/Köln 1956

Zwei Briefe von Goethe und einer von Caroline von Humboldt. Hg. von Otto Harnack. In: Goethe-Jahrbuch XVI, 1895, S. 47-52 (zitiert als *Harnack*)

2. WILHELM VON HUMBOLDT

Werke

Wilhelm von Humboldt, Gesammelte Schriften. Ausgabe der Preußischen Akademie der Wissenschaften. Hg. von Albert Leitzmann u. a., Bd. I-XVII. Berlin 1903-1936 (zitiert als G. S.)
Wilhelm von Humboldt, Sonette. Mit einem Vorwort von Alexander von Humboldt. Berlin 1853

Briefe

Briefe Alexander's von Humboldt an seinen Bruder Wilhelm. Hg. von der Familie von Humboldt in Ottmachau. Stuttgart 1880/ Berlin 1923
Wilhelm von Humboldts Briefe an Karl Gustav von Brinckmann. Hg. von Albert Leitzmann. Leipzig 1939
Wilhelm von Humboldt, Briefe an eine Freundin. Berlin 1881
Goethes Briefwechsel mit Wilhelm und Alexander von Humboldt. Hg. von Ludwig Geiger. Berlin 1909
Briefwechsel zwischen Schiller und Wilhelm von Humboldt in den Jahren 1792 bis 1805. Mit Einleitung von Franz Muncker. Stuttgart 1893
Wilhelm von Humboldt, Briefwechsel mit Schiller. Hg. von Siegfried Seidel. Berlin 1962 (zitiert als *Seidel*)
Wilhelm von Humboldts Briefe an Johann Gottfried Schweighäuser. Hg. und erl. von Albert Leitzmann. Jena 1934
Wilhelm von Humboldt und Frau von Staël. In: Dt. Rundschau, Oktober 1916-April 1916
Wilhelm von Humboldts Briefe an F. G. Welcker. Hg. von R. Haym. Berlin 1859
Wilhelm und Caroline von Humboldt in ihren Briefen. Hg. von Anna von Sydow. 7 Bde. Berlin 1906-1916 (zitiert mit *Datum*)
Wilhelm von Humboldt, Briefe an Caroline und Wilhelm von Wolzogen. In: Literarischer Nachlaß der Frau Caroline von Wolzogen. Leipzig 1849

Wilhelm von Burgsdorff (1772-1822), Briefe an Brinckmann, Henriette von Finckenstein, Wilhelm von Humboldt, Friedrich Tieck, Ludwig Tieck und Pauline Wiesel. Hg. von Alfons Fedor Cohn. Berlin 1907

Briefe an Johanna Motherby von Wilhelm von Humboldt und Ernst Moritz Arndt. Mit einer Biographie Johanna Motherby's und Erläuterungen. Hg. von Heinrich Meisner. Nebst einem Porträt. Leipzig 1893

3. ANDERE QUELLEN

Achim und Bettina in ihren Briefen. Briefwechsel von Achim von Arnim und Bettina Brentano. Hg. von Werner Vordtriede. 2 Bde. Frankfurt 1988

Bahners, Patrick und Gerd Roellecke (Hg.), Preußische Stile. Ein Staat als Kunststück. Stuttgart 2001

Beck, Alexander von Humboldt. Wiesbaden 1959

Berg, Urte von, Caroline Friederike von Berg, Freundin der Königin Luise von Preußen. Ein Porträt nach Briefen. Göttingen 2008

Berglar, Peter, Wilhelm vom Humboldt in Selbstzeugnissen und Bilddokumenten. Reinbek 1970

Bernstorff, Elise von, Ein Bild aus der Zeit 1789-1835. Aus ihren Aufzeichnungen. 2 Bde. Berlin 1896

Bloch, Peter und Waldemar Grzimek, Das klassische Berlin. Die Berliner Bildhauerschule im neunzehnten Jahrhundert. Frankfurt/Berlin/Wien 1978

Borsche, Tilman, Wilhelm von Humboldt. München 1990

Botting, Douglas, Alexander von Humboldt. München 1976

Brandt, Peter, An der Schwelle zur Moderne. Deutschland um 1800. (Friedrich-Ebert-Stiftung, Reihe Gesprächskreis Geschichte) Bonn 1999

Brose-Müller, Inge, Humboldt und Charlotte. Eine Freundschaft in Briefen. Berlin 2010

Brun, Friederike, Römisches Leben. Leipzig 1833

Brun, Friederike, Briefe aus Rom, geschrieben in den Jahren 1808, 1809, 1810. Dresden 1820

Büch, Gabriele, Alles Leben ist Traum. Adele Schopenhauer. Eine Biographie. Berlin 2002

Bunzel, Wolfgang, Spätromantik – Konturen eines Phänomens. In: Romantik. Aspekte einer Epoche. Jahresgabe der Goethegesellschaft. Hamburg 2009

Burschell, Friedrich, Friedrich Schiller. Hamburg 1968

Clark, Christopher, Preußen. Aufstieg und Niedergang 1600 bis 1947. München 2006

Cohn, Fedor, Wilhelm von Burgsdorff. In: Euphorion 14, Jg. 1907, S. 533 ff.

Fielitz, Wilhelm (Hg.), Schiller und Lotte 1788-1805. Stuttgart 1879

Fischer-Dieskau, Dietrich, Carl Friedrich Zelter und das Berliner Musikleben seiner Zeit. Eine Biographie. Berlin 1997

Flitner, Andreas, Wilhelm und Caroline von Humboldt in Rom. In: Jürgen Kiefer (Hg.), Geschichte und Tradition. Festgabe aus Anlaß des 65. Geburtstages von Horst Rudolf Abe. Erfurt 1992, S. 31-51

Foerster, Rolf Hellmut, Die Rolle Berlins im europäischen Geistesleben. Berlin 1968

Fontane, Theodor, Wanderungen durch die Mark Brandenburg. Ausgewählt m. e. Nachwort von Hans-Ulrich Engel. Gütersloh 1962

Fröhling, Stefan und Andreas Reuss, Die Humboldts. Lebenslinien einer gelehrten Familie. Berlin 1999

Gärtner, Hannelore und Annette Purfürst (Hg.), Berliner Romantik. Orte, Spuren und Begegnungen. Berlin 1992

Geier, Manfred, Die Brüder Humboldt. Reinbek 2009

Geiger, Ludwig, Therese Huber (1764-1829). Leben und Briefe einer deutschen Frau. Stuttgart 1901

Gersdorff, Bernhard von, Ernst von Pfuel. Reihe Preußische Köpfe. Berlin 1981

Gersdorff, Dagmar von, Dich zu lieben kann ich nicht verlernen. Das Leben der Sophie Brentano-Mereau. Frankfurt 1990

Gersdorff, Dagmar von, Bettina und Achim von Arnim. Eine fast romantische Ehe. Berlin 1997

Gersdorff, Dagmar von, Königin Luise und Friedrich Wilhelm III. Eine Liebe in Preußen. Berlin 1996

Gersdorff, Dagmar von, Marianne von Willemer und Goethe. Frankfurt/Leipzig 2003

Gersdorff, Dagmar von, Goethes Enkel Walther, Wolfgang und Alma. Frankfurt/Leipzig 2008

Gersdorff, Dagmar von, Goethes letzte Liebe. Die Geschichte der Ulrike von Levetzow. Frankfurt/Leipzig 2005

Glatzer, Ruth, Berliner Leben 1648-1805. Erinnerungen und Berichte. Berlin 1956

Goethes Gespräche mit Eckermann in den letzten Jahren seines Lebens. Hg. von Christoph Michel unter Mitwirkung von Hans Grüters. Frankfurt 1999

Goethe und die Frauen. Katalog zur Ausstellung in Frankfurt u. Düsseldorf. Frankfurt 1999

Golz, Jochen, Caroline v. Wolzogen 1763-1847. Weimar/Marbach 1998

Gregor-Dellin, Martin, Schlabrendorf oder Die Republik. München 1984

Günzel, Klaus, Der König der Romantik. Das Leben des Dichters Ludwig Tieck in Briefen, Selbstzeugnissen und Berichten. Berlin 1981

Häker, Horst, Friedrich de la Motte-Fouqué (1777-1843) und Nennhausen. Frankfurter Buntbücher 14, Frankfurt/Oder 1995

Hahn, Matthias, Berliner Klassik. Eine Großstadtkultur um 1800. Schauplatz der Moderne. Berlin um 1800 – ein topographischer Wegweiser. Studien u. Dokumente. Hg. von der Berlin-Brandenburgischen Akademie der Wissenschaften, betreut von Conrad Wiedemann. Bd. 16. Hannover 2009

Harpprecht, Klaus, Georg Forster oder die Liebe zur Welt. Reinbek 1990

Haufe, Eberhard, Wilhelm von Humboldt über Schiller und Goethe, aus den Briefen u. Werken gesammelt und erläutert. Weimar 1963

Heinz, Christine und Ulrich von, Wilhelm von Humboldt in Tegel. Ein Bildprogramm als Bildungsprogramm. München/Berlin 2001

Heinz, Ulrich von, Künstlerrepublik und Kunstmarkt. Wilhelm und Caroline von Humboldt in Rom. In: Italien in Preußen – Preußen in Italien, Schriften der Winckelmann-Gesellschaft XXV. Hg. von Max Kunze. Stendal 2006

Heinz, Ulrich von, Wilhelm und Alexander von Humboldt – Das Verstehen des Anderen. In: itinera litterarum. Auf Schreibwegen mit Wilhelm von Humboldt. Berlin 2009

Hennig, Bruno (Hg.), Elisa Radziwill. Ein Leben in Liebe und Leid. Berlin 1911

Henriette Herz in Erinnerungen, Briefen und Zeugnissen. Hg. von Rainer Schmitz. Leipzig/Weimar 1984

Hettler, Hermann, Karoline von Humboldt. Das Lebensbild einer deutschen Frau. Leipzig 1933

Caroline von Humboldt und die deutschen Künstler in Rom. In: Stuffmann, Margret und Werner Busch (Hg.), Zeichnen in Rom 1790-1830. Köln 2001

Jäckel, Günter, Das Volk braucht Licht. Frauen zur Zeit des Aufbruchs. 1790-1848. Darmstadt 1970

Jüngling, Kirsten und Brigitte Rossbeck, Schillers Doppelliebe. Die Lengefeld-Schwestern Caroline und Charlotte. Berlin 2005

Kiefer, Marcus, Schinkel. Wilhelm von Humboldt und die Villa in Tegel. Der Bauherr als Thema architektonischen Darstellens. In: Marburger Jahrbuch für Kunstwissenschaft 299, 2002, S. 267-294

Kiene, Hansjoachim, Schillers Lotte. Porträt einer Frau in ihrer Welt. Frankfurt 1996

Kneffel, Heidelore, Caroline von Humboldt, geb. von Dacheröden und der Ort Auleben in der Goldenen Aue. In: Fünftes Jahrbuch des Landkreises Nordhausen. Nordhausen 1998

Krosigk, Klaus-Henning von, Der Tegeler Schlosspark. In: Gärten der Goethezeit. Leipzig 2008

Künstlerleben in Rom. Bertel Thorvaldsen (1770-1844). Kat. Ausstellung Gottorf 1991-1992. Hg. von Gerhard Bott, Heinz Spielmann. Schleswig 1992

Künzer, Ute, Medizinisches im Briefwechsel von Caroline von Humboldt und Friederike Brun. (Diss.) Hannover 1976

Kurscheidt, Georg, Zwischen Sinnenglück und Seelenfrieden. Friedrich Wilhelm Riemers Liebe zu Caroline von Humboldt, aus seinen unveröffentlichten Tagebüchern von 1802 und 1803. In: Georg Gutermann u. a., Klassik, modern. Berlin 1996, S. 44-77

Langner, Beatrix, Adelbert von Chamisso. Der wilde Europäer. Berlin 2008

Maaz, Bernhard, Christian Friedrich Tieck. Berlin 1995

Mauser, Wolfram und Barbara Becker-Cantarino (Hg.), Frauenfreundschaft – Männerfreundschaft. Literarische Diskurse im 18. Jahrhundert. Tübigen 1991

Geist und Herz verbündet. Metternichs Briefe an die Gräfin Lieven. Mit einer Einleitung von Emil Mika. Wien 1942

Miller, Norbert, Literarisches Leben im 19. Jhdt. In: Kleist-Jahrbuch 1981/82, S. 13-32

Müller, Ulrike, Caroline von Humboldt, geb. von Dacheröden. In: Frauenorte in Thüringen. Die Region Nordhausen. Weimar 2005

Naumann, Ursula, Schiller, Lotte und Line. Eine klassische Dreiecksgeschichte. Frankfurt 2004

Nicolai, Friedrich, Beschreibung der Mark Brandenburg, Bd. 3. Berlin 1786

Olfers, Hedwig v., geb. v. Staegemann. Ein Lebenslauf. 2 Bände. Berlin 1908 u. 1914

Oppeln-Bronikowski, Friedrich von, David Ferdinand Koreff. Serapionsbruder, Magnetiseur, Geheimrat und Dichter. Der Lebensroman eines Vergessenen. Aus Urkunden zusammengestellt und eingel. Berlin/Leipzig 1928

Osterkamp, Ernst, Wilhelm und Caroline von Humboldt und die deutschen Künstler in Rom. In: Zeichnen in Rom 1790-1830. Hg. von Margret Stuffmann und Werner Busch. Köln 2001, S. 247-274

Osterkamp, Ernst, »Unendlichkeit«. Über die Bedeutung eines Begriffs im Briefwechsel Caroline und Wilhelm von Humboldts. In: Jutta Müller-Tamm (Hg.), Begrenzte Natur und Unendlichkeit der Idee. Literatur und bildende Kunst in Klassizismus und Romantik. Freiburg 2004

Parthey, Lili, Tagebücher aus der Berliner Biedermeierzeit. Hg. von Bernhard Lepsius. Berlin/Leipzig 1926

Friedrich Perthes' Leben, nach dessen schriftlichen und mündlichen Mitteilungen aufgezeichnet von Clemens Theodor Perthes. Gotha 1872

Peschken-Eilsberger, Monika (Hg.), Christian Daniel Rauch. Familienbriefe 1796-1857. München 1989

Petzold, Ernst und Ilse Foerst, Der Diogenes von Paris. Graf Gustav von Schlabrendorf. Dokumente. München 1948

Prinzessin Luise von Preußen, Fürst Anton Radziwill. Fünfundvierzig Jahre aus meinem Leben (1770-1815). Braunschweig 1912

Rahel. Ein Buch des Andenkens für ihre Freunde. Berlin 1834

Rave, Paul Ortwin, Wilhelm von Humboldt und das Schloß zu Tegel. Leipzig 1950

Recke, Elisa von der, Tagebuch einer Reise durch einen Teil Deutschlands und durch Italien in den Jahren 1804-1806. Berlin 1815

Reelfs, Hella, Schinkel in Tegel. In: Zf. des dt. Vereins für Kunstwissenschaft, Bd. XXXV, 1981, S. 47-65

Ribbe, Wolfgang (Hg.), Geschichte Berlins. Bd. I, S. 457-477

Rochow, Caroline von, geb. von der Marwitz, und Marie de la Motte-Fouqué, Vom Leben am preußischen Hofe. 1815-1852. Berlin 1908

Rosenstrauch, Hazel, Wahlverwandt und ebenbürtig. Caroline und Wilhelm von Humboldt. Frankfurt 2009

Rothkirch, Gräfin Malve, Prinz Carl von Preußen. Kenner und Beschützer des Schönen. 1801-1883. Osnabrück 1981

Schärf, Hermann Manfred, Die klassizistischen Landschloßumbauten Karl Friedrich Schinkels. Berlin 1986

Christian Gottlieb Schick. Ein Maler des Klassizismus. Ausstellungskatalog. Bearbeitet von Ulrike Gauss und Christina von Holst. Stuttgart 1976

Schiller Werke. Nationalausgabe. 1940 begr. von Julius Petersen, fortgeführt von Lieselotte Blumenthal, Benno von Wiese und Siegfried Seidel. Hg. im Auftrag der Stiftung Weimarer Klassik und des Schiller-Nationalmuseums in Marbach von Norbert Oellers. Weimar 1943 ff. (zitiert als: *NA + Bandangabe*)

Briefwechsel zwischen Schiller und Körner. 4 Bände. Hg. von Ludwig Geiger. Stuttgart 1892-1896

Schinkel, Karl Friedrich, Berlin. Bauten und Entwürfe. Hg. Klaus Lemmer. Berlin 1973

Scurla, Herbert, Wilhelm von Humboldt, Werden und Wirken. Berlin 1985

Scurla, Herbert, Rahel Varnhagen. Die großen Frauengestalten der Romantik. Eine Biographie. Frankfurt 1980

Seibt, Gustav, Goethe und Napoleon. Eine historische Begegnung. München 2008

Die Erinnerungen der Malerin Louise Seidler. Hg. von Hermann Uhde. Berlin 1922. – Neuauflage: Goethes Malerin. Die Erinnerungen der Louise Seidler. Hg. von Sylke Kaufmann. Berlin 2003

Sichelschmidt, Gustav, Caroline von Humboldt. Ein Frauenbild aus der Goethezeit. Düsseldorf 1989

Spiel, Hilde, Fanny von Arnstein oder Die Emanzipation. Ein Frauenleben an der Zeitenwende 1758-1818. Frankfurt 1989

Stechow, Marie-Agnes von, Musen- und Dichterhöfe in der Mark Brandenburg. (Privatdruck) Berlin 2004

Stern, Carola, Ich möchte mir Flügel wünschen. Das Leben der Dorothea Schlegel. Hamburg 1990

Stoll, Adolf, Der junge Savigny. Berlin 1927

Strube, Rolf (Hg.), Sie saßen und tranken am Teetisch. Anfänge und Blütezeit der Berliner Salons 1789-1871. München 1991

Sweet, Paul R., Wilhelm von Humboldt. A Biography. 2 Bde. Columbus 1978-1980

Terra, Helmut de, Alexander von Humboldt und seine Zeit. Wiesbaden 1956

Unbehaun, Lutz, Schillers heimliche Liebe. Der Dichter in Rudolstadt. Köln/Weimar/Wien 2009

Urlichs, Ludwig, Charlotte von Schiller und ihre Freunde. 3 Bde. Stuttgart 1860, 1862, 1865

Varnhagen, Rahel, Ges. Werke, 10 Bde. Hg. von Konrad Feilchenfeldt, Uwe Schweikert und Rahel E. Steiner. München 1983

Varnhagen-Levin, Rahel, Familienbriefe. Hg. von Renata Buzzo Margari Barovero. München 2009

Varnhagen von Ense, Karl August, Biographien, Aufsätze, Skizzen, Fragmente. Hg. von Konrad Feilchenfeldt und Ursula Wiedenmann. Frankfurt 1990

Varnhagen von Ense, Karl August, Biographische Porträts. Leipzig 1871

Varnhagen von Ense, Karl August, Denkwürdigkeiten des eigenen Lebens. Hg. von Joachim Kühn. 1. Teil. Berlin 1922

Voigt, Werner, Das Haus Dacheröden in Erfurt. Erfurt 1998

Waagen, Gustav, Das Schloß Tegel und seine Kunstwerke. Berlin 1859

Walter, Eva, Schrieb oft, von Mägde Arbeit müde. Lebenszusammenhänge deutscher Schriftstellerinnen um 1800 – Schritte zur bürgerlichen Weiblichkeit. Mit einer Bibliographie zur Sozialgeschichte von Frauen 1800-1914 von Ute Daniel. Hg. von Annette Kuhn. Düsseldorf 1985

Werner, Johannes, Die Schwestern Bardua. Bilder aus dem Gesellschafts-, Kunst- und Geistesleben der Biedermeierzeit. Leipzig 1929

Wiedemann, Conrad (Hg.), Rom – Paris – London. Erfahrung und Selbsterfahrung deutscher Schriftsteller und Künstler in den fremden Metropolen. Ein Symposion. Stuttgart 1988

Wien, Alfred, Caroline von Humboldt. Bielefeld/Leipzig 1912

Wilhelmy-Dollinger, Petra, Die Berliner Salons. Mit kulturhistorischen Spaziergängen. Berlin/New York 2000

Ziolkowski, Theodore, Das Wunderjahr in Jena. Stuttgart 1998

Ziolkowski, Theodore, Aufstieg einer Kulturmetropole um 1810. Stuttgart 2002

Zwischen Romantik und Moderne. Hg. von Thomas Neumann und Barbara Gribnitz, in Zusammenarbeit mit dem Kleist-Museum. Esslingen/Frankfurt/Oder 2010

Anmerkungen

Lebensentwürfe

1 Zitate aus Briefen von Caroline von Dacheröden-Humboldt an Caroline von Beulwitz-Wolzogen und Charlotte von Lengefeld-Schiller s. Urlichs, Charlotte von Schiller und ihre Freunde. 3 Bde, Stuttgart 1860-1865
2 1. Mai 1818. Die Dampfmaschine ist noch heute bei Burgörner zu besichtigen
3 13. März 1790. Hettler, S. 330 ff.
4 Brun, Römisches Leben, S. 26
5 An Rahel, 21. Oktober 1794 u. 7. Januar 1795
6 G. S. XIV, 1, S. 94
7 31. Januar 1787
8 8. Februar 1814
9 23. Februar 1815
10 Voigt, S. 17
11 Hettler, S. 331
12 18. Januar 1789
13 W. v. Humboldt und Burgörner, Mansfeld-Museum. Schriftenreihe Neue Folge Nr. 8, 2005, S. 15
14 12. November 1785. Handschrift Deutsches Literaturarchiv Marbach. Sign. 98.18.211./1
15 6. Dezember 1789
16 Heute Schillerstraße mit Schiller-Museum
17 23. Januar 1789
18 12. April 1790
19 6. Juni 1791
20 NA 42, S. 124
21 Handschrift im Deutschen Literaturarchiv Marbach, Sign. 98.18.211/2
22 16. Dezember 1789

Freiheit und Liebe. Die Hochzeit

1 5. Januar 1791
2 14. April 1790
3 23. März 1791
4 13. Oktober 1790
5 G. S. VII, b, S. 476
6 Berglar, S. 39 f.
7 G. S. I, 1, S. 64
8 Herz, Erinnerungen, S. 236
9 November 1790
10 G. S. XIV, S. 79
11 Leitzmann, S. 12
12 13. Januar 1790
13 16. August 1791
14 1. Juni 1792
15 1. September 1792
16 Fielitz, Briefwechsel, Bd. 3, S. 48
17 Neue Thalia 1793, 3. Band, 1. Stück, S. 84-107
18 30. Juli 1792

Eine unwahrscheinliche Freundschaft.
Goethe, Schiller, Humboldts

1 Geier, S. 11
2 9. Dezember 1794
3 Januar 1810
4 G. S. I, 1, S. 57/337
5 18. August/30. Oktober 1795

Ungeordnete Gefühle. Wilhelm von Burgsdorff

1 Entgegen der allgemeinen Auffassung führte Rahel Levin ihren Salon nicht in den Dachstuben, sondern in der darunter liegenden Wohnung. S. Barbara Hahn, in: Gärtner, Berliner Romantik, S. 108

2 Günzel, S. 31/108
3 G. S. XIV, 1, S. 297
4 Scurla, S. 86
5 30. Oktober 1796
6 21. November 1796
7 Leitzmann, Neue Briefe, S. 11
8 Maaz, S. 256, Abb. S. 257
9 Leitzmann, Neue Briefe, S. 56
10 Dezember 1796
11 Leitzmann, Neue Briefe, S. 13
12 20. Januar 1797, Archiv Tegel
13 Leitzmann, Neue Briefe, S. 15
14 6. März 1797
15 6. April 1797
16 8./9. Mai 1797
17 28. April 1797
18 23. Mai 1797
19 H. de Terra, S. 166

Dieses gegenseitige Electrisieren. Paris

1 Propyläen, Dritter Band, Erstes Heft, 1800, S. 117 f.
2 de Terra, S. 66
3 29. Dezember 1797
4 Varnhagen, Denkwürdigkeiten, S. 339 f.
5 Rennenkampff, Umrisse II, S. 346
6 Heute verschollen, s. Maaz, S. 259
7 15. Mai 1798
8 11. März 1798
9 25. März 1798
10 Tiecks Reliefporträt von Schlabrendorf hing bis 1945 in Schloss Tegel. Er hatte es zweimal in Marmor für Humboldts und Burgsdorff angefertigt. Vgl. Maaz, S. 27 und 263, mit Abb. / Simson, S. 220/254

Man muss das Land gesehen haben. Spanien um 1800

1 Beck, Bd. I, S. 125-128. Philipp von Forell (1758-1808), Gesandter Sachsens in Madrid, ist ein Vorfahre der Autorin Dagmar von Gersdorff, geb. von Forell
2 Gabriele von Bülow, S. 4
3 G. S. XV, Tagebuch, S. 234
4 15. November 1799
5 11. November 1799
6 Christa Lichtenstern, Goethes symbolische Bildprogramme im Haus am Frauenplan, GJb., Bd. 112, 1995, S. 342 ff. Goethes Bezeichnung der Jünglinge als »Dioskuren« lässt auch an die so bezeichneten Brüder Humboldt denken.
7 26. Mai 1799
8 3. Januar 1810
9 7. September 1801
10 16. Mai 1801
11 11. Mai 1800, in: Wilhelm von Humboldts Briefe an J. G. Schweighäuser, S. 58-62
12 20. April 1801
13 Juli 1801

Die glücklichste Zeit. Acht Jahre Rom

1 14. März 1803
2 20. April 1803
3 U. v. Heinz, Künstlerrepublik, S. 69-73
4 14. Mai 1803
5 Gabriele von Bülow, S. 299
6 Intelligenzblatt der Jenaischen Allgemeinen Literaturzeitung Numero 9 vom 1. Februar 1809, s. H. 9, S. 65-68, H. 10, S. 73 f.
7 Die Bilder sind 1945 an ihrem Auslagerungsort vermutlich verbrannt.
8 17. Juni/19. August 1809
9 25. Februar 1804/12. April 1806
10 Weltliteratur. Die Lust am Übersetzen im Jahrhundert Goethes. Marbach 1982, S. 323

11 30. April 1803
12 26. November 1808
13 Kurscheidt, S. 44-77
14 U. v. Heinz, Künstlerrepublik, S. 75
15 Kurscheidt, S. 49

Kindersterben.
Der Tod von Wilhelm, Luise und Gustav von Humboldt

1 12. September/22. Oktober 1803
2 Wilhelm von Humboldts Briefe an J. G. Schweighäuser, S. 22 f.
3 25. Januar 1804
4 24. März 1804
5 26. November 1808
6 28. Dezember 1801
7 29. April 1804
8 An Friedrich August Wolf, unveröff. Brief vom 8. Mai 1804, Staatsbibliothek Berlin, Autogr. I/2302
9 Foerst-Crato, S. 147 f.
10 9. April 1829
11 30. Oktober/27. November 1804
12 17. Dezember 1804
13 Briefwechsel II, S. 275, 284 f.
14 16. Januar 1805
15 28. Februar 1805
16 5. Dezember 1807
17 15. September 1809

Trennungen.
Wilhelm in Königsberg – Caroline in Rom

1 Peschken, S. 20 ff.
2 7. Juni 1804
3 Archiv Schloss Tegel
4 17. August 1808
5 Hs. Staatsbibliothek Berlin, Nachl. Schlesier 3

6 Recke, Tagebuch 1804, S. 313
7 Luise Radziwill, S. 245
8 18. März/1. April 1809
9 Als Wilhelm von Humboldt am 21. November 1823 Goethe in Weimar besuchte, meldete er Caroline: *Dein spanisches Manuskript habe ich wieder, sehr schön in roten Cordouan eingebunden.* Heute gilt die Handschrift als verschollen.
10 5. Oktober 1809
11 Zitate aus Humboldts Briefen an Johanna Motherby s. Meisner, Leipzig 1893
12 Harnack, S. 47-52
13 Goethes Tagebuch vermerkt: *20. Mai 1778: von Berlin um 10 über Schönhausen auf Tegeln.*
14 7. März 1810, Meisner, S. 47 ff.
15 Nach einer Notiz Varnhagens haben Humboldts Erben die Briefe vernichtet. S. Meisner, S. 5
16 Schon am 9. April 1810 nahm Savigny die Berufung an. S. Stoll, S. 417
17 18. November 1809
18 Rochow, S. 41-44
19 de Terra, S. 157
20 3. Mai 1810
21 30. April 1810, zit. nach Berg, S. 174 ff.
22 27. April 1810

Weltumgang oder Privatleben? Vier Jahre Wien

1 19. September 1810
2 Foerst-Crato, S. 32
3 Bernstorff, S. 129
4 13. Mai 1812
5 29. Mai 1811, Hs. Staatsbibliothek Berlin, Nachl. Schlesier 3
6 Zitat nach Simson, S. 110
7 Simson, S. 189
8 Das Werk, 1945 von den Russen abtransportiert, kam 1990 zurück nach Schloss Tegel.
9 22. Januar 1812

10 7. April 1812
11 12./17. Juni 1812
12 Zitiert nach Botting, S. 266
13 Spiel, S. 380
14 24. April 1813. Meisner, S. 55 f.
15 Humboldts Gedicht »Die Griechensklavin«, entstanden um 1821, schildert in 218 achtzeiligen Strophen das Schicksal einer Sklavin, die dem Mann untertan, von ihm gequält und vergewaltigt, schließlich liebend erlöst wird.
16 12. Mai 1817
17 24. April 1813
18 Sweet, S. 151
19 Metternich – Lieven, S. 114
20 Jüngling S. 103 f. / Sammlung Varnhagen, Kasten 90, Mappe »Wilhelm von Humboldt«, heute Biblioteka Jagiellonska, Krakau
21 28. Juni 1813
22 Briefwechsel Varnhagen – Rahel, Bd. 3, S. 143
23 Spiel, Arnstein, S. 410
24 19. Juli 1813
25 18.-26. April 1814
26 Varnhagen, Rahels Herzensleben, S. 5
27 Archiv Schloss Tegel
28 Simson, S. 204
29 Varnhagen, Biographische Porträts, S. 1-33
30 11. April 1814
31 Oppeln-Bronikowski, S. 101-111
32 Archiv Schloss Tegel

Freiheitskriege und Freundschaften. Leben in Berlin

1 28. Mai 1814
2 Ungedruckte Briefe Wilhelm von Burgsdorffs, S. 57
3 Reimer, S. 45
4 Achim und Bettina in ihren Briefen Bd. 1, S. 20
5 v. Heinz, itinera litterarum, S. 28
6 Der antike »Grazientorso«, den Thorvaldsen zum Vorbild für

seine lebensgroße Gruppe der »Drei Grazien« nahm, befindet sich heute in Humboldts Arbeitszimmer in Schloss Tegel.
7 7. Februar 1813
8 16. Februar 1813
9 Die Briefe von Caroline von Humboldt an Caroline von Fouqué befanden sich bis zum Zweiten Weltkrieg im Besitz eines Nachkommen auf Schloss Jahnsfelde bei Berlin. Der Besitzer vergrub sie 1945 zusammen mit Briefen von Heinrich von Kleist in einer Eisenschatulle im Park. Zu DDR-Zeiten aufgefunden, kamen sie zur Restaurierung nach Dresden. Die Tagebücher von Caroline de la Motte-Fouqué, bis 1945 ebenfalls in Schloss Jahnsfelde, wurden bei Kriegsende in der Berliner Reichsbank deponiert und gelten seitdem als verschollen.
10 22. Juni 1816
11 11. und 26. Mai 1816
12 Bernhard v. Gersdorff, Ernst von Pfuel, Berlin 1997
13 Oppeln-Bronikowski, S. 110
14 Zwischen Romantik und Moderne, S. 65
15 Zitiert nach Rothkirch, S. 26
16 Hennig, S. XXIII
17 Clark, S. 448
18 14. u. 21. April/2. u. 31. Mai 1814
19 Louis von Cambecq, Zur Erinnerung an Alexander Edler v. Rennenkampff. Riga 1818

Noch einmal im Paradies

1 24. Mai/22. November 1816
2 Das gleiche Bekenntnis schrieb sie außer an Goethe auch an Charlotte Schiller und Rauch. April 1812, August 1817, April 1819
3 19. Januar 1816
4 Gabriele von Bülow, S. 120
5 18. Juni 1817
6 18./20. Juni 1817
7 5. September 1828
8 An Wilhelm, 8. August 1817

9 Foerst-Crato, S. 345 f.
10 18. Juni 1808. Gemeint waren die Skulpturen der Medici-Kapelle in Florenz.
11 Beide Bilder wurden auf der Großen Kunstausstellung in Rom 1819 ausgestellt. Das Porträt von Gabriele befand sich bis 1945 in Schloss Tegel, es ist seit Kriegsende verschollen.
12 19./29./30. Oktober 1817
13 Siehe dazu U. v. Heinz, Künstlerrepublik, S. 78
14 26. Januar 1816
15 27. Februar 1818
16 25. März 1818
17 29. Oktober 1817
18 Die Humboldt'schen Lebenshaltungskosten und ihre Ausgaben für »Bücher und Kunstsachen« sowie ein Überblick über Künstler-Stipendien und Carolines Kunsterwerbungen in Rom: U. v. Heinz, Künstlerrepublik, S. 69-84
19 Dies ist das einzige Blatt, das in Tegel erhalten blieb, s. U. v. Heinz, a. a. O., S. 78
20 Die Skulptur befindet sich heute im Thorvaldsen-Museum in Kopenhagen. Der preußische König erwarb das Werk in einem Bronzeabguss.
21 An Rauch, 8. August 1818
22 Seidler, S. 114/119
23 Simson, S. 299 f.
24 17. Februar 1818
25 Brief vom 26. November 1817
26 14. August 1824
27 An Friedrich Schlegel, 27. Juni/14. November 1818
28 Herz, S. 223
29 Handschrift im Deutschen Literaturarchiv Marbach, Zug. Nr. 85.1221
30 7. Dezember 1818. Foerst-Crato, S. 176
31 Rom, 7. Dezember 1818
32 Seidler, S. 215-218

Schloss Tegel und das klassische Berlin

1 Gabriele von Bülow, S. 174
2 Foerst-Crato, S. 238
3 Bernstorff, S. 262 f.
4 Schinkel, S. 30
5 v. Heinz, W. v. H. in Tegel, S. 14/27/29 f./47
6 23. August 1823
7 S. dazu U. u. Chr. v. Heinz, Wilhelm von Humboldt in Tegel, S. 41 ff.
8 Briefwechsel VII, S. 156 f.
9 Fontane, Wanderungen, S. 270-280
10 9. Mai 1797
11 19. November 1924/28. Januar 1825
12 Olfers, S. 98
13 Werner, Die Schwestern Bardua, S. 82
14 2. Juni 1820
15 25. November 1819
16 A. v. Sternberg, II, S. 90-93
17 Hs. Staatsbibl. Berlin, Nachl. 141, Slg. Adam, Kps. 5
18 6. Dezember 1823
19 de Terra, S. 183/186
20 Unveröffentlichte Briefe an Schlosser und Riemer im Goethe-Museum Düsseldorf. Acht unveröffentlichte Briefe an Ruscheweyh im Berliner Kunsthandel
21 Häker, S. 14
22 An Friederike Brun, Foerst-Crato, S. 240

Caroline, Theodor, Adelheid, Gabriele und Hermann von Humboldt. Die Kinder

1 Unveröff. Brief von Caroline von Wolzogen, Archiv Schloss Tegel
2 Gabriele von Bülows Töchter, S. 33 f.
3 31. März 1804
4 15. September 1809
5 Foerst-Crato, S. 178

6 Bernstorff, S. 263
7 Gabriele von Bülow, S. 168
8 19. November 1824
9 Gabriele von Bülows Töchter, S. 13
10 Gabriele von Bülows Töchter, S. 30/81
11 Caroline an Varnhagen, 16. Februar 1813
12 31. Mai 1814
13 Hs. Aufzeichnungen Varnhagens, Nachl. Schlesier, Staatsbibl. Berlin
14 Gabriele von Bülow, S. 280 f.

Setze den Fuß nur leicht auf. Krankheit und Abschied

1 Zum Krankheitsbild bei Caroline von Humboldt s. Ute Künzer, Medizinisches im Briefwechsel von Caroline von Humboldt und Friederike Brun. Diss. Hannover 1976
2 25. Mai 1818
3 An Rahel, 17. Dezember 1795
4 26. Juni 1811
5 25. Mai 1818
6 Rahel an K. v. Oelsner, November 1821
7 Zitiert nach von Gersdorff, Die Geschichte der Ulrike von Levetzow
8 An Rennenkampff, 25. Juni 1827
9 10. Oktober 1826
10 Unbehaun, S. 251
11 Rennenkampff, S. 199
12 Simson, S. 375
13 Goethe am 15. Mai 1822 an Kanzler von Müller
14 Abschriften der Gedichte durch Johann Friedrich Heinrich Schlosser befinden sich im Goethe-Museum Düsseldorf und in der Staatsbibliothek Berlin, Nachl. Friedrich Förster, K 2,1, Mp. C. v. Humboldt.
15 29. März 1829, unveröff. Hs Goethe-Museum Düsseldorf
16 Gabriele von Bülow, S. 236/238/257 f.
17 Seidler, S. 157 f.
18 S. Fontane, Wanderungen, S. 270-280

19 Schiller, Briefwechsel, S. 391
20 21. Dezember 1826
21 29. Dezember 1826

Personenregister

Arndt, Ernst Moritz 137, 155
Arnim, Achim von 168, 174, 216
Arnim, Bettina von, geb. Brentano 125, 168, 212, 225, 243 f.
Arnstein, Henriette von 153

Bardua, Caroline 216
Barth, Christian Carl 148 f.
Bartholdy, Salomon 100, 220
Bauer, Caroline 244
Beauharnais, Joséphine de 67, 93
Bechtolsheim, Juliane 177
Becker, Immanuel 204, 216
Becker, Zacharias 13, 16, 19, 220
Begas, Carl Joseph 215
Bendemann, Eduard 215
Berg, Caroline von 180
Berlepsch, Emilie von 18
Bernhardi, August 52
Bernstorff, Christian Günther von 36, 91, 203 f., 210, 222
Bernstorff, Elise von 145, 210, 229
Bethmann, Heinrich Eduard 51
Beulwitz, Caroline von s. Wolzogen, Caroline von
Beulwitz, Friedrich von 20 f.
Beuth, Christian Peter Wilhelm 178
Beyer, Constantin 12, 17 f., 26

Beyme, Karl Friedrich von 89, 128, 206
Bloch, Ehepaar 177
Blücher, Gebhard Leberecht von 175, 180
Boisserée, Melchior 166, 196
Boisserée, Sulpiz 166, 196
Bokelmann, G.W. 84
Bonaparte, Lucien 124
Bonpland, Aimé 115
Boyen, Hermann von 180, 206
Brandis, Christian August 204
Brentano, Clemens 174, 190
Brinckmann, Carl Gustav von 32, 36, 50, 52, 54, 57, 64, 67, 77, 84
Brühl, Karl Friedrich Graf von 178
Brun, Constantin 91, 144
Brun, Friederike 12, 75, 90-92, 125, 144, 153, 183, 186 f., 190, 195, 197, 200, 203, 210, 229, 235 f.
Brun, Karl 242
Bülow, Adelheid von (Enkelin) 231, 245
Bülow, Bernhard von (Enkel) 231
Bülow, Caroline von (Enkelin) 231, 245
Bülow, Constanze von (Enkelin) 231
Bülow, Gabriele von (Enkelin) 231, 245

Bülow, Heinrich Freiherr von 184, 186, 193, 207, 222, 231, 240, 245
Bülow, Therese von (Enkelin) 231
Bürger, Gottfried August 19
Burgsdorff, Ernestine von 89, 145
Burgsdorff, Wilhelm von 12, 50, 52 f., 55-62, 64, 68-73, 76, 84 f., 87, 106, 109, 122, 145, 167, 169, 241, 243
Buti, Anna Maria, geb. Atticciati 94, 187, 196, 198, 221
Buti, Elena 94
Buti, Olympia, verh. Lengerich 94
Buti, Vittoria, verh. Troschel 94

Campe, Joachim Heinrich 23, 26
Canova, Antonio 121 f., 135, 147, 151
Carl August, Herzog von Sachsen-Weimar-Eisenach 46
Carl, Prinz von Preußen 176, 212
Carlsburg, Luise von 16, 108
Caroline Louise von Schwarzburg-Rudolstadt 166
Carstens, Asmus Jakob 94
Catel, Franz 94
Chamisso, Adelbert von 163, 170
Claudius, Matthias 54
Clausewitz, Carl von 175
Cornelius, Peter 201 f., 202
Correggio 80

Dacheröden, Carl Friedrich Freiherr von (Vater CvHs) 10 f., 14-16, 18 f., 26, 28, 33 f., 58, 63, 73, 76-79, 82, 86 f., 93, 102, 125, 133 f., 157
Dacheröden, Ernestine Friederike Freifrau von, geb. Gräfin von Hopfgarten (Mutter CvHs) 14, 16
Dacheröden, Ludwig Wilhelm Ernst Freiherr von (Bruder CvHs) 14, 16, 18, 63, 78 f., 84, 108, 133
Dalberg, Carl Theodor Reichsfreiherr von 14 f., 20, 36 f., 38, 67, 243
Dante Alighieri 114, 123
David, Jacques-Louis 66, 92
Dessault, Madame (Gouvernante) 9, 16
Diderot, Denis 65
Diede, Charlotte, geb. Hildebrandt 247
Dieffenbach, Johann Friedrich 155 f., 250, 252
Dohna, Alexander Graf zu 128, 175, 216
Dorothea von Kurland, geb. Reichsgräfin von Medem 153, 177
Dürer, Albrecht 190

Eggers, Karl Johann 196
Eichendorff, Joseph von 175
Elgin, Thomas Bruce, Earl of 246
Emilie (Kindermädchen) 65, 76-78, 103, 165

Eybenberg, Marianne von, geb. Meyer 51
Eyck, Jan van 166

Fernow, Carl Ludwig 100
Fichte, Johann Gottlieb 43, 48, 57, 137, 175
Finckenstein, Barnime Gräfin Finck von 52
Finckenstein, Charlotte Gräfin Finck von 52
Finckenstein, Karl Graf Finck von 51 f., 54, 59, 69, 84, 87
Fontane, Theodor 213, 255
Forell, Philipp von 76, 78
Forster, Georg 24, 26 f., 36 f., 58, 91
Forster, Therese, geb. Heyne, verh. Huber 13, 24, 27, 43, 113
Fouqué, Caroline Baronin de la Motte, geb. von Briest, gesch. von Rochow 170 f., 183, 216, 221, 243
Fouqué, Friedrich Carl Baron de la Motte 163, 168, 170, 175, 177, 190, 216, 221, 243
Friedrich II. 49, 208
Friedrich Wilhelm, Kronprinz, als Friedrich Wilhelm IV. König von Preußen 196, 212
Friedrich Wilhelm II., König von Preußen 28, 33
Friedrich Wilhelm III., König von Preußen 121, 128, 131, 134, 141, 159, 176, 179, 180, 207, 213, 243

Gedike (Schulmeister) 19
Genelli, Hans Christian 175
Gentz, Friedrich von 32, 36, 51, 84, 200, 239
Georg, Prinz von Mecklenburg-Strelitz 94, 103, 124
Gérard, François 66
Gerlach, Wilhelm von 175
Gneisenau, August Wilhelm Graf Neidhardt von 128, 177, 180, 221
Goeckingk, Leopold Friedrich Günter von 177
Goethe, August von 28, 64, 152, 188
Goethe, Johann Wolfgang von 9, 14, 19 f., 27-29, 33, 40-47, 49, 52-54, 56, 61, 63 f., 66 f., 69, 77, 79-81, 83, 85, 90-95, 97 f., 104, 106, 109, 127, 129-132, 135 f., 140, 149, 151 f., 166, 178, 185 f., 191, 194, 238, 240, 249-251
Goltz, August Friedrich Ferdinand Graf von der 178
Gotter, Luise 225
Graß, Carl Gotthard 94
Griesbach, Johann Jakob 42
Grillparzer, Franz 202
Gropius, Georg Christian 77, 80, 82, 85, 151
Grossing (Hauslehrer) 165
Grotthuis, Sara von, geb. Meyer 51
Günderrode, Caroline 125

Hackert, Jacob Philipp 136
Hagemann, Karl Friedrich 100

Hardenberg, Carl August von 141, 143, 173, 175, 182 f., 203

Hedemann, August von, verh. mit Adelheid von Humboldt 141, 180 f., 186, 229 f.

Hegel, G. W. F. 123

Heineken, Mathilde von, verh. mit Theodor von Humboldt 186, 218, 222, 227 f., 234

Helvig, Amalie von, geb. von Imhoff 43, 51, 109, 215

Hensel, Fanny, geb. Mendelssohn-Bartholdy 215

Hensel, Luise 215 f.

Hensel, Wilhelm 215

Herder, Johann Gottfried 14, 46, 91

Herodot 49

Herz, Henriette 13, 51, 147, 153, 177, 195, 200-202, 204, 216, 244

Heyne, Christian Gottlob 24

Hitzig, Eduard 163

Hoffmann, E. T. A. 163, 170

Hölderlin, Friedrich 43 f.

Holwede, Ferdinand von 23, 87

Homer 49

Huber, Ludwig Ferdinand 25, 36, 257

Hufeland, Christoph Wilhelm 42, 46, 137, 237

Humboldt, Adelheid von, verh. von Hedemann (Tochter) (1800-1856) 82 f., 85, 91, 97, 103, 107 f., 123, 131-133, 140 f., 144, 165, 171 f., 176, 178, 180 f., 186, 188, 191 f., 196, 222, 228-231, 246, 256, 259

Humboldt, Alexander von 14, 18, 23 f., 26, 30, 36, 39, 44 f., 64, 66 f., 76, 78, 87, 109, 115, 124, 138, 145, 153, 160, 176, 181, 191 f., 208, 210, 216, 220, 242-245, 248, 256

Humboldt, Alexander Georg von (Vater WvHs) 11, 23, 208

Humboldt, Caroline von (Tochter) (1792-1837) 37, 76 f., 82, 91, 103, 107 f., 116 f., 123, 133, 140 f., 144, 165, 181-186, 188 f., 196, 198, 202, 223-225, 245, 252, 258

Humboldt, Gabriele von, verh. von Bülow (Tochter) (1802-1887) 89, 91, 95, 97 f., 103, 108, 131-132, 140, 144, 165, 176, 184, 186, 188, 191, 196, 207, 222, 230 f., 233 f., 240, 245 f., 252, 255

Humboldt, Gustav von (Sohn) (1806-1807) 105, 118 f., 127, 149, 188, 226, 233

Humboldt, Hermann von (Sohn) (1809-1870) 130, 133, 144, 165, 181, 184, 186, 191 f., 232 f., 240

Humboldt, Luise von (Tochter) (2. Juli bis 18. Oktober 1804) 12, 113, 115, 133

Humboldt, Marie Elisabeth von, geb. Colomb (Mutter WvHs) 13, 23 f., 28, 33 f., 38, 48, 62, 191

Humboldt, Priszilla von, geb. Freiin von Reitzenstein 233
Humboldt, Theodor von (Sohn) (1797-1871) 36, 61, 76-78, 82, 85, 91, 95, 100 f., 102, 106-109, 116, 123, 125, 144, 153, 158, 174, 184, 186, 192, 199, 222, 225-229, 233 f., 258
Humboldt, Wilhelm von *passim*
Humboldt, Wilhelm von (Sohn) (1794-1803) 45, 76 f., 82, 85, 91, 101, 103-107, 112, 114 f., 119, 149, 188, 223, 233
Humboldt, Wilhelm von (Enkel) 228
Hummel, Johann Nepomuk 124

Iffland, August Wilhelm 88
Imhoff, Amalie von s. Helvig, Amalie
Itzenplitz, Heinrich August Friedrich von 176

Jacobi, Friedrich Heinrich 26, 54, 125
Jean Paul (eig. Johann Paul Richter) 51
Jefferson, Thomas 115

Kalb, Charlotte von 113
Kant, Immanuel 24
Karl IV., König von Spanien 76
Kauffmann, Angelika 18, 94, 136, 201
Keller, Heinrich 100
Kestner, August 202
Kleist, Heinrich von 171 f.
Klopstock, Friedrich Gottlieb 54
Knebel, Carl Ludwig von 127
Kniep, Christoph Heinrich 140
Koch, Joseph Anton 94, 133, 145, 197
Kohlrausch, Heinrich 103 f., 107 f., 114, 177, 243
Koreff, David Ferdinand 161-164, 168, 173, 175, 182 f., 200, 216, 241
Körner, Christian Gottfried 20, 40, 42, 57
Körner, Theodor 97, 158
Kotzebue, August von 88
Kunth, Gottlob Johann Christian 23 f., 138, 208

La Roche, Berta von 180, 242
La Roche, Carl von 10-12, 18, 20-22, 27, 34, 36, 129, 166, 168, 175, 177, 180, 226, 241
La Roche, Hellmut von 226, 242
La Roche, Sophie von 19, 21
Lavater, Johann Caspar 91
Lawrence, Sir Thomas 246
Lengefeld, Caroline von s. Wolzogen, Caroline von
Lengefeld, Charlotte von s. Schiller, Charlotte von
Lengefeld, Luise von 20 f.
Lengerich, Heinrich 94, 198
Leonardo da Vinci 97, 196
Leuchsenring, Franz von 66
Levetzow, Ulrike von 238

Levin, Rahel s. Varnhagen von Ense, Rahel
Lichtenberg, Georg Christoph 24
Liegnitz, Auguste Fürstin von 213
Lieven, Christoph von 193
Loder, Justus Christian 42, 44
Louis Ferdinand, Prinz von Preußen 51, 84
Ludwig, Kronprinz von Bayern 94, 148, 151, 194
Luise, Königin von Preußen, geb. Prinzessin von Mecklenburg-Strelitz 88, 94, 103, 121, 128, 130, 134, 141, 147, 169, 176, 180
Lund, Johann 196
Lützow, Leo von 180

Marat, Jean Paul 67
Marianne, Prinzessin von Preußen 180
Marie Louise, Königin von Spanien, geb. Prinzessin von Parma 76
Marie-Louise von Österreich 156
Marwitz, Ludwig von der 180
Meckel, Friedrich Theodor 25
Mendelssohn, Abraham 66, 215
Mendelssohn-Bartholdy, Fanny s. Hensel, Fanny
Mendelssohn-Bartholdy, Felix 215
Mereau, Friedrich 43
Mereau, Sophie 43, 113

Metternich, Clemens Wenzel Fürst von 146, 156, 179, 182
Michelangelo Buonarotti 189
Mila, Paul 246
Mirabeau, Honoré Gabriel Graf 26
Motherby, Johanna 113, 132-137, 141 f., 154 f., 250
Motherby, William 132
Müller, Adam 174
Müller, Wilhelm 216

Napoleon I. 15, 65, 67-69, 75, 78, 93, 116, 124, 128, 152, 156, 159, 166, 169, 174, 179 f.
Navez, François-Joseph 200
Neumann, Wilhelm 163, 170
Nicolai, Friedrich 87, 177, 208
Nicolovius, Georg Heinrich Ludwig 129, 169
Niebuhr, Barthold Georg 137, 169, 177, 202
Novalis (eig. Friedrich von Hardenberg) 44, 64

Oelsner, Konrad von 66
Olfers, Hedwig von, geb. von Staegemann 215, 219, 240, 242
Overbeck, Friedrich 191, 201

Paalzow, Henriette von, geb. Wach 215, 218 f., 240
Parthey, Elisabeth (Lili) 177, 242
Parthey, Gustav 177
Paulus, Heinrich 42

Perthes, Friedrich 54
Pfuel, Ernst von 172, 180, 217, 243
Pfuel, Friedrich von 217
Pius VII. 93
Prior, Matthew 18
Pückler-Muskau, Hermann Fürst von 94
Pulini, Carolina 201

Radziwill, Anton Fürst 128, 141, 176, 178, 243
Radziwill, Elisa Prinzessin 178
Radziwill, Luise Fürstin, geb. Prinzessin von Preußen 128, 130, 138, 176 ff., 243
Raffael 64, 79-81, 93. 96 f., 129, 188, 196
Ramdohr, Frau von 161, 177
Ranke, Leopold von 245
Rauch, Agnes 148, 240 f., 244 f., 248
Rauch, Christian Daniel 94, 115, 120-125, 129, 133, 139, 147-151, 158, 162, 166 f., 169, 177 f., 186, 189 f., 197, 204, 211, 214, 217, 229, 230, 241, 243, 245, 248
Raumer, Friedrich von 175
Recke, Elisa von der, geb. Reichsgräfin von Medem 177 f.
Rehberg, Friedrich 100
Rehfues, Philipp Joseph von 12, 101
Reichardt, Johann Friedrich 88, 175

Reimer, Andreas 87, 168, 175, 206
Reinhart, Johann Christian 94, 135
Reni, Guido 79
Rennenkampff, Alexander von 68, 75, 124, 160, 183, 208, 214, 225, 231, 242, 245, 247 f.
Riemer, Friedrich Wilhelm 80, 98-101, 221
Riepenhausen, Franz 135, 145, 196
Riepenhausen, Johannes 135, 145, 196
Robert-Tornow, Ludwig (eig. Liepmann Levin) 163, 200
Robespierre 67, 73 f.
Rochow, Caroline von, geb. von der Marwitz 138
Rochow, Clara, verh. von Pfuel 170, 242
Rochow, Friedrich von 170
Roeder, Karl von 153, 227
Rousseau, Jean-Jacques 19, 65
Roux, Peter 66
Rückert, Friedrich 202
Rühle von Lilienstern, Otto August 180, 239
Rumohr, Karl Friedrich von 189
Ruscheweyh, Ferdinand 198, 220
Rust, Johann Nepomuk 239

Savigny, Friedrich Carl von 137, 180, 212
Sayn-Wittgenstein, Wilhelm Ludwig Georg Fürst zu 141

Schadow, Johann Gottfried 121, 168, 198
Schadow, Rudolf (Ridolfo) 197f.
Schadow, Wilhelm 187, 190f., 194, 196, 198, 202, 215, 217
Schelling, Caroline, gesch. Schlegel 43, 57, 225
Schick, Gottlieb 66, 94-97, 100, 124, 131, 145, 147, 226, 237
Schiller, Charlotte von, geb. von Lengefeld 10, 19-21, 24-26, 33, 36-38, 40, 45, 57, 59, 69, 78, 83, 90, 104, 106, 118, 122, 166, 236, 243
Schiller, Emilie von 242
Schiller, Friedrich von 9, 14, 20f., 24f., 27f., 33, 36-43, 45-49, 52f., 55-57, 59, 61-63, 67, 69, 78, 83, 88, 90-93, 98, 101, 104f., 107f., 112, 122f., 140, 236, 240, 257f.
Schinkel, Karl Friedrich 147, 157, 168f., 175, 178, 180, 210f., 215, 255
Schlabrendorf, Gustav Graf von 26, 58, 67f., 73-75, 83, 85f., 93, 108-114, 116-118, 133, 152, 157, 181, 196, 224, 229, 232f., 241, 247
Schlegel, August Wilhelm 57, 87, 94, 166
Schlegel, Caroline s. Schelling, Caroline
Schlegel, Dorothea, geb. Brendel Mendelssohn, gesch. Veit 43, 51, 59, 113, 147, 153, 200-202, 225
Schlegel, Friedrich 57, 153
Schleiermacher, Friedrich 51, 137, 169, 173, 175, 177, 180, 190, 206, 216, 222, 231, 240
Schlosser, Johann Friedrich Heinrich 202, 220, 252
Schlosser, Johann Georg 54
Schlözer, August Ludwig von 24
Schnorr von Carolsfeld, Julius 189
Schopenhauer, Arthur 239
Schubert, Franz 239
Schuckmann, Friedrich von 206
Schulenburg-Klosterrode, Friedrich Albrecht Graf 156
Schulz, Wilhelmine 148
Schumann, Clara 225
Schütz, Christian Gottfried 42
Schütz, Wilhelm 52
Schweighäuser, Johann Gottfried 73, 79, 82-84, 105, 118, 124
Seidler, Luise 194, 197f., 201, 205f., 254
Senff, Carl Adolf 187, 196
Sickler, Friedrich 123
Siegling, Johann Blasius 19
Spontini, Gaspare 215
Staegemann, August von 66, 175, 215f.
Staegemann, Elisabeth von 215
Staegemann, Hedwig von s. Olfers, Hedwig
Staël, Anne Louise Germaine de 65, 91, 145, 166
Stark, Johann Christian 42, 45

Stein, Charlotte von 20, 29, 51
Stein, Karl Freiherr vom und zum 73, 178, 204, 206
Süvern, Johann Wilhelm 129
Sydow, Anna von (Urenkelin) 234, 258

Talleyrand, Charles Maurice de 181
Thorvaldsen, Bertel 92, 94, 122, 136, 147, 187, 190, 194, 197 f., 202, 212, 254
Tieck, Christian Friedrich 51, 57, 68, 73, 75, 84 f., 122, 196, 214, 217
Tieck, Ludwig 51-53, 87, 122, 190
Tieck, Sophie 53, 113
Tiedge, Christoph August 178
Tintoretto 79
Tizian 78-80, 97
Trautmannsdorff, Fürst 145
Treskow, Otto Sigismund von 157
Türk, Wilhelm von 232 f.

Uhden, Johann Wilhelm 89, 129
Unzelmann, Friederike 51

Vandeuil, Angélique 65
Varnhagen von Ense, Karl August 54, 110, 146, 153, 156, 158-163, 170 f., 173, 200, 216, 244
Varnhagen von Ense, Rahel, geb. Levin 12, 50-61, 63, 68 f., 71 f., 75, 84, 86, 88, 146 f., 157 f., 161-164, 170, 200, 215 f., 224 f., 244
Veit, David 12, 66
Veit, Dorothea s. Schlegel, Dorothea
Veit, Johannes 201, 217
Veit, Philipp 94, 191, 197, 201
Voß, Johann Heinrich 54, 91
Vulpius, Christiane 27 f., 64

Wach, Wilhelm 178, 187, 196, 198, 215, 217, 240, 255
Wackenroder, Wilhelm Heinrich 52
Wagner, Cosima 225
Wagner, Johann Martin 94
Weber, Carl Maria von 215
Welcker, Friedrich Gottlieb 123-125, 130 f., 144, 187, 189, 212, 223, 225 f., 239 f., 252
Wellington, Arthur Wellesley, Duke of 180
Werder, Hermine von 228
Wieland, Christoph Martin 14, 46, 91
Wiesel, Pauline 51, 84
Wilhelm, Prinz von Preußen 178, 180
Wilhelmine, Herzogin von Sagan, geb. Prinzessin von Kurland 153, 156, 177, 195
Willemer, Marianne von 166
Winckelmann, Johann Joachim 94 f., 201
Wolf, Friedrich August 38, 109, 138, 189
Wolfart, Karl Christian 175

Woltmann, Carl Ludwig 48, 57
Wolzogen, Adolf von 225
Wolzogen, Caroline von, geb. von Lengefeld, gesch. von Beulwitz 12, 19-27, 36, 38, 58, 109, 111, 113, 153, 166, 179, 236, 254, 257
Wolzogen, Wilhelm von 38, 111

Zelter, Carl Friedrich 138, 168

Bildnachweis

Archiv für Kunst und Geschichte, Berlin: Seite 253
Bildarchiv Preußischer Kulturbesitz, Berlin: Umschlagabbildung, 10, 11, 161, 193, 199, 218
Deutsches Literaturarchiv Marbach: 41 (Schiller Nationalmuseum)
Familienarchiv von Heinz, Schloss Tegel, Berlin: 96, 99, 111, 126 unten, 150, 209 oben
Getty Images, München: 44
Klassik Stiftung Weimar: 22, 47, 249
Kleist-Museum Frankfurt/Oder: 173
Kunsthistorisches Institut der Freien Universität Berlin: 209 unten, 213
Kupferstichkabinett Dresden: 192
Stiftung Preußische Schlösser und Gärten Potsdam: 121

Jutta von Simson (Hg.), Caroline von Humboldt und Christian Daniel Raus. Ein Briefwechsel
Gebr. Mann Verlag, Berlin 1999: 126 oben

Weitere Nachweise über das Bildarchiv des Insel Verlags